KB272895

전자상거래에서의 선점효과에 관한 새로운 접근과 분석

- 온라인 서점시장을 중심으로 -

전자상거래에서의 선점효과에 관한 새로운 접근과 분석

- 온라인 서점시장을 중심으로 -

이 영 찬 著

한국학술정보㈜

본 저서는 2005학년도 동국대학교 저서·번역
연구비 지원으로 이루어졌음.

책머리에

대다수의 인터넷 기업들은 마케팅 부문에 대한 집중적인 투자와 가격할 인정책을 기반으로 시장선점을 위한 외형적 성장전략을 추구해 왔다. 이러한 전략은 단기간에 많은 수의 회원고객을 확보함으로써 초기 시장진입자로서의 우월한 위치를 점유하고 이로부터 실질적인 수익을 실현할 수 있다는 믿음에 근거하고 있으며, 인터넷 기업들의 이러한 성장전략은 2000년도 초반까지 자본시장에서 비교적 긍정적으로 평가되어 온 것도 사실이다. 그러나 이후 인터넷 기업들의 시장가치가 급격히 하락하고 많은 인터넷 기업들이 도산하면서 거품론에 대한 우려가 점차 확산되기 시작하였다.

사실 오늘날 상당수의 인터넷 기업들은 시장선점효과를 극대화하기 위한 전략을 통해 외형적 성장은 실현하고 있는 반면 고객의 주문에 신속하게 대응하지 못하거나 배송착오 및 지연과 같은 서비스 품질의 저하로 지속적인 성장이 한계에 다다르고 있다. 일반적으로 기업의 급속한 외형적 성장은 이러한 부정적 피드백 과정을 필연적으로 수반하게 마련이다. 따라서 기업의 성장전략과 이에 근거한 기업의 가치평가는 긍정적인 피드백 과정뿐만 아니라 부정적인 피드백 과정도 포함할 수 있어야 할 것이다.

본 연구에서는 이러한 문제에 관심을 두고 기업-소비자 간(B2C) 전자상거래를 중심으로 순수 온라인 기업과 오프라인에 기반을 둔 온라인 진출 기업(click-and-mortar) 간의 경쟁상황에서 이들 기업이(선발기업과 후발기업) 추구하는 성장전략의 긍정적인 효과와 부정적인 효과를 분석함으로써 시장선점을 위한 외형적 성장전략의 현실적인 타당성을 검증하였다. 이러한 타당성 분석을 통해 선발기업이 추구하고 있는 성장전략은 정(+)의 피드백 효과를 통해 경쟁우위를 가져다준다는 것을 확인할 수 있었으며, 반면 선발기업의 성장전략을 모방하여 뒤늦게 시장에 진출한 후발기업은 선발기업이 가지는 시장선점효과를 극복하기 힘든 것으로 나타났다. 또한 시장선점효과를 통해 독점적 지위를 누리고 있는 선발기업이 잘못된 의사결정을 내렸을 때 경영실패로 이어질 수 있음을 핵심 매개변수에 대한 시나리오 분석을 통해 검증하였다.

구체적으로, 본 연구에서는 기업-소비자 간(B2C) 전자상거래를 대표하는 온라인 소매기업의 시장선점효과를 분석하기 위하여 온라인 서점을 대상으로 동태적 분석모형을 시스템 다이내믹스(system dynamics) 방법론을 이용하여 구축하였다. 온라인 소매기업의 시장선점효과에 관한 동태적 분석모형은 모두 8개의 핵심 영역으로 구성되어 있는데, 이들 중 다섯 개 영역(사용자, 사이트 운영, 인적자원, 재무회계, 자본조달)은 기업 내부적 영역을 나타내며, 나머지 세 개의 영역(온라인 시장, 자본시장, 경쟁기업과 비교한 상대적인 성과)은 기업 외부적 영역을 나타낸다. 그리고 이러한 핵심 영역 간의 동태적 변화에 따라 기업성장을 이끄는 정(+)의 피드백 고리와 이를 제약하는 부(-)의 피드백 고리를 나타내는 동태적 연구명제를 설정하고 시뮬레이션을 통해 이를 검증하였다. 또한 서비스 품질, 마케팅 투자, 인적자원관리, 그리고 가격경쟁과 관련하여 잘못된 의사결정을 내렸을 때 경영실패로 이어질 수 있음을 핵심 매개변수에 대한 시나리오 분석을 통해 증명해 보였다. 한편, 정(+)의 피드백과 부(-)의 피드백 고리에 대한 동태적 검증과 시나리오 분석을 위해 본 연구에서는 시스템 다이내믹스 전용 프로그램인 *ithink*(ver. 7.0.2)를 사용하였다.

본 연구의 분석대상인 온라인 서점의 초기 사업시작 조건과 기업전략에 근거하여 시뮬레이션 분석을 수행한 결과를 요약하면 다음과 같다.

첫째, 초기조건 및 기업전략에 기초하여 온라인 서점의 주요 성과지표에 대한 시뮬레이션 분석을 수행한 결과, 시장점유율과 시장가치 측면에서 온라인 서점시장은 시장선점기업과 이를 추격하는 기업, 그리고 열등한 기업으로 구분되고 있었으며, 당기순이익 및 이익잉여금 측면에서 향후 실질적인 수익을 실현할 수 있는 기업은 시장선점기업만이 유일하며, 그 이유는 규모의 경제를 실현할 수 있기 때문인 것으로 조사되었다.

둘째, 시장선점기업이 추구하고 있는 단기간의 외형적 성장전략이 기업성과 및 가치에 어떤 영향을 미치는지에 대한 분석을 수행하기 위해 강화고리 및 균형고리에 대한 동태적 검증을 수행한 결과, 시장선점기업의 성장을 이끄는 강화 피드백 고리로서 마케팅 강화고리, 주식시장 강화고리, 회원제작 컨텐츠 강화고리, 그리고 직원충성도 강화고리가 존재하며, 이러한 정(+)의 피드백 고리에 의해 시장선점기업은 향후에도 계속 경쟁우위를 달성할 것으로 예측되었다. 한편, 단기간의 외형적 성장전략은 이러한 강화 피드백 고리뿐만 아니라 성장에 제약을 주는 부(-)의 피드백 고리도 함께 가지고 있는데, 이러한 부(-)의 피드백 고리로서 서버과부하 고리, 고객유지 고리, 주문이행 병목 고리, 그리고 직원이탈 고리가 존재하며, 이러한 부(-)의 피드백 고리는 성장을 제약하는 요인으로 작용하여 향후 성장추이는 성장과 제약 사이에서 균형을 이룰 것으로 예측되었다.

셋째, 본 연구에서 구축한 시뮬레이션 모형이 외부적인 영향변수에 대해 강건성을 가지고 있는지, 모형에서 임의로 가정한 초기값 변화에 대해 시뮬레이션 결과는 어느 정도로 민감하게 반응하는지, 그리고 실제 기업성과의 변화추이를 얼마나 정확하게 예측하고 있는지를 분석한 결과 시뮬레이션 모형은 외부적인 영향변수에 대해 강건성을 가지고 있으며, 모형에서 연구자가 임의로 가정한 초기값을 변경하더라도 시뮬레이션 결과에는 큰 영향을 미치지 않았다. 그리고 시뮬레이션 분석을 통한 주요 성과지표의 예측치와 실제 성과를 비교한 결과 회원고객 수, 매출액, 매출총이익, 영업이익, 당기순이익, 그리고 영업비용의 변화추이를 시뮬레이션 모형이 비교적 정확하게 예측하고 있는 것으로 나타났다.

넷째, 시뮬레이션 분석결과를 토대로 온라인 서점시장에서 선점기업이 추구해야 할 성장전략을 제시하면 다음과 같다. 먼저 진입 초기에는 공격적인 마케팅 투자를 단행하고 이후 점차 줄여나가면 향후 규모의 경제 실현으로 인해 순이익을 실현할 수 있다. 둘째, 회원고객의 자발적인 컨텐츠 제작에 대한 허용은 시장진입 초기에 회원고객을 확보하는 데 도움을 준다. 셋째, 시장진입 초기에 회원고객의 급격한 증가로 인해 주문량이 늘어나게 되면 서버과부하, 배송지연, 초과근무로 인한 직원이탈 등으로 인해 일시적인 서비스 품질저하와 사이트의 성과감소로 이어지게 되나 단기간의 외형적 성장전략을 통한 시장선점효과로 인해 주식시장가치가 상승하기 때문에 서버 및 창고확충을 위한 투자재원을 자본시장에서 조달할 수 있고, 주식가치가 상승하면 직업에 대한 재무적 매력도가 증가하고 직원충성도를 증가시켜 경쟁우위를 가질 수 있게 된다. 넷째, 자체 편집진에 의한 풍부한 도서 컨텐츠 확보는 사이트의 매력도를 상승시켜 선점기업의 경쟁우위를 가져오는 데 중요한 역할을 수행하며, 다섯째, 지나친 가격할인 경쟁을 피하고 중저가 전략을 수행함으로써 얻게 되는 수익과 가치 그리고 자본조달 능력에의 긍정적인 효과는 회원확보에 미칠 부정적인 영향을 상쇄시킬 수 있다. 여섯째, 향후 성장추세를 고려하여 사이트 유지 및 고객지원에 필요한 직원규모를 예측하여 충분한 인력을 채용해 두어야 하며, 일곱째, 단기간의 외형적 성장전략을 실행하기 위해서는 수익실현 이전에 막대한 자본지출이 요구되기 때문에 단기적인 수익성 악화를 감수해야 한다.

한편, 선발기업을 추격하기 위한 후발기업의 경우 시장선점효과를 기대할 수 없기 때문에 선발기업이 수행하고 있는 성장전략을 그대로 모방해서는 선발기업을 따라잡을 수 없다는 것을 시나리오 분석을 통해 발견할 수 있었으며, 이에 대한 대안으로 포털 사이트와의 제휴 마케팅, M&A 등을 통한 새로운 성장전략 모색 등을 제시할 수 있다.

마지막으로 경영실패를 가져올 수 있는 주요 정책의사결정의 핵심 매개변수에 대한 시나리오 분석을 수행한 결과를 요약하면 다음과 같다.

첫째, 온라인 서점기업의 마케팅 투자에 따른 회원고객 증가는 배송지연과 같은 서비스의 질적 저하를 가져와 장기적인 관점에서 시장점유율 하락 및 당기순이익 감소를 가져온다는 것을 알 수 있었다. 둘째, 온라인 서점기업들이 물류센터 및 서버 인프라 투자확대를 통한 서비스 차별화보다는 신규회원고객 확보를 위한 마케팅 투자규모를 줄여나가는 정책을 구사했을 경우, 시장점유율과 주식시장가치는 약간 하락하였으며, 당기순이익은 초기에 일시적인 증가세를 보이다가 점차 감소하게 된다는 것을 발견할 수 있었다. 셋째, 목표로 하는 종업원 채용 규모를 현재 목표수준에서 점차 줄여나갔을 때 시장점유율, 사이트 성과, 그리고 당기순이익 역시 점차 감소하게 된다는 것을 시나리오 분석을 통해 알 수 있었다. 넷째, 매출총이익율을 같은 비율로 매년 줄여 나갔을 때, 즉 출혈경영을 계속 수행하였을 때 주식시장가치와 스톡옵션 가치는 하락하고 시장선점으로 인한 규모의 경제효과를 상쇄할 만큼의 당기순손실이 발생하는 것을 발견할 수 있었다.

시나리오 분석결과는 다음과 같은 관리적인 시사점을 제공한다.

첫째, 온라인 소매기업이 자사의 브랜드 가치와 매력도를 높은 상태로 계속 유지하기 위해서는 마케팅 부문뿐만 아니라 서버 및 창고 인프라, 종업원과 같은 다양한 자원에 대한 균형잡힌 투자가 이루어져야 한다. 온라인 소매기업의 성공을 위해서는 서비스 품질의 역할이 매우 중요한데, 이러한 자원에 대한 투자는 곧 서비스 품질의 결정요소로 작용하기 때문이다.

둘째, 시장선점효과를 극대화하기 위한 단기간의 외형적 성장전략은 기업으로 하여금 고객충성도를 유지할 수 있도록 서비스 품질을 제고하면서 동시에 정(+)의 피드백 효과를 극대화할 수 있도록 회원고객수를 증가시킬 것을 요구하고 있다. 예를 들어, 서비스 품질 제고를 통해 이탈하는 고객이 줄어들면 신규 고객을 추가로 확보해야 하는 부담과 비용이 줄어들게 될 것이며, 이와 같은 충성고객의 확보는 시장선점효과를 강화하여 수익의 증가를 가져오고 투자자로부터의 신뢰를 확보하여 추가적인 자본조달이 가능할 것이다. 그러나 단기간의 외형적인 성장 과정에서 서비스 품질을 계속 유지하기 위해서는 상당히 많은 종업원의 신규채용이 불가피하게 되는데, 만약 단기적으로 영업비용을 줄이기 위해 신규채용을 억제한다면 성장을 이끄는 정(+)의 피드백연결고리가 성장둔화, 가치하락과 종업원 이직, 그리고 서비스 품질저하의 악성 순환고리로 변하면서 궁극적으로는 경영실패로 이어질 가능성이 높게 된다.

셋째, 온라인 소매기업은 기업의 핵심역량을 유지할 수 있는 수요창출이 가능하도록 가격정책을 수립해야 하고, 자본시장에서 요구하기에 앞서 수익을 실현할 수 있어야 한다. 그러나 단기간의 외형적 성장과 가격할인에 대한 시장의 압력은 신속한 의사결정을 내려야 하는 경영진들에게 부담으로 작용할 수밖에 없고 결국 경영의사결정의 질적 저하를 가져올 위험성이 있다.

한편, 본 연구에서는 전자상거래, 기업성장, 그리고 경쟁우위 전략과 관련한 기존 연구들을 광범위하게 고찰하고, 이러한 연구들의 장점과 단점을 파악한 후 새로운 연구방법으로서 동태적 모델링 기법을 이용한 시스템 다이내믹스 모형을 제안하였다. 특히, 본 연구는 온라인 소매시장에 있어서의 시장선점효과가 다른 경쟁우위 요인에 비해 가지는 영향력은 어느 정도인지, 그리고 온라인 소매기업의 경영성과에 영향을 미치는 요인으로는 어떤 것들이 있으며, 실제 영향력은 어느 정도인지를 분석하고 동태적인 관점에서 실질적인 검증을 수행할 수 있는 정교한 모형을 제시하였다는 점에서 의의를 갖는다.

차 례

표 목차

제 I 장 서 론

제1절 연구의 배경

인터넷이 네트워크 시대의 대표적인 커뮤니케이션 수단으로 자리를 잡으면서 현재 및 미래의 지식기반사회 및 디지털 경제체제에서 그 효용가치는 더욱 높아질 것으로 기대되고 있다.[1] 이는 인터넷을 통해 기업은 새로운 기회와 도전 가능성을 탐색하면서 전략적으로는 경쟁우위와 사업성공을 달성하고자 하며[2], 소비자는 인터넷을 이용하여 지식과 정보획득의 편리성과 보다 저렴한 가격에 필요한 제품을 제공받기 원하고 있기 때문이다.[3] 이와 같은 인터넷의 낙관적 전망에 따라 전자상거래는 제품 및 서비스를 지속적으로 소비자에게 판매·제공해야 하는 기업에게 있어 매우 매력적인 시장기회로 인식되고 있으며, 이에 따라 기업－소비자 간(B2C) 전자상거래를

---

1) Bradley, S. P. and R. L. Nolan, *Sense & Respond: Capturing Value in the Network Era*, Harvard Business School Press: Boston, MA, 1998, pp.3-30; Haltiwanger, J. and R. S. Jarmin, "Measuring the Digital Economy", Conference Draft, Washington, D. C., 1999(http://www.ecommerce.gov); Keeney, R. L., "The Value of Internet Commerce to the Customer", *Management Science*, Vol.45, No.4, 1999, pp.533-542; Lawrence, E., B. Corbitt, A. Tidwell, J. Fisher, and J. R. Lawrence, *Internet Commerce*, John Whiley & Sons, 1998, p.3.
2) Hoffman, D. L. and T. P. Novak, and P. Chatterjee, "Commercial Scenario for the Web: Opportunities and Challenges", *Journal of Computer Mediated Communication*, Vol.1, No.3, 1995(http://www.usc.edu/dept/annenberg/vol1/issue3/hoffman.html); Riggins, F. J., "A Framework for Identifying Web-Based Electronic Commerce Opportunities", *Journal of Organizational Computing and Electronic Commerce*, Vol.9, No.4, 1999, pp.297-310.
3) Stroud, D., *Internet Strategic - A Corporate Guide to Exploiting the Internet*, St. Martin's Press: New York, 1998, p.4.

겨냥한 국내 온라인 소매기업의 수는 2002년 10월 말 현재 2,800여 개에 이르는 것으로 추정되고 있다.[4]

지금까지 전자상거래에 관한 기존 연구는 다양하고 개별적인 분야에서 이루어져 왔는데, 이러한 연구들은 기존 전자상거래의 정의[5]와 정보시스템의 분류방식[6]에 근거하여 애플리케이션, 기술적 이슈, 지원과 실행, 그리고 기타의 네 가지로 분류할 수 있다.[7] 구체적으로, 애플리케이션 분야에서는 전자적 자료교환, 전자자금이체, 컴퓨터 기반 공급사슬관리 등을 포함하는 구성원 간 정보시스템과 전자지불시스템, 온라인상에서 이루어지는 금융서비스, 소매, 출판, 경매, 인트라넷, 고객 및 마케팅 전략과 같은 주제들이 주로 연구되고 있다. 다음으로 기술적 이슈에서는 시스템 보안, 네트워크 기술, 그리고 방법론 및 알고리즘 등에 관한 연구가 진행되고 있다. 세 번째로 지원과 실행 분야에서는 조세 및 법률 정책이나 기업전략에 관한 연구가 주로 진행되고 있으며, 마지막으로 전자상거래의 전체적인 문제에 대한 원론적인 고찰이나 활용방안에 관한 연구도 활발하게 진행되고 있다.

본 연구에서는 이러한 연구 분야 중 온라인 소매기업의 시장선점 및 성장전략과 성과 측면에 관심을 두고 있는데, 그 이유는 기존 연구들을 조사해본 결과 온라인 소매기업들이 전자상거래 사업을 통하여 어떠한 성장전략을 추구하고 있으며, 이들이 예상하는 성과와 기업의 가치사슬 활동 간

---

4) 통계청, "전자상거래 통계조사 결과", 2002년 10월.

5) Kalakota, R. and A. B. Whinston, *Frontiers of the Electronic Commerce*, Addison-Wesley, Reading, MA, 1996; Turban, E., J. Lee, D. King, and H. M. Chung, *Electronic Commerce: A Managerial Perspective*, Prentice Hall: Upper Saddle River, NJ, 2000.

6) Alavi, M. and P. Carlson, "A Review of MIS Research and Disciplinary Development", *Journal of Management Information Systems*, Vol.8, No.4, 1992, pp.45-62; Barki, H., S. Rivard, and J. Talbot, "A Keyword Classification Scheme for IS Research Literature: An Update", *MIS Quarterly*, Vol.17, No.2, 1993, pp.226-309.

7) Ngai, E. W. T. and F. K. T. Wat, "A Literature Review and Classification of Electronic Commerce Research", *Information & Management*, Vol.39, 2002, pp.415-429.

의 관계에 대한 연구는 부족한 것으로 판단하게 되었기 때문이다.[8] 특히, 국내의 경우 그동안 많은 연구들이 전자상거래의 도입·확산에 관한 이론적인 연구나 소비자를 대상으로 한 만족도 조사에 치중해 왔으며, 본 연구에서 관심을 가지고 있는 전자상거래기업의 시장선점 및 성장전략과 성과평가에 관한 연구는 최근에 와서 일부 발표되고 있는 상황이다. 그리고 이들 연구도 크게 전략정보시스템 관점에서의 전자상거래 효익분석, 재무회계적 관점을 확장한 기업가치평가, 그리고 서비스 전략의 개별적인 영역에서 접근한 경우가 대부분이다.[9]

전자상거래 시장은 진입 및 퇴출 장벽이 거의 없으며 토지, 자본, 노동 등의 제약 요소 없이도 무형의 자산인 정보, 기술, 아이디어 등만으로도 자유롭게 사업을 개진할 수 있는 특성이 있다. 이로 인해 기존의 사업들뿐만 아니라 소규모 기업들도 경쟁자보다 먼저 전자상거래 시장에 진입하여 선점우위를 획득하려는 모습을 흔히 보게 된다.[10] 그러나 과연 전자상거래에 있어서의 시장선점효과가 다른 경쟁우위 요인에 비해 그 영향력이 절대적으로 큰 것인지, 그리고 만약 그렇다면 선점기업을 추격하기 위해 후발기업은 보다 많은 마케팅 투자와 단기적인 순익감소를 감수해야 할 것인지는

---

8) Cowles, D. L., P. Kiecker, and M. W. Little, "Using Key Informant Insights as a Foundation for e-Retailing Theory of Development", *Journal of Business Research*, Vol.55, 2002, pp.629-636.

9) 김계수, "인터넷 포털 사이트의 서비스품질전략에 관한 연구", 「경영학연구」, 제31권, 제1호, 2002, pp.191-209: 김정욱·정승렬·이재정, "국내 순수 인터넷 기업평가에 관한 탐색적연구", 「경영과학」, 제17권, 제3호, 2000, pp.61-72: 박용진·한주윤·정봉주, "전자상거래에서 인터넷 쇼핑몰의 비즈니스 평가 모델", 「경영과학」, 제17권, 제3호, 2000, pp.97-118: 서창교·김병연·이형석, "EC 효익과 경쟁전략과의 관계에 관한 실증분석", 「경영정보학연구」, 제12권, 제2호, 2002, pp.1-24: 이문규, "e-SERVQUAL: 인터넷 서비스 품질의 소비자 평가 측정 도구", 「마케팅연구」, 제17권, 제1호, 2002, pp.73-95: 장시영·이정섭, "전자상거래를 통한 국내 인터넷 쇼핑몰 기업들의 기대 이득과 경쟁전략", 「경영과학」, 제17권, 제3호, 2000, pp.31-48: 주재훈, "e-비즈니스 모델의 전략적 요인분석", 「경영정보학연구」, 제12권, 제2호, 2002, pp.69-98.

10) 장시영·이정섭, 상게논문, p.34.

논란의 여지가 있다. 왜냐하면 이와 같은 전자상거래 시장에 대한 가정은 실증된 것이 아니라 수확체증의 법칙이 적용되는 전자상거래의 특성이 막연히 선점기업에게 유리하게 작용할 것이라는 고정관념에서 비롯되었다고 볼 수 있기 때문이다. 그리고 다른 관점에서 본다면 오히려 진입장벽이 낮은 전자상거래 시장에서 선발기업의 경쟁우위 요인은 진입초기에 오프라인 비즈니스에 비해 더 적을 수도 있을 것이다.11)

　따라서 전자상거래 시장에서 경쟁기업 간의 상대적인 우위와 성과를 가치사슬 관점에서 평가하기 위해서는 성장전략 및 정보시스템 관점에서의 평가요인, 서비스 관점에서의 품질결정 요인, 그리고 기업가치평가를 위한 재무회계적 평가요인과 함께 온라인 시장 및 경쟁기업과 비교한 상대적인 성과와 같은 외생적 요인을 균형적으로 반영한 모형을 구축하고, 이를 횡단면적 분석이 아닌 동태적인 관점에서 분석해야 할 것이다.

제2절 문제의 제기 및 연구의 목적

　대다수의 인터넷 기업들은 마케팅 부문에 대한 집중적인 투자와 가격할인정책을 기반으로 시장선점을 위한 외형적 성장전략을 추구해 왔다. 이러한 전략은 단기간에 많은 수의 회원고객을 확보함으로써 초기 시장진입자로서의 우월한 위치를 점유하고 이로부터 실질적인 수익을 실현할 수 있다는 믿음에 근거하고 있으며, 인터넷 기업들의 이러한 성장전략은 2000년도 초반까지 자본시장에서 비교적 긍정적으로 평가되어 온 것도 사실이다. 그러나 이후 인터넷 기업들의 시장가치가 급격히 하락하고 많은 인터넷 기업들이 도산하면서 거품론에 대한 우려가 점차 확산되기 시작하였다.

---

11) 이윤철·이동현, "인터넷 비즈니스에서 후발기업 전략에 관한 탐색적 연구", 한국경영학회, 2000년도 하계 경영학 관련 통합학술대회 발표논문집, pp.527-540.

구체적으로, 오늘날 상당수의 인터넷 기업들은 시장선점효과를 극대화하기 위한 전략을 통해 외형적 성장은 실현하고 있는 반면 고객의 주문에 신속하게 대응하지 못하거나 배송착오 및 지연과 같은 서비스 품질의 저하로 지속적인 성장이 한계에 다다르고 있다. 일반적으로 기업의 급속한 외형적 성장은 이러한 부정적 피드백 과정을 필연적으로 수반하게 마련이다. 따라서 기업의 성장전략과 이에 근거한 기업의 가치평가는 긍정적인 피드백 과정뿐만 아니라 부정적인 피드백 과정도 포함할 수 있어야 할 것이다.

기업－소비자 간 전자상거래(B2C)는 지난 10년간 급속하게 성장해 왔다. 2000년 초반까지 온라인 소매기업들은 투자자들로부터 많은 관심을 받으며 자본시장을 통한 자본금 확보에 성공하였고, 미국의 경우 기업공개를 통해 상장된 기업들의 자본총액만도 1999년 12월에 250만 달러에 이르렀다.12) 그러나 이러한 자본의 흐름은 2000년 초부터 많은 의구심을 불러일으키게 되었다. Colony(2000)는 인터넷 기업을 고객에 대한 경험과 지식이 부족하고, 단기업적주의를 지향하며, 고객충성도 확보의 한계를 가지고 있는 "속빈 기업(hollow company)"이라고 주장하였고13), Collins(2000)는 좀 더 완곡한 표현으로 "플립형 기업(built to flip)"이라고 하였다.14) 또한 Perkins & Perkins(1999)는 인터넷 거품현상은 필연적으로 발생할 것이라는 예견을 하기도 하였는데15), 실제로 이러한 현상은 여러 인터넷 기업에서 발견되었다. 예를 들어, 2000년 3월 31일까지 수많은 온라인 기업들은 불과 수주일전 주가가 최고치를 기록했을 때와 비교하여 30%~95%에 이르는 주가하락을 경험해야 했는데, 산업분석가들은 이를 "닷컴 소매기업의 몰락(the demise of dot com retailers)"이라고 부르기도 하였다.16)

---

12) Sood, R., J. Friedman, and D. Degan, *Goldman Sachs, Issues & Outlook 2000, emarkets: B2B and B2C*, Goldman Sachs, December 1999.
13) Colony, G. F., *My View: Hollow.com*, Forrester Research: Cambridge, MA, 2000(http://www.forrester.com/ER/Marketing/0,1503,183,FF.html).
14) Collins, J., "Built to Flip", *Fast Company*, March, 2000.
15) Perkins, A. and M. Perkins, *The Internet Bubble*, Harper Business: New York, 1999.

이와 같은 기업가치의 하락은 온라인 소매기업들이 과연 지속되고 있는 손실을 어떻게 보전할 수 있을 지에 대한 의구심을 자아내기에 충분하였고, 도산 위기에 직면한 인터넷 기업 관련 기사가 1999년 말부터 2000년 초까지 최대 이슈가 되기도 하였다.17) 인터넷 기업의 막대한 손실은 외형적 성장만을 위한 무리한 마케팅 투자와 가격할인정책에 기인한 바 크며18), 인터넷 부문과 관련 첨단 기술주의 주가하락은 2001년부터 시작된 세계적인 경기침체에 큰 영향을 미쳤다. 실제로 성장가도를 달리던 많은 닷컴 기업들을 최근에 조사한 결과 해당 기업들이 수천 명에 달하는 정리해고를 단행하였거나 웹 사이트를 폐쇄하였으며, 기업청산 절차를 밟고 있다는 사실이 이를 뒷받침하고 있다.19)

이러한 닷컴 기업의 성장과 몰락은 투자자, 경영자, 그리고 학자들에게 "왜 수많은 닷컴 기업들은 단기적이고 외형적인 성장전략을 추구해 왔는지", "외형적 성장을 위해 공격적인 전략을 추구하는 기업이 직면한 한계는 무엇인지", 그리고 "과연 수많은 닷컴 기업들의 성장과 몰락이 자본시장에서의 단순 투기에 의한 거품현상으로만 설명될 수 있는지"에 대한 문제를 제기하고 있으며, 이와 관련하여 오프라인에서의 시장진입순서 효과의 검증에 한정되었다는 문제점이 있기는 하지만 선발기업 및 후발기업의 시장선점 및 경쟁우위 요인에 관한 연구가 1980년대 말부터 간헐적으로 진

---

16) Sawyer, J., D. M. Cooperstein, and J. C. Lee, *The Demise of Dot Com Retailers*, Forrester Research: Cambridge, MA, April 2000.

17) Byrne, J. A., "The Fall of a Dot-Com", *Business Week*, May 1, 2000, pp.150-160; Kary, T., "Ouch! Baron's Story Bites Net Stocks", *Red Herring*, March 20, 2000; Larson, E., "Free Money", *The New Yorker*, October 11, 1999, pp.76-85; Lewis, M., *The New New Thing*, W. W. Norton: New York, 2000; Reuters, "Shakeout Looming for Many Net Firms (Special to CNET News.com)", April 1, 2000; Wolff, M., *Burn Rate*, Touchstone: New York, 1999.

18) Sawyer et al., *ibid*.

19) Kaplan, P., *F'd Companies: Spectacular Dot Com Flameouts*, Simon and Schuster: New York, 2002.

행되어 왔다.[20]

그러나 국내의 경우 이러한 성장전략과 경쟁우위 획득 과정에 대한 연구는 최근에서야 시작되었고, 특히 전자상거래 분야에서 이러한 연구는 매우 일천하기 때문에 대부분의 연구들이 탐색적 수준에서의 개념 연구나 사례분석 또는 한정된 변수를 이용한 실증분석에 그치고 있어 구체적인 계량화가 되지 않고 있다는 문제점이 있다. 이러한 한계의 주요 이유는 경쟁우위를 이끄는 과정 자체에 대한 정교한 모형이 개발되어 있지 않기 때문이다. 따라서 경쟁우위를 이끄는 가치사슬 활동에서의 영향요소들을 밝혀내고 이에 대한 실질적인 검증을 수행할 수 있는 모형 개발의 필요성이 제기되고 있다.

본 연구에서는 이러한 문제에 관심을 두고 기업-소비자 간(B2C) 전자상거래를 중심으로 순수 온라인 기업과 오프라인에 기반을 둔 온라인 진출 기업(click-and-mortar) 간의 경쟁상황에서 이들 기업(선발기업과 후발기업)이 추구하고 있는 성장전략이 가지는 긍정적인 효과와 부정적인 효과를 분석함으로써 시장선점을 위한 외형적 성장전략의 현실적인 타당성을 검증

---

20) 최진아, "진입순서와 성과의 관계", 서울대학교 박사학위논문, 1998; Carpenter, G. S. and K. Nakamoto, "Competitive Strategy for Late Entry into a Market with a Dominant Brand", *Management Science*, Vol.36, October 1990, pp.1268-1278; Giese, M. and R. Oliva, "Limits to Growth in the New Economy: An Exploration of the "Get Big Fast" Strategy in Dot.Com's", *Proceedings of the 2000 International System Dynamics Conference*, August 2000, Bergen, Norway; Kerin, R. A., P. R. Varadarajan, and R. A. Peterson, "First-Mover Advantages: A Synthesis, Conceptual Framework, and Research Propositions", *Journal of Marketing*, Vol.56, October 1992, pp.33-52; Kim, L., *Imitation to Innovation: The Dynamics of Korea's Technological Learning*, Harvard Business School Press: Boston, 1997; Lambkin, M., "Order of Entry and Performance in New Markets", *Strategic Management Journal*, Vol.9, Summer 1988, pp.127-140; Lieberman, M. B. and D. B. Montgomery, "First-Mover Advantage", *Strategic Management Journal*, Vol.9, Summer 1988, pp.41-58; Lilien, G. L. and E. Yoon, "The Timing of Competitive Market Entry", *Management Science*, Vol.36, May 1990, pp.568-585.

하고자 한다. 그리고 이러한 타당성 분석을 통해 선발기업이 추구하고 있는 성장전략은 경쟁우위를 가져다줄 것으로 기대되며, 반면 선발기업의 성장전략을 모방하여 뒤늦게 시장에 진출한 후발기업은 선발기업이 가지는 시장선점효과를 극복하기 힘들 것으로 예상되는데, 이러한 과정을 동태적 분석기법을 이용하여 체계적으로 증명해 보이고자 한다. 또한 시장선점효과를 통해 독점적 지위를 누리고 있는 선발기업이 잘못된 의사결정을 내렸을 때 경영실패로 이어질 수 있음을 성장전략의 핵심 매개변수에 대한 시나리오 분석을 통해 증명해 보이고자 한다.

제3절 연구의 범위 및 방법

본 연구에서는 기업－소비자 간(B2C) 전자상거래를 대표하는 온라인 소매기업의 시장선점효과에 관한 동태적 모형을 구축하고 이를 분석하기 위해 시스템 다이내믹스를 도입하고자 한다.

구체적으로, 자본시장에서의 온라인 소매기업에 대한 긍정적인 평가가 과연 이성적인지 여부를 판단하기 위해서는 온라인 소매기업의 시장선점 및 성장전략에 대한 이론적 고찰과 함께 고속성장을 이끄는 동인이 무엇이며, 이를 제약하는 요인은 무엇인지 밝혀낼 필요가 있다. 이를 위해 본 연구에서는 인터넷 기업의 경쟁전략 및 성과, 기업가치, 그리고 서비스 품질에 관한 기존 문헌과 오프라인 기업을 중심으로 한 선발기업 및 후발기업의 경쟁우위에 관한 문헌, 그리고 동태적 시각에서 바라본 기업성장이론을 고찰한다.

둘째, 본 연구에서 제시하는 동태적 모형은 기존의 연구방법론과는 다른 시스템 사고를 기반으로 성장과 제약을 이끄는 정(＋) 또는 부(－)의 피드백 고리를 파악해내기 위한 모형이기 때문에 시스템 다이내믹스로 대표되는 동태적 분석기법에 대한 체계적인 정리를 수행한다.

셋째, 온라인 소매기업에 대한 성과평가를 위해서는 전자상거래기업의 가치사슬 활동에 대한 분석이 선행되어야 한다. 본 연구에서는 기존 문헌고찰을 통해 가치사슬분석의 유용성과 한계점, 그리고 전자상거래기업의 가치사슬 활동에서의 평가요소들을 파악한다.

넷째, 기존 문헌고찰을 통해 파악한 온라인 소매기업의 성장전략과 동인, 그리고 가치사슬 활동의 내생요인과 온라인 시장 및 경쟁기업과 비교한 상대적인 성과, 그리고 자본시장의 외생요인을 모두 포함하는 온라인 소매기업의 핵심 영역을 판별하고 이를 연구모형으로 구축한다. 또한 핵심 영역 간의 동태적 변화에 따라 기업성장을 이끄는 정(+)의 피드백 고리와 이를 제약하는 부(−)의 피드백 고리가 무엇인지를 파악한다.

다섯째, 먼저 주요 성과지표에 대한 시뮬레이션 분석을 통해 온라인 소매기업들의 경쟁구조를 예측한다. 다음으로 시장선점기업의 성장과 제약을 이끄는 정(+)의 피드백 고리와 부(−)의 피드백 고리에 대한 시뮬레이션 분석을 통해 가치사슬 활동에서의 평가요소에 대한 동태적 변화를 분석한다. 그리고 민감도 분석 및 시뮬레이션 결과와 실제 성과자료와의 비교를 통해 모형의 타당성을 검증한다. 마지막으로 시장을 선점하고 있는 온라인 소매기업의 성장전략 시나리오에 대한 시뮬레이션 분석을 통해 선점기업의 성공 및 실패 가능성을 예측하고, 구체적인 성장전략을 제시한다.

한편, 정(+)의 피드백과 부(−)의 피드백 고리에 대한 시뮬레이션 분석과 시나리오 분석을 위해 본 연구에서는 시스템 다이내믹스 전용 프로그램인 *ithink*(ver. 7.0.2)[21]를 사용한다.

---

21) High Performance System(www.hps.com)사에서 개발한 시스템 다이내믹스 모델링 프로그램으로, 공학 분야에서는 Stella를 많이 사용하고 있다.

제4절 본 서의 구성

본 연구는 총 5장으로 구성되어 있는데, 이를 정리하면 다음과 같다.

제Ⅰ장에 이어 제Ⅱ장에서는 우선 전자상거래 분야의 연구동향과 주요 이슈들을 정보시스템 분류방식에 근거하여 분류한다. 그리고 오프라인 및 온라인 시장에서의 선발기업 및 후발기업의 성장전략과 경쟁우위, 그리고 성과평가에 관한 기존 문헌을 중심으로 이론적 고찰을 수행하고, 이를 통해 기존 연구들이 가지고 있는 장점 및 한계점을 기술한다. 다음으로 전자상거래의 가치사슬 분석과 동태적 관점에서 바라본 온라인 기업의 경쟁우위 전략과 기업성장이론에 관한 기존 문헌고찰을 통해 이들 연구들이 가지고 있는 장점과 한계점을 기술한다. 세 번째로 동태적 분석기법으로서 시스템 사고와 시스템 다이내믹스의 개념 및 문제해결 접근방식의 특징을 소개하고, 기존의 방법론과 비교하여 시스템 다이내믹스 기법이 가지는 유용성을 제시한다. 마지막으로 이론적 고찰을 종합하여 동태적 관점에서 전자상거래기업의 가치사슬을 구성하는 핵심 평가요인과 이를 이용한 가치사슬 모형을 제시한다.

제Ⅲ장에서는 전자상거래기업의 가치사슬 모형을 토대로 온라인 소매기업의 경쟁우위 및 성과를 분석하기 위한 8개의 핵심 영역과 이들 영역 간의 인과관계 및 피드백 구조에 기초한 동태적 분석모형을 구축한다. 그리고 이를 실질적으로 분석하기 위한 시뮬레이션 모형을 설계한다.

제Ⅳ장에서는 온라인 서점기업을 대상으로 한 시뮬레이션 분석을 수행하여 제Ⅲ장에서 구축한 동태적 분석모형에서의 인과관계 및 피드백 구조를 검증하고, 민감도 분석 및 실제 성과자료와 예측치에 대한 비교를 통해 시뮬레이션 모형의 타당성을 검증한다. 그리고 온라인 소매기업의 성장전략에 대한 시나리오를 가정하고 이에 대한 시뮬레이션 분석을 수행하여 온라인 소매기업의 성공과 실패 가능성을 예측한다.

 마지막으로 제 V 장에서는 본 연구의 결과 및 시사점을 요약하고, 본 연구의 한계점 및 향후 연구방향을 제시한다.

제Ⅱ장 이론적 고찰

본 장에서는 우선 그동안 전자상거래 분야에서 수행되어온 연구들을 일정한 분류기준에 따라 정리하고, 온·오프라인 시장의 선발기업 및 후발기업의 성장전략과 경쟁우위, 성과평가, 그리고 가치사슬분석에 관한 문헌고찰을 통해 기존 연구가 가지고 있는 한계점을 제시한다. 다음으로 동태적 관점에서 기업성장전략을 분석하고 미래성과를 예측한 기존 연구들을 고찰한 후 동태적 분석기법으로 최근 활발하게 사용되고 있는 시스템 다이내믹스의 유용성을 기술하고자 한다. 마지막으로 가치사슬 분석을 인터넷 분야에 적용한 기존 연구를 고찰하고, 이를 통해 기업－소비자 간(B2C) 전자상거래에서 경쟁기업 간의 상대적인 우위와 성과를 이끄는 가치사슬모형을 동태적 관점에서 제안한다.

제1절 전자상거래 분야의 연구동향

1. 전자상거래에 관한 기존 연구 분류

전자상거래는 정보통신기술을 이용하여 직접적인 구매 및 판매의 단계를 전자화 할뿐만 아니라 보다 근본적으로는 글로벌 시장의 형성, 고객의 권한 강화, 그리고 가치사슬상의 모든 구성원 간의 상호작용과 정보의 교류를 용이하게 한다는 데 그 본질적인 특성이 있다.[22]

---

22) Keen, P. G., T. Torregrossa, and W. Mougayar, *Business Internet & Intranets-A Manager's Guide to Key Terms & Concepts*, Harvard Business School Press, 1998.

　지금까지 전자상거래와 관련한 연구들은 다양하고 개별적인 분야에서 수행되어 왔다. 최근 Ngai & Wat(2002)는 전자상거래의 정의[23]와 정보시스템의 분류방식[24]에 근거하여 기존 연구들을 애플리케이션, 기술적 이슈, 지원과 실행, 그리고 기타의 네 가지로 분류하고 있는데,[25] 이를 정리하면 다음과 같다.

　먼저 애플리케이션 분야는 전자적 자료교환, 전자자금이체, 컴퓨터 기반 공급사슬관리 등을 포함하는 구성원 간 정보시스템과 e-캐시, 스마트카드, 신용카드, 전자수표 등을 포함하는 전자지불시스템, 온라인 주식거래, 온라인 뱅킹을 포함하는 금융서비스, 제품 및 서비스의 유통채널로서 온라인 쇼핑몰을 포함하는 소매, e-북, 전자신문 등을 포함하는 온라인 출판, 소비자에 의한 역경매를 포함하는 경매, 개인 및 부서간의 내부 네트워크를 포함하는 인트라넷 전자상거래, 온라인 교육 및 가상학습시스템 개발을 포함하는 교육 및 훈련, 브랜드 관리, 제품 카탈로그 및 판매 정보 전달과 같은 마케팅과 광고, 그리고 인터넷 도박 등의 기타 애플리케이션과 관련한 연구들이 수행되고 있다.

　다음으로 기술적 이슈에서는 암호화 기술, 디지털 서명, 방화벽 구축, 프락시 서버, 가상가설망을 포함하는 보안, 지능형 에이전트, SGML, XML, JAVA 등의 웹 프로그래밍 언어 등을 포함하는 인터넷 기술 요소, 네트워크 프로토콜, HTTP, TCP/IP, QoS 등을 포함하는 네트워크 기술 및 인프라 구조, 분산 애플리케이션, 의사결정지원시스템을 포함하는 지원 시스템, 그리고 전자상거래를 지원하는 방법론 및 알고리즘 등에 관한 연구들이 수행되고 있다.

　세 번째로 지원과 실행 분야는 크게 공공정책 및 기업전략으로 분류될 수 있는데, 전자상거래를 지원하는 조세 및 법률정책, 개인보호정책, 인터

---

23) Kalakota and Whinston, *op. cit.*: Turban et al., *op. cit.*
24) Alavi and Carlson, *loc. cit.*: Barki et al., *loc. cit.*
25) Ngai and Wat, *loc. cit.*

넷 사기 및 신뢰 등에 관한 연구와 전자상거래를 성공적으로 수행하기 위한 전략 및 방법론을 포함하는 기업전략에 관한 연구가 주로 수행되고 있으며, 마지막으로 전자상거래의 전체적인 문제에 대한 원론적인 고찰이나 활용방안에 관한 연구도 활발하게 진행되고 있다.

본 연구에서는 이러한 연구 분야 중 온라인 소매기업의 성장전략 및 성과평가에 관심을 두고 있는데, 이와 관련한 최근 연구들을 조사해본 결과[26] 온라인 소매기업들이 전자상거래 사업을 통하여 어떠한 성장전략을 추구하고 있으며, 이들이 예상하는 성과와 기업의 가치사슬 활동 간의 관계 등에 대한 연구는 부족한 것으로 판단하게 되었다. 특히, 국내의 경우 전자상거래기업의 성장전략 및 성과에 관한 연구는 최근에 와서 일부 발표되고 있는데, 이들 연구들도 크게 전략정보시스템 관점에서의 전자상거래 효익분석 또는 재무회계적 관점을 약간 확장한 기업가치평가, 그리고 서비스 품질 전략의 개별적인 영역에서 접근한 경우가 대부분이다.[27]

---

26) Chang, K. -C., J. Jackson, and V. Grover, "E-commerce and Corporate Strategy: An Executive Perspective", *Information & Management*, Article in Press, 2002, pp.1-13; Cowles et al., *loc. cit.*; Jin, L. and D. Robey, "Explaining Cybermediation: An Organizational Analysis of Electronic Retailing", *International Journal of Electronic Commerce*, Vol.3, No.4, 1999, pp.47-65; Rowley, J., "Retailing and Shopping on the Internet", *Internet Research*, Vol.6, No.1, 1996, pp.81-91; Steinfield, C., H. Bouwman, and T. Adelaar, "The Dynamics of Click-and-Mortar Electronic Commerce: Opportunities and Management Strategies", *International Journal of Electronic Commerce*, Vol.7, No.1, 2002, pp.93-120; Teo, T. S. H. and J. S. Tan, "Senior Executives' Perceptions of Business-to-Consumer(B2C) Online Marketing Strategies: The Case of Singapore", *Internet Research*, Vol.12, No.3, 2002, pp.258-275; Yang, H.-D., R. M. Mason, and A. Chaudhury, "The Internet, Value Chain Visibility, and Learning", *International Journal of Electronic Commerce*, Vol.6, No.1, 2001, pp.101-111.

27) 권원일 · 박명철 · 김문구, "기업이 인터넷을 성공적으로 활용하는 데 요구되는 요인분석과 인터넷 활용 전환 전략", 「경영과학」, 제17권, 제2호, 2000, pp.5-18; 김계수, 전게논문; 김정욱 외, 전게논문; 박용진 외, 전게논문; 박정훈 · 강기두 · 주희엽, "가상 상점(Cyber Shopping Mall)의 서비스품질 측정", 「경영과학」, 제17권, 제2호, 2000, pp.131-145; 서창교 외,

2. 전자상거래 효익과 경쟁우위 전략 및 성과에 관한 연구

앞서 언급한 바와 같이 전자상거래기업의 성장전략 및 경영성과와 관련하여 정보시스템 분야에서 지금까지 수행된 연구들은 주로 전자상거래 도입으로 인한 기대이득(효익)과 Porter(1985)가 제시한 본원적 전략(원가우위, 차별화, 집중화) 및 가치사슬 구성요소[28]와의 관계에 대한 사례 및 실증연구가 대부분을 차지하고 있다. 이러한 연구들은 기업이 목표로 하는 전자상거래 효익에 따라 추구해야 하는 전략이 달라야 하며, 기업이 필요로 하는 효익을 얻기 위해서는 어떠한 전략을 취해야 하는가를 파악하고자 하는 데 그 목적을 두고 있다.

구체적으로, 권원일 외(2000)는 인터넷 활용 기업전략에 대한 기존 문헌들[29]을 토대로 설문조사를 실시하여 기업이 인터넷을 성공적으로 활용하는 데 필요한 두 가지 요인(인터넷 활용 업무 영역, 변화에 대한 능동적 대응 능력)을 추출하고, 이를 이용하여 성공전략 매트릭스를 제시한 바 있다. 구체적으로, 우선 인터넷을 성공적으로 활용하기 위한 전략으로서 시장 선점, 기존 사업과의 연계추진, 기업 가치창출의 핵심에 활용, 고객/파트너가 참여하는 개방형 모델 구축, 새로운 변화에 대한 대응역량, 상생(win-win) 전략 구사, 전략적 제휴, 그리고 적합한 인터넷 기술의 활용 등을 설정하였다. 다음으로 DHL, 아마존, 야후 등의 24개 성공사례기업이 중

전게논문; 이문규, 전게논문; 장시영·이정섭, 전게논문; 주재훈, 전게논문.

[28] Porter, M. E., *Competitive Strategy: Techniques for Analyzing Industries and Companies*, The Free Press: New York, 1985.

[29] Cappel, J. and M. A. Myerscough, "Using the World Wide Web to Gain a Competitive Advantage", *The Executive's Journal*, Vol.13, No.1, 1997, pp.6-13; Hartman, A., J. G. Sifonis, and J. Kador, *Net Ready*, McGraw-Hill, 1999; 배우련, "인터넷 시대의 기업전략", 「주간경제」, 제525호, 1999; 장영, 「국내외 인터넷 비즈니스 선도기업의 전략 및 시사점」, SERI 연구보고서, 1999.

점적으로 추진한 전략을 파악하기 위해 전문가를 대상으로 한 설문조사를 실시한 후 이를 통해 인터넷 활용 업무 영역과 변화에 대한 능동적 대응 능력을 축으로 하는 기업의 인터넷 활용전략 매트릭스를 도출하였다.30) 이 연구는 기업이 인터넷을 성공적으로 활용하기 위한 전략적 매트릭스를 구축하고, 이를 통해 바람직한 전환 경로를 제시하였다는 점에서 의의를 가지나, 핵심 성공요인을 도출하기 위해 선정한 사례기업들이 산업이나 비즈니스 모델과는 관계없이 혼재되어 있고, 최근에는 실패 사례로 분류되고 있는 기업까지 포함되어 있어 결과를 일반화하기에는 무리가 있다고 판단된다.

한편, Teo & Too(2000)는 전자상거래 효익과 관련한 기존 연구들31)을 바탕으로 전자상거래의 효익을 크게 B2C 차원, 기업 내 차원, 그리고 B2B 차원으로 구분하고, 이를 구성하는 효익 변수들과 경쟁우위 전략(비용우위, 차별화, 집중화)간의 관계에 대한 실증분석을 수행한 바 있으며32), 서창교 외(2002)는 Teo & Too(2000)가 제시한 모형에서 B2B 차원을 제외한 후 국내 전자상거래기업을 대상으로 실증분석을 수행하였다. 여기서 B2C 차원에 포함되는 전자상거래 효익은 고객반응성과 시장반응성이며, 기업 내

---

30) 권원일 외, 전게논문.

31) Bloch, M., Y. Pigneur, and A. Segev, *On the Road of Electronic Commerce - A Business Value Framework, Gaining Competitive Advantage and Some Research Issues*, The Fisher Center for Information Technology & Management, University of California, Berkeley, 1996; Hoffman et al., *loc. cit.*; Lederer, A. L., D. A. Mirchandani, and K. Sims, "The Link between Information Strategy and Electronic Commerce", *Journal of Organizational Computing and Electronic Commerce*, Vol.7, No.1, 1997, pp.17-34; Margaret, T. and S. H. Thompson, "Factors Influencing the Adoption of the Internet", *International Journal of Electronic Commerce*, Vol.2, No.3, 1998, pp.5-18; Masotto, T., *Understanding the Effectiveness Your WWW Site: Measurement Methods and Technology*, Commerce Net, 1995.

32) Teo, T. S. H. and B. L. Too, "Information Systems Orientation and Business Use of the Internet: An Empirical Study", *International Journal of Electronic Commerce*, Vol.4, No.4, 2000, pp.105-130.

차원에는 생산성, 조직의 효율성, 전반적인 성과, 유연성 등이 있다.[33] 한편, 장시영·이정섭(2000)은 국내 인터넷 쇼핑몰 기업들을 대상으로 이와 유사한 연구를 수행한 바 있다.[34] 이러한 실증분석 연구들은 기업이 전자상거래로부터 어떠한 이득을 기대하며, 이러한 기대이득은 기업의 고유한 경쟁우위 전략과 어떠한 관계를 가지는 가에 대한 유의미한 정보를 제공해 줄 수 있지만 연구대상 기업들에 대한 횡단면적 분석만을 수행함으로써 향후 경영환경의 변화에 따른 전략의 수정이나 변화를 고려하기 힘들다는 단점이 존재한다.

최근에는 정보시스템 분야에서 인터넷 비즈니스가 기업가치에 어떠한 영향을 미치는가에 대한 분석을 수행한 연구들도 발표되고 있다. 구체적으로, Lee et al.(2002)은 거래소 및 코스닥 시장에 상장되어 있는 기업 중 인터넷 비즈니스를 시작한 782개 기업을 대상으로 이벤트 연구방법을 통한 누적초과수익률(cumulative abnormal returns: CAR)을 평가하고 이를 통해 인터넷 비즈니스 시작으로 인한 효과(e-Business initiative effect)가 실제로 존재한다고 주장한 바 있다.[35] 한편, Chang et al.(2002)은 매년 발표되고 있는 Fortune 500대 기업의 CEO's Letter에 대한 내용분석(content analysis)을 통해 이들 기업의 전자상거래 사업진출과 전략수립, 그리고 기업성과에 대한 관계를 조사한 바 있다. 구체적으로, CEO's Letter에 기술되어 있는 기업전략에 대한 내용분석을 통해 각 기업들이 전자상거래의 중요성에 대해 어떤 인식을 하고 있는지 분석하고, 이러한 인식수준과 기업성과간의 관계를 실증분석 하였다. 분석결과 전자상거래를 전략적 차원에서 중요하게 인식하고 있는 기업의 성과가 높은 것으로 나타났다. 또한 내용분석을 통해 각 기업이 시장지향적인 경영활동을 수행하고 있는지 조사

---

33) 서창교 외, 전게논문.

34) 장시영·이정섭, 전게논문.

35) Lee, H. G., D. H. Cho, and S. C. Lee, "Impact of e-Business Initiatives on Firm Value", *Electronic Commerce Research and Applications*, Vol.1, 2002, pp.41-56.

한 후 상대적으로 높은 시장지향적 경영활동을 수행하는 기업이 그렇지 않은 기업보다 성과가 높다는 것을 실증적으로 규명하였다. 여기서 기업성과에 대한 자료는 COMPUSTAT 데이터베이스에서 추출한 매출총이익(gross profit margin)과 이익성장률(company profit growth rate)을 사용하였다.[36]

3. 인터넷 기업가치에 영향을 미치는 요인에 관한 연구

정보시스템 관점에서의 연구와는 별도로 네트워크화로 인한 가치사슬의 축소 또는 통합, 경제의 글로벌화, 수확체증의 법칙에 따른 시장선점 추구와 같이 디지털 경제의 특성을 반영하고 있는 인터넷 기업들의 실제 기업가치를 어떻게 평가해야 하는가에 관한 연구가 재무회계 영역에서 지속적으로 수행되어 왔다.[37] 이러한 연구들이 가지는 공통적인 관심사는 기존의 수익에 바탕을 둔 기업가치 평가요소 이외에 인터넷 기업의 특성을 잘 반영할 수 있는 평가요인을 파악하고 이에 대한 설명력을 검증하고자 하는 것이다.

기업 가치를 평가하는 방법으로는 주로 현금흐름 할인법과 상대가치 평가법이 사용되고 있다. 현금흐름 할인법(discounted cash flow: DCF)은 자산의 가치를 평가하기 위해 미래 현금흐름을 현재가치로 환산하는 방법으로서 가장 많이 사용되는 방법이다. 그러나 이 방법은 인터넷 기업의 가치 평가에는 적절하지 않은 것으로 알려져 있는데, 그 이유는 먼저 현금흐름 할인법의 초점이 재무정보에만 맞추어져 있어 인터넷 기업의 특성이나 잠재력을 전혀 평가할 수 없으며, 인터넷 기업의 일반적인 수익모델 속성이 초기 적자를 가정하고 있어 자연히 현금흐름 할인법에 의한 평가가 부정적

---

36) Chang et al., *loc. cit.*
37) 김정욱 외, 전게논문, p.62.

일 경우가 많기 때문이다. 한편, 상대가치 평가법은 유사기업의 가치평가에 이용하는 방법으로 주가수익비율(price per earnings ratio: PER), 주가 순자산 비율(price per book value ratio: PBR) 및 주가 매출액 비율(price per sales ratio: PSR) 등과 같은 변수를 이용한다. 그러나 시장에서 실제로 가치를 평가받고 있는 인터넷 기업의 수가 많지 않아 간접적으로 비교평가를 할 수 있는 자료가 부족하다는 것이 이 방법이 가지고 있는 가장 큰 단점이다.

최근 이러한 기존의 평가방법에 한계를 느끼고 새로운 평가변수를 찾으려는 노력들이 많이 나타나고 있는데[38], 이들 연구의 공통적인 특징은 기존의 전통적 기업에서 수행하는 재무정보 이외에 미래의 성장성을 반영할 수 있는 웹 사이트의 트래픽 관련 변수를 분석 대상으로 포함시키고 있다는 점이다.

구체적으로, Trueman et al.(2002)의 연구에서는 일정 기간 동안 사용자가 방문한 웹 페이지 총 수를 나타내는 페이지 뷰가 시장가치에 유의미한 영향을 미치는 변수로 나타났으며[39], Rajgopal et al.(2000)의 연구에서는 인터넷 사용자 수 대비 특정 웹 사이트에 방문한 순방문자 수의 비율을 나타내는 도달률이 유의미한 영향을 미치는 것으로 나타났다.[40] 그리고 Hand(2000)의 연구에서는 순방문자 수가 유의미한 영향을 미치는 것으로 나타났다.[41] 한편, 김정욱 외(2000)는 기존 연구에서 제시된 변수들 이외에 인터넷 기업의 시장가치를 평가하는 변수로 장부가치, 당기순이익과 같

---

38) 김정욱 외, 전게논문; Hand, J. R. M., "Profit, Losses, and the Non-linear Pricing of Internet Stock", *Working Paper*, UNC Chapel Hill, 2000; Hand, J. R. M., "The Role of Economic Fundamentals, Web Traffic, and Supply Demand in the Pricing of U.S. Internet Stock", *Working Paper*, UNC Chapel Hill, 2000; Rajgopal, S., S. Kotha, and M. Venkatchalam, "The Relevance of Web Traffic for Internet Stock Price", *Working Paper*, University of Washington, 2000; Trueman et al., *loc. cit.*

39) Trueman et al., *loc. cit.*

40) Rajgopal et al., *loc. cit.*

41) Hand, *loc. cit.*

은 회계정보와 유통주식비율 및 기관보유비율과 같은 수요 및 공급 정보를 모형에 포함시켜 분석을 수행하였고, 이 중 시장가치, 순방문자 수, 페이지 뷰, 도달률이 시장가치에 유의미한 영향을 미치는 변수로 조사되었다.[42]

이러한 연구들은 인터넷 기업의 가치평가가 전통적인 기업가치 평가와는 다른 방향과 시각에서 접근되어야 한다는 점을 실증적으로 보여주고 있다는 점에서는 의의를 가질 수 있으나 국내의 경우 인터넷 기업, 특히 순수 온라인 소매기업의 대부분이 거래소 시장 또는 코스닥 시장에 상장된 경우가 드물기 때문에 재무자료를 구하기가 힘들다는 단점이 있으며, 따라서 대부분의 연구가 한정된 변수만을 이용한 탐색적 수준에 그치고 있다는 점을 한계로 지적할 수 있다. 그리고 웹 트래픽과 같이 재무적인 정보 이외의 유용한 정보를 고려하고 있기는 하나 인터넷 기업의 시장가치를 이끄는 가치사슬 활동에 대한 평가요소는 전혀 반영하고 있지 못하다는 점도 한계로 지적될 수 있다.

4. 인터넷 기업의 서비스 품질 평가척도 개발에 관한 연구

전자상거래기업의 전략 및 성장과 관련한 연구에서 또한 자주 관찰되고 있는 주제로 서비스 품질 전략을 들 수 있다. 인터넷 기업(온라인 소매기업)이 제공하는 제반 서비스에 대해 고객들은 그 품질의 양호 정도를 평가하고, 이 결과를 바탕으로 상품구매에 대한 만족 및 재구매 의도를 형성하게 되므로 서비스 품질은 인터넷 기업의 경영성과와 긴밀한 관계를 가지는 중요한 개념이라고 할 수 있다. 단, 여기서 한 가지 지적할 사항은 서비스 품질과 관련한 대부분의 연구들은 서비스 품질을 객관적인 품질과는 다른 소비자의 주관적인 태도로 정의하고 있다는 점이다. 따라서 대부분의 연구들이 서비스 품질을 측정하기 위한 방법으로 SERVQUAL[43](소매업의 경

---

42) 김정욱 외, 전게논문.

우는 retail SERVQUAL[44]이라고 함)을 이용한 소비자의 주관적 품질 인지도를 측정하고 있다.

구체적으로, 박정훈 외(2000)는 SERVQUAL 개념을 도입하여 가상상점(cyber shopping mall)의 서비스 품질 측정을 위한 척도를 개발하고, 이에 대한 타당성을 검증한 바 있으며[45], 이문규(2002)는 온라인 기업의 서비스 품질 평가항목, 가상 공동체 서비스, 소비자 신뢰, 그리고 서비스 비용과 관련한 광범위한 문헌연구를 통해 품질 평가척도를 개발하고 이에 대한 실증분석을 수행한 바 있다.[46] 이들이 제시한 측정도구는 온라인 소매기업을 대상으로 한 최초의 서비스 품질 평가척도라는 점에서 상당한 의의를 가지나 개발된 척도의 타당성 검증에 초점이 맞추어져 있어 평가척도가 전반적인 서비스 품질에 유의미한 영향을 미치는지에 대한 분석만 수행하였다는 점에서 한계를 가지고 있다. 즉, 이들 연구는 서비스 품질을 통한 고용정책, 인프라 투자의 전략적 의사결정이나 경영성과와의 연계성에 대한 분석은 수행하지 못하였으며, 소비자 측면의 서비스 품질만을 강조함으로써 공급자 측면의 서비스 품질 요인은 효과적으로 고려하지 못하고 있다.

제2절 산업조직론 분야의 연구동향

오프라인 시장에서 시장선점효과를 검증하고 이를 통해 선발기업 및 후

---

43) Parasuraman, A., V. A. Zeithaml, and L. L. Berry, "SERVQUAL: A Multiple-Item Scale for Measuring Consumer Perception of Service Quality", *Journal of Retailing*, Vol.64, No.1, 1988, pp.12-40.

44) Dabholkar, P. A., D. I. Thorpe, and J. O. Rentz, "A Measure of Service Quality for Retail Stores: Scale Development and Validation", *Journal of the Academy of Marketing Science*, Vol.24, No.1, 1996, pp.3-16.

45) 박정훈 외, 전게논문.

46) 이문규, 전게논문.

발기업의 전략과 경쟁우위 요인을 찾고자 하는 연구가 산업조직론과 전략경영 분야를 중심으로 1980년대 말부터 간헐적으로 진행되어 왔다. 본 절에서는 최근까지 발표된 온·오프라인 시장에서의 선발기업 및 후발기업의 경쟁우위 전략에 관한 이론적 고찰을 수행하고자 한다.

그동안 산업조직론 및 전략경영 분야에서는 시장진입 순서와 기업성과간의 관계에 대한 연구가 지속적으로 수행되어 왔으며, 많은 연구에서 시장에 최초로 진입하는 기업이 후발기업에 비해 상대적으로 높은 성과를 올릴 가능성이 크다는 결론을 제시한 바 있다.[47] 한편, 이러한 연구결과에 대한 반론도 지속적으로 제기되어 왔는데, 진입순서가 기업의 우위를 결정한다는 주장은 개념적으로나 실증적으로 많은 오류가 있다는 연구들이 꾸준히 발표되어 왔다.[48]

여기서 특정 산업으로의 진입순서가 기업의 성과에 어떠한 영향을 미치는가를 실증적으로 분석한 연구들은 다시 선발기업들이 어떠한 점에서 우위를 가지는가에 대한 시장결정론적 시각의 연구와 후발기업들이 어떤 과정을 거쳐 선발기업을 따라잡는가에 대한 연구로 구분될 수 있다.

---

47) Kerin et al., *loc. cit.*, p.48; Krades, F., G. Kalyanaram, M. Chandrashekaran, and R. Dornoff, "Brand Retrieval, Consideration Set Composition, Consumer Choice, and the Pioneering Advantage", *Journal of Marketing Research*, Vol.20, June 1993, pp.62-75; Lieberman and Montgomery, *loc. cit.*; Robinson, W., "Sources of Market Pioneer Advantages: The Case of Industrial Goods Industries", *Journal of Marketing Research*, Vol.25, February 1988, pp.87-94; Urban, G., T. Carter, S. Gaskin, and Z. Mucha, "Market Share Rewards to Pioneering Brands: An Empirical Analysis and Strategic Implications", *Management Science*, Vol.32, June 1986, pp.645-659.

48) Cooper, R. G., "The Dimensions of Industrial New Product Success and Failure", *Journal of Marketing*, Vol.43, Summer 1979, pp.93-103; Glazer, A., "The Advantage of Being First", *American Economic Review*, Vol.75, June 1985, pp.62-75; Golder, P. and G. Tellis, "Pioneer Advantage: Marketing Logic or Marketing Legend?", *Journal of Marketing Research*, Vol.30, May 1993, pp.158-170; Schnaars, S., "When Entering Growth Markets, Are Pioneers Better than Poachers?", *Business Horizons*, March-April 1986, pp.27-36.

1. 선발기업 중심의 시장결정론적 시각의 연구

시장결정론적 시각은 경제학 분야의 산업조직론에 그 근거를 두고 있다. 산업조직론에서는 주로 규모의 경제 및 선점효과 등 진입장벽에 근거한 선발기업의 우위를 강조해 왔다.[49] 이러한 연구들은 시장결정론적 시각에 근거하여 기업이 이미 보유하고 있는 자원들이 진입효과에 주로 영향을 미친다고 보고 있다. 즉, 기업의 적극적인 경영활동 또는 전략이 성과를 결정한다기보다는 시장진입 순서라는 외생적 요인이 성과를 결정짓는다는 측면에서 환경결정론적 시각을 가지고 있다고 볼 수 있다.

시장진입 순서에 대한 연구 중 초기의 연구들은 시장에서 선도자가 되는 것이 높은 기업성과를 가져온다는 결론을 내리고 있다. 이 연구들은 대부분 기업의 경쟁우위 요소가 시장진입이라는 외부요인에 의해서 결정되며, 한 번 형성된 소비자의 기호나 취향은 잘 변하지 않는다는 공통된 가정을 하고 있다.

Lambkin(1988)은 인구생태학적인 관점을 도입하여 선도기업, 조기 추종기업, 후발기업 간의 경쟁우위에 대한 연구가설을 설정하고 이를 검증한 바 있다.[50] 구체적으로, 그는 새롭게 성장하고 있는 시장으로의 진입순서와 기업성과 간에는 어떤 관계가 있으며, 이러한 관계는 사업단위의 구조 및 전략과 어떠한 관계가 있는 가를 밝히고자 하였다. 그러나 이 연구는 논리성과 이론적 배경에도 불구하고 몇 가지 단점을 가지고 있는데, 첫 번째로 지나친 환경결정론적 시각을 들 수 있다. 인구생태학적 관점을 도입한 연구들은 주로 외부환경이 기업의 탄생, 성장, 소멸 등 주요 사항을 결정짓는다고 보는데, 이는 시장 자체가 탄생→성장→포화상태로 성장을 멈춘다는 종래의 제품수명주기 이론을 그대로 답습하여 시장의 새로운 성장 및 변화 가능성을 간과하고 있다는 단점이 있다. 두 번째로 각 산업의 서

---

49) Lieberman and Montgomery, *loc. cit.*: Kerin et al., *loc. cit.*
50) Lambkin, *loc. cit.*

로 다른 발달주기를 무시하고 성장기 산업의 표본을 추출하면서 산업에 관계없이 일괄적으로 영업을 시작한지 5년째 되는 해부터 4년간의 자료를 제출한 사업단위를 대상으로 분석을 수행하였다. 이는 편의를 위한 것이라고는 하나 산업 간 차이를 너무 단순화했다는 비판을 제기할 수 있다. 산업의 종류는 전자상거래와 같이 변화속도가 빠르고 변화의 폭이 넓으며 빈도가 높은 것부터 대중매체산업처럼 큰 혁신이 존재하지 않는 시장까지 여러 종류가 존재한다. 이러한 여러 가지 산업을 동시에 분석하여 실증연구를 수행할 때는 산업의 성격별로 일정한 분류기준이 있어야 할 것이다.

Lilien & Yoon(1990)은 산업재 신제품 시장에서 진입순서가 어떠한 의미를 가지는가에 대한 연구를 수행한 바 있다. 이들은 시장진입 순서에 관한 의사결정에서 정성적인 요소들을 중점적으로 연구하였다. 연구결과 제품이 도입기와 성장기에 있을 때는 선발기업이 아닌 조기에 선발기업을 따라 진입한 기업들과 후발기업들이 성공하는 비율이 높다는 것을 밝혀냈다.51) 이들의 연구는 정성적인 요소들을 상대적인 순위로나마 포함시켰다는 것과 제품별 분석을 통해 연구를 구체화 했다는 것, 그리고 제품수명주기를 응답자들에게 명시하도록 하여 산업별 수명주기 차이를 중시한 데에 장점이 있다. 그러나 이들의 자료는 서열척도와 등간척도만을 이용함으로써 통계분석이 제한적이라는 단점을 가지고 있다. 또한 기업의 역량에 관한 지표들과 시장진입 시점, 그리고 의사결정 간의 관계가 제대로 규명되어 있지 않다는 단점이 있다.

Urban et al.(1986)은 소비자를 대상으로 한 자료를 사용했다는 특성이 있다. 이 연구는 마케팅적인 관점을 보다 강조하여 가격인하와 독특한 제품효익의 개발 등 전략적인 면에서 시사점을 준다는 데 특징이 있다. 다만 기존에 발표된 자료를 사용함으로써 제품이 실패한 경우를 감안하지 않았다는 것과, 조사대상을 소비재에 국한시켰다는 단점을 가지고 있다.52)

---

51) Lilien and Yoon, *loc. cit.*
52) Urban et al., *loc. cit.*

44

　　Robinson & Fornell(1985)[53] 및 Robinson(1988)[54]은 소비재와 생산재 시장에서의 선발기업 우위에 대한 연구를 수행하였다. 두 연구 모두 PIMS(profit impact of marketing strategy) 데이터베이스[55]를 사용하였으며, 시장선점이 상대적인 마케팅 믹스 및 제품생산 비용, 전환비용(switching cost, 산업재의 경우), 그리고 상대적인 소비자 정보(소비재의 경우)에 영향을 미치고, 이것이 다시 시장점유율에 영향을 미친다는 연구모형을 개발하였다. 이 연구는 소비자 행동론적인 관점을 도입하고 선발기업 우위의 원천을 체계적으로 설명했다는 장점이 있는 반면, PIMS 데이터베이스를 사용하여 대기업만을 분석했다는 점에서 문제점이 있다. 또한 회귀모형에서 독립변수를 모두 더미변수로 사용하였다는 문제점을 가지고 있다.

　　Flaherty(1983)는 외국에 마케팅 자회사를 두고 있는 미국의 17개 반도체 생산기업(지역별 관찰, 부품, 제품, 설비, 재료기업 포함)을 대상으로 하여 시장점유율을 결정하는 요인에 대한 연구를 수행하였다. 구체적인 연구방법으로는 시장 선도자인가의 여부와 기술적 주도기간을 곱한 변수, 기타요인(기술적인 품질, 서비스 노력, 판매 노력, 현지 생산시설 존재여부, 기술 역이전의 발생) 등을 독립변수로 하여 특정 시점에서 시장점유율 결정모형을 만들고 이를 회귀분석과 상관관계 분석을 통해 검증하였다.[56] 이 연구는 조사대상을 하나의 산업에 국한시켜 여러 산업을 한꺼번에 분석할 때 생기는 산업별 편차를 줄였다는 것과 진입시점이 다른 여러 기업들을 기간별로 비교할 수 있는 모형을 만들었다는 점에서 의의를 가진다고 할

---

53) Robinson, W. T. and C. Fornell, "Sources of Market Pioneer Advantages in Consumer Goods Industries", *Journal of Marketing Research*, Vol.22, August 1985, pp.305-317.
54) Robinson, *loc. cit.*
55) 전략계획연구소(The Strategic Planning Institute)에서 설계한 것으로 미국, 유럽, 캐나다, 아시아 기업들의 경영활동과 성과간의 관계를 측정하여 이를 데이터베이스로 구축한 것이다.
56) Flaherty, M., "Market Share, Technology, Leadership, and Competition in International Semiconductor Markets", *Research on Technological Innovation, Management and Policy*, Vol.1, 1983, pp.69-102.

수 있다. 단, 하나의 산업만을 대상으로 하였기 때문에 결과를 일반화하기는 어려우며, 자료수집의 한계로 인해 설문조사 방식에만 의존하였다는 것과 직접적인 시장점유율 자료를 사용하지 못하고 시장순위 자료를 기초로 점유율을 계산하였다는 단점을 가지고 있다.

2. 선발기업 중심의 자원거점이론에 관한 연구

앞서 선발기업을 중심으로 한 시장결정론적 시각의 실증연구들을 종합해 보면 결국 선발기업이라는 것 자체가 기업의 절대적인 우위를 보장해 준다고 볼 수는 없다는 것이다. 즉, 초기 연구들이 주장했던 것처럼 선발기업이라고 해서 반드시 후발기업보다 나은 성과를 보이는 것은 아니며, 여기에는 많은 기업 내·외부의 요인이 작용한다는 것이다. 따라서 기업의 능력과 자원, 혹은 환경에 따라 기업의 진입순서 효과는 영향을 받는다고 볼 수 있다. 주영혁(1992)은 효과적인 마케팅 포지셔닝 전략과 광고비의 지출이 시장점유율 차이를 설명하는 데 있어서 시장진입 순서보다 더 효과적임을 보여주고 있으며[57], 최진아(1998)는 산업의 종류, 기업경영권, 기업규모와 비교한 연구개발비와 광고비 지출, 경쟁정도에 따라 선발기업과 후발기업의 성과는 달라진다는 것을 실증적으로 규명한 바 있다.[58] 따라서 선발 혹은 후발에 따른 경쟁우위는 기업의 기술과 시장에서의 포지셔닝, 그리고 경쟁자와 환경의 변화에 따라 달라지는데, 이 중 기업의 역량과 보유자원 등을 설명할 수 있는 것이 바로 자원거점이론이다.

기업이 보유한 자원이 경쟁우위에 미치는 영향에 대해서는 앞서 기술한 선발기업 중심의 기존 연구들도 일부 다루고 있으나, 자원거점이론에 따르면 기업의 전략이나 경쟁력은 모두 기업이 보유한 자원에 의해 결정된다.[59]

---

57) 주영혁, "시장선도전략의 효과에 관한 연구", 서울대학교 석사학위논문, 1994.
58) 최진아, 전게논문.

Robinson et al.(1992)은 기업의 내부자원, 특히 무형자원에 초점을 맞추고 무형자원의 보유여부에 따라 선발기업에 더 유리한 조건과 후발기업에 더 유리한 조건이 있음을 밝혔다. 구체적으로, 연구개발 능력을 보유하고 있는 경우 선발기업으로서 시장에 진출할 가능성이 증가되며, 제조기술이 뛰어난 경우에는 조기 추종기업으로서의 가능성이, 그리고 마케팅 능력이 뛰어난 경우에는 후발기업으로서 시장에 진입할 가능성이 높아진다는 것이다. 이외에도 후발기업이 보유한 자원관점에서 고정 제품 브랜드나 영업권을 보유하고 있을 때는 후발기업으로서의 가능성이 높아지며, 모기업의 규모가 크거나 모기업과 공유하고 있는 자원이 많을수록 선발기업으로서의 가능성은 낮아진다는 것이다. 그리고 라이센싱이나 기업인수를 통한 시장진입의 경우에도 선발기업으로서의 가능성은 낮아지는 경향이 있다고 한다.[60] 이들의 연구결과를 요약하면 상대적으로 우월한 마케팅 능력을 보유하고 있는 (중소)기업은 틈새시장에서 후발기업으로 진입하는 것이 오히려 성과를 높일 수 있다는 것이다.

---

59) Barney, J. B., "Strategic Factor Markets: Expectation, Luck, and Business Strategy", *Management Science*, Vol.42, 1986, pp.1231-1241; Mahoney, J. and J. R. Pandian, "The Resource-based View within the Conversation of Strategic Management", *Strategic Management Journal*, Vol.13, 1992, pp.363-380; Peteraf, M., "The Cornerstones of Competitive Advantage: A Resource-based View", *Strategic Management Journal*, Vol.14, 1993, pp.179-191; Wernerfelt, B., "A Resource-based View of the Firm", *Strategic Management Journal*, Vol.5, 1984, pp.171-180.

60) Robinson et al., *loc. cit.*

<표 1> 선발기업 중심의 실증연구 요약

연 구 자	분석대상	결 과
Bond and Lean(1975)	제약업	신제품 출시 기업이 판매상의 상당한 이점을 가짐. 후발기업들은 제품을 통해 소비자에게 새로운 효용을 제공해야 이를 극복할 수 있음.
Brown and Lattin(1994)	미국 소프트드링크 상표	브랜드 확장을 통한 성과에서 기업의 선점여부가 영향변수로 작용.
Flaherty(1983)	미국 반도체 기업	선발기업 여부와 시장점유율은 약한 상관관계를 가짐.
Green et al.(1994)	컴퓨터 소프트웨어 기업	진입전략과 진입순서는 다양한 기업요소 및 경쟁요인과 상호작용하며 성과에 영향을 미침.
Lambkin(1988)	다양한 산업내 기업 (PIMS 데이터베이스)	선발기업, 후발기업의 순으로 성과가 높으며, 조기 추종기업은 그 관계가 분명치 않음. 진입순서와 시장점유율간의 관계는 사업단위의 전략과 기업의 자원 및 구조에 영향을 받음.
Mitchell(1991)	영상진단기계산업	기존 기업의 경우는 후발진입이, 신규진출 기업의 경우는 선발진입이 성과 및 생존율이 높음.
Lilien and Yoon(1990)	프랑스의 생산재 브랜드	조기 진입(3, 4번째)과 후기 진입(7번째 이상)에서의 성공률이 높음.
Pan and Lehman(1992)	미국 소비재 브랜드	소비자들은 선발기업 제품의 브랜드를 더 선호하는 경향이 있음.
Robinson and Fornell(1985)	미국 소비재 브랜드 (PIMS 데이터베이스)	선발기업이 높은 시장점유율을 보이는 것은 기업의 상대적 우위요소와 소비자 정보 상에서의 우위 때문임.
Robinson(1988)	미국 생산재 브랜드 (PIMS 데이터베이스)	생산재 시장에서 선발기업이 우위를 가짐.
Robinson et al.(1992)	다양한 산업 내 기업	선발기업과 후발기업 각각에 적절한 자원과 기술 프로파일이 존재함.
Spital(1983)	미국 반도체 기업	처음 신제품을 출시하는 기업이 해당 제품에서 가장 높은 시장점유율을 가짐.
Urban et al.(1986)	미국 소비재 브랜드	선발여부보다 시장의 포지셔닝과 광고비가 성과에 더 많은 영향을 미침.

48

Green et al.(1995)은 기업의 시장진입 순서와 상호 작용하여 기업성과에 영향을 미치는 요인들에 대한 연구를 수행한 바 있다. 구체적으로, 산업의 경쟁정도, 진입전략(광고, 유통, 진입규모), 경쟁상의 포지셔닝 등 전략적 요인들이 진입순서와 상호작용을 함으로써 기업의 성과를 결정짓는다는 것이다.[61]

지금까지의 연구결과들을 연구자와 분석대상에 따라 정리하면 〈표 1〉과 같다.

3. 후발기업 중심의 자원거점이론에 관한 연구

앞서 고찰한 연구들은 모두 선발기업의 경쟁우위 여부에 초점을 맞추고 있다. 이와 대비되는 또 하나의 연구 흐름은 기업성과가 시장 상황에 따라 좌우된다고 보는 것이 아니라 후발기업 스스로가 일정한 학습 및 창조적인 모방 과정을 통해 경쟁우위를 획득해 나간다는 것이다.[62] 따라서 이와 관련한 연구들은 후발기업이 자신의 불리한 위치를 극복하고 경쟁우위를 획득해 가는 학습 및 전략적 선택의 과정을 중요시하고 있다.

이러한 부류의 연구에서는 통계적인 방법론보다 사례분석이 주로 사용되고 있는데, 예를 들어 미국의 여러 산업에서 나타난 성공적인 후발기업들의 사례연구[63], 한국 및 일본의 반도체 산업발전사례[64], 인터넷 비즈니스에서의 후발기업 전략에 관한 사례연구[65] 등이 여기에 속한다.

---

61) Green, D. H., D. W. Barclay, and A. B. Ryans, "Entry Strategy and Long-Term Performance: Conceptualization and Empirical Examination", *Journal of Marketing*, Vol.69, October 1995, pp.1-16.

62) Levitt, T., "The Globalization of Markets", *Harvard Business Review*, May-June 1983, pp.92-102.

63) Schnaars, S., "When Entering Growth Markets, Are Pioneers Better than Poachers?", *Business Horizons*, March-April 1986, pp.27-36.

64) Cho et al., *loc. cit.*

65) 이윤철·이동현, 전게논문.

자원거점이론에 따르면 기업의 전략이나 경쟁력은 기업이 보유한 자원에 의해 결정된다. 이러한 자원거점이론은 주로 1980년대부터 두드러지게 나타나기 시작한 미국 기업들의 급속한 경쟁력 하락과 이에 대비되는 일본 기업들의 뚜렷한 성공을 설명하기 위하여 개발된 것이다. 비록 자원거점이론을 연구하는 학자들이 선두진입과 추격(catch-up)의 효과를 명시적으로 논의하고 있지는 않지만 이들은 기업자원을 동태적으로 축적 혹은 창출하는 능력과 과정에 대한 연구를 통해 후발기업이 초기의 불리함을 극복하고 선발기업에 대한 우위를 가질 수 있음을 보여주었다.[66]

Schnaars(1986)는 후발기업(poacher)들이 선발기업보다 유리할 수 있는 가능성이 있음을 사례를 통해 보여준 바 있다. 이 연구는 28개의 제품(대다수가 신제품이며 새로 성장하고 있는 시장)에 대한 자세한 사례분석을 통해 후발기업이 성공하게 되는 원인, 성공의 요건, 그리고 성공 시에 사용한 전략들을 귀납적으로 밝혔다. 연구결과에 따르면 후발기업이 선발기업을 물리치게 되는 경우는 대부분(조사된 사례 중 66%)이 선발기업이 규모가 작고 후발기업이 규모가 큰 경우라는 것이다. 또한 소기업이 대기업을 물리친 사례는 없는 것으로 나타났다.[67] 물론 이 연구는 미국 시장만을 대상으로 하고 있기 때문에 일반화에는 무리가 있으나 생산재와 소비재를 모두 포함하고 있고 또한 자세한 실제 사례연구를 통해 후발기업들의 선발기업 추격 및 추월과정을 구체적으로 밝혔다는 데 의의가 있다.

한편, Schnaars(1986)는 기존의 연구에서 제시된 다양한 선발기업 경쟁우위 요인들과 구분되는 무임승차 효과가 있음을 보여주었다. 그가 지적한 바에 따르면 상당한 자원과 능력을 가진 대기업들이 시장선도의 역할을 하기보다는 후발기업(모방기업)이 되는 경우가 많다는 것이다. 즉, 기업가 정

---

66) Dierickx, I. and K. Cool, "Asset Stock Accumulation and Sustainability of Competitive Advantage", *Management Science*, Vol.35, 1989, pp.1504-1511; Teece, D. J., G. Pisano, and A. Shuen, "Dynamic Capabilities and Strategic Management", *Strategic Management Journal*, Vol.18,No.7, 1997, pp.509-533.
67) Schnaars, *loc. cit.*

신을 가진 소규모 기업에서 신제품을 출시하면 기존의 기업, 특히 대기업들의 경우 초기에는 이러한 신제품의 성장가능성을 깨닫지 못하고 단순한 일시적 유행(fad)으로 간주하다가 점차 시장이 성장하게 되면 기존 기업들도 이를 모방하여 시장에 참여하게 된다는 것이다. 또한 광고, 유통 혹은 재무적 차원에서 경쟁우위 또는 경쟁력을 갖춘 기업들은 시장 상황이 불확실한 초기에 진입하는 것이 아니라 시장이 성장단계에 들어설 때까지 기다렸다가 진입하는 경향이 있다. 즉, 기업들은 다른 기업들이 먼저 진입하는 것을 기다렸다가 시장이 매력적이라는 것이 입증되면 재빨리 이를 모방하여 진입하는 전략을 채택한다는 것이다. Schnaars(1986)는 이를 "계산된 참을성"(calculated patience)이라고 하였다. 이들 대기업들은 우월한 자원과 능력을 갖추고 있으므로 후발기업이라 하더라도 그들의 마케팅 혹은 재무적인 자원과 능력을 이용하여 선발기업보다 유리한 입장에서 경쟁할 수 있다. 따라서 이러한 경우 후발진입 전략이 기술 혹은 마케팅 능력의 경쟁 열위에서 오는 필연적인 결과가 아니라 기업이 의도적으로 선택할 수 있음을 알 수 있다.[68]

D'Aveni(1995)는 경쟁기업에 비해 간접적인 경험이나 기존자원(deeper pocket)을 많이 보유하고 있는 후발기업들이 풍부한 자원을 이용하여 선발기업들을 따라잡을 수 있음을 가전산업의 Matsushita, 식품가공업에서의 General Foods 사례를 통해 보여주고 있다.[69] 특히 후발기업이 신제품에 관해 경험이나 보완적인 자산(complementary asset)을 가지고 있을 때[70] 이들은 공유된 경험이나 자산에서 오는 우위를 가질 수 있으며[71], 이는 범

---

68) Schnaars, *loc. cit.*
69) D'Aveni, R., *Hypercompetition: Managing the Dynamics of Strategic Maneuvering*, The Free Press: New York, 1994.
70) Teece, D. J., "Profiting from Technological Innovation: Implications for Integration, Collaboration, Licensing and Public Policy", in *The Competitive Challenge: Strategic for Industrial Innovation and Renewal*, D. J. Teece (ed.), Cambridge, MA: Ballinger, 1987, pp.185-219.
71) Cho et al., *loc. cit.*

위의 경제(economy of scope) 효과로도 볼 수 있다.[72]

Cho et al.(1998)은 선발기업의 경쟁우위 요인을 시장, 경쟁, 기업의 세 가지로 구분하고 일본과 한국 반도체 기업들을 대상으로 실증분석을 수행하였다. 연구결과 기업수준의 요인들(최고경영자, 조직능력과 기타 자원들)이 경쟁우위에 특히 중요하다고 주장하였다.[73] 이 연구는 특정 산업에 대한 심층 분석을 통해 해당 산업에서 후발기업의 추격 및 추월과정을 연구하였기 때문에 일반화가 어렵다는 단점을 가지고 있으나, Schnaars(1986)가 주장한 "모방을 통한 경쟁우위 전략"[74]의 실제사례를 보여주고 있으며, 기존 연구가 특정 국가의 산업만을 대상으로 한 데 비해 한국과 일본 기업들을 대상으로 분석하였다는 점에서 의의를 가진다고 할 수 있다.

한편, 이윤철·이동현(1999, 2000)은 반도체 및 평판 디스플레이와 같은 첨단 기술산업에서 후발기업의 추격 전략과 인터넷 비즈니스에서의 후발기업 전략에 대한 연구를 수행한 바 있다. 이들은 지금까지 선발기업의 이점 혹은 불리함에 관한 연구가 주로 기업의 외부 요인에 치중해 왔음을 비판하고, 내부 자원이나 능력이 부족한 후발기업이 어떻게 선발기업을 추격했는가를 첨단 산업과 인터넷 비즈니스에서의 사례를 이용하여 분석하였다. 이들은 후발기업이 선발기업을 추격하는 과정을 학습과정으로 이해하고 지식의 습득과 활용을 연구의 기본 모형으로 설정하였다.[75]

우선 지식의 습득 측면에서는 Cohen & Levinthal(1990)이 제시한 흡수용량(absorptive capacity)[76]을, 다음으로 활용 측면에서는 Kogut &

---

72) Kerin et al., *loc. cit.*

73) Cho et al., *loc. cit.*

74) Schnaars, *loc. cit.*, p.30.

75) 이윤철·이동현, "첨단 기술 산업에서 후발기업의 catch-up 전략에 관한 연구", 「전략경영연구」, 제2권, 제1호, 1999, pp.24-47: 이윤철·이동현, 전게논문.

76) Cohen, W. M. and D. A. Levinthal, "Absorptive Capacity: A New Perspective on Learning and Innovation", *Administrative Science Quarterly*, Vol.35, 1990, pp.128-152.

Zander(1992)가 제시한 결합역량(combinative capability)77)을 기본 구성 요소로 하여 논의를 전개하였다. 여기서 흡수용량이란 산업조직론에서 제시된 후발기업의 이점들, 즉 환경에서 오는 기회를 성과로 연결시키는 기업내부의 학습능력을 의미하며, 결합역량이란 흡수용량과 유사하나 학습능력에 비해 기업이 보유한 내부정보나 지식을 활용한다는 측면이 강조된 것이다. 이러한 논리에 따르면 기업이 축적한 지식은 미래의 기회를 위한 옵션이나 플랫폼의 역할을 하며, 이 두 가지는 축적된 기존 지식과 노력의 강도에 영향을 받는다.

이러한 흡수용량과 결합역량으로 대표되는 조직의 학습능력에 영향을 미치는 변수로 이들은 조직과 외부환경을 제시하고 있는데, 여기서 조직변수는 최고경영자의 성향, 기업문화, 조직구조 등의 기업내부 변수로 조직의 학습능력에 영향을 미치는 요인을 의미하며, 외부환경 변수는 정부정책, 기업 간 관계, 국가의 역사와 전통, 경제시스템, 순수한 기회와 같이 조직의 학습능력에 영향을 미치는 요인을 의미한다. 연구결과, 후발기업은 자신이 보유한 지식이 많을수록 선발기업을 빨리 추격할 수 있으며, 관련 지식이 부족할 때는 노력의 강도를 높여야 추격이 가능하다는 것과 선발기업을 추격하는 과정에서 후발기업들이 보유한 관련 지식들이 동질적일수록 후발기업 간의 공동학습(collective learning)이 보다 효율적으로 일어나게 되며, 후발기업이 보유한 관련 지식이 적을수록 조직 내·외부의 다양한 지식원천을 사용한다고 주장하고 있다.

이상에서 살펴본 바와 같이 Cho et al.(1998), 이윤철·이동현(1999)의 연구는 하나의 시장에서 경쟁하는 개별기업 차원이라기보다는 국가별 차원에서 후발국 기업들이 선발국 기업들을 추격하는 과정을 자원거점이론을 바탕으로 설명하고 있다.

---

77) Kogut, B. and U. Zander, "Knowledge of the Firm, Combinative Capabilities, and the Replication of Technology, *Organization Science*, Vol.3, 1992, pp.383-397.

4. 기업성과에 영향을 미치는 요인에 관한 연구

기업의 시장진입 순서와 성과간의 관계를 실증적으로 분석한 기존 연구들 중 회귀분석을 이용하여 변수들 간의 인과관계 분석을 수행한 연구들을 정리하면 〈표 2〉와 같다.

시장점유율을 종속 변수로 사용하는 모형에서는 진입순서 이외에 다른 통제 변수가 큰 비중을 가지는데, 이는 시장점유율에 영향을 미치는 요인이 매우 많고 그 영향 관계가 복잡하기 때문이다. 일반적으로 시장점유율에 영향을 미치는 것으로 입증된 변수들은 PIMS에 제시된 변수들이다. PIMS에서는 경영성과에 영향을 미치는 변수로 경쟁 위치, 시장 환경, 수명주기단계, 재무 및 운영구조 등을 제시하고 있다.

〈표 2〉 시장진입순서 효과에 관한 회귀분석 모형에 사용된 변수

연 구 자	독립변수 및 통제변수	종속변수	유의성이 있다고 판명된 독립변수
Brown and Lattin(1994)	진입순서 시장에서의 영업기간 유통(유통되는 상품의 비중) 평균가격 제품특성 디스플레이 상대적 선호도	시장점유율	시장에서의 영업기간 유통되는 상품의 비중
Lambkin(1988)	전체 기업과 공유하는 시설 제품라인의 넓이 시장진입의 규모 생산능력이 시장 전체수요에서 차지하는 비율 상대적인 마케팅 상대적인 제품의 질 상대적인 대 소비자 서비스 상대가격	시장점유율	생산능력이 시장 전체 수요에서 차지하는 비율 상대적인 마케팅 상대적인 제품의 질 상대적인 대 소비자 서비스 상대 가격
Mascarenhas(1992)	시장의 나이 (market duration) 외국기업 여부 선발기업 여부 이전 선발경험 여부 진입순서/전체 진입기업 수	시장점유율	시장의 나이 선발기업 여부

54

연 구 자	독립변수 및 통제변수	종속변수	유의성이 있다고 판명된 독립변수
Mitchell(1991)	진입순위 세부시장 성장률 산업전체의 시장점유율 외국에서의 사업경험 연도 국내기업여부 인수를 통한 진입여부 기업 매출액	시장점유율	진입순위 국내기업여부
Reddy et al.(1994)	브랜드 존재연수 모 브랜드의 시장점유율 광고점유율 상징적 가치 진입순서 자산 기업 매출에 대한 해당 브랜드의 기여도 모 브랜드의 나이	시장점유율 증가분	모 브랜드의 나이 광고점유율 상징적 가치 진입순서 자산 기업 매출에 대한 해당 브랜드의 기여도
Robinson(1988)	시장점유율 상대적 제품라인 넓이 상대적 판매비 상대가격 서비스의 중요성 제품 구매량 구매빈도 부가가치의 비중 경쟁자수 신제품 소개비율 수직적 통합정도 상대적 소비자 수	시장점유율 제품라인 넓이 상대적 직접비상대가격	(시장점유율) 상대적 제품 질 상대적 제품라인 넓이 상대가격 구매빈도 후발기업의 부가가치 비중 경쟁자 수
Robinson(1990)	제품의 경쟁우위 현재 제품 사용방식과의 호환성 기존 특허와의 관계 시장 선발여부 상대적 제품라인 넓이 상대적 마케팅 비용 상대적 가격 기존 시장의 크기 시장성장률	시장점유율	제품의 경쟁우위 기존 특허와의 관계 상대적 제품라인 넓이 상대적 마케팅 비용 상대적 가격 기존 시장의 크기
Robinson and Fornell(1985)	위와 거의 동일 광고 모델 변화 속도 생산설비의 나이 설비 조업도 추가	시장점유율 제품라인 넓이 상대적 제품품질 상대적 직접비 상대가격	상대적 제품라인 넓이 구매빈도 저가 광고 모델변화 속도
Sullivan(1992)	진입순서/전체 기업의 수 브랜드 확장 여부 전체 시장에서 그 브랜드의 광고 비율(상대적 광고비) 상표의 진입여부	시장점유율	진입순서/전체 진입기업 수 브랜드 확장 여부 전체 시장에서 그 브랜드의 광고비율(상대적 광고비)
Urban et al.(1986)	진입순서 진입시점의 차이 시장에서의 영업기간 사장에서의 영업기간 상대적 선호도	평균 시장점유율 시장실패 여부	진입순서 진입시점의 차이 시장에서의 영업기간 시장에서의 영업기간 상대적 선호도

구체적으로, 경쟁적 위치를 측정할 변수로는 상대적인 시장점유율, 품질, 가격 등을 제시하고 있으며, 이러한 경쟁적 위치에 영향을 미치는 변수로 시장 환경에서는 마케팅 투자비율(% of sales), 고객, 산업을 제시하고 있고 수명주기단계에서는 신제품 개발비율(% of sales), R&D 투자비율(% of sales), 시장성장률을 제시하고 있다. 그리고 재무 및 운영구조에서는 투자비율(% of sales, % of value added), 매출채권 비율(% of investment), 장부가치 비율(% of total investment), 설비이용률(capacity utilization), 부가가치 비율(% of sales), 영업이익 등을 제시하고 있다.

한편, 회귀분석을 이용하지는 않았지만 Green et al.(1995)은 요인분석과 경로분석을 통해 기업의 진입전략과 기타 산업, 기업차원의 변수들이 기업의 성과(시장점유율)에 미치는 영향을 분석한 바 있으며, 회귀분석을 이용한 대부분의 연구들은 산업과 기업차원의 변수를 통제변수로 이용하고 있다.[78]

5. 기존 연구의 요약과 한계점

선발기업 및 후발기업의 성장전략에 관한 기존 연구들을 요약하면 크게 다음과 같이 세 가지 유형으로 정리할 수 있다. 첫 번째 유형의 연구는 진입순서 효과에 관한 연구들이다.[79] 이들 연구들은 진입순서에 따라 기업 간에 성과차이가 있고 특히 선발기업이 후발기업보다 성과가 높다는 점을 강조하였다. 그러나 이들 연구들은 선발기업이 왜 성과가 높은지에 대한 이론적 설명이 부족하고, 대부분 횡단면적 자료를 실증적으로 분석하는 데 치중하였기 때문에 연구결과에 많은 차이가 존재한다. 어떤 연구는 진입순서가 성과에 영향을 미치지 못한다고 주장하고 있으며, 다른 연구들은 산업의 특성에 따라 선발기업보다 오히려 후발기업의 성과가 더 높다고 주장

---

78) Green et al., *loc. cit.*
79) Carpenter and Nakamoto, *loc. cit.*; Lambkin, *loc. cit.*; Lilien and Yoon, *loc. cit.*; Robinson, *loc. cit.*; Robinson and Fornell, *loc. cit.*

하고 있다.

두 번째 유형의 연구는 선발기업의 우위 또는 열위에 관한 연구들이다. 이들 연구들은 선발기업이 가지는 경제적, 기술적, 행동적 우위(또는 열위) 요인들을 도출함으로써 선발(또는 후발)기업 전략에 관한 이론적 토대를 마련하였다. 이들 연구에 따르면 선발기업이 가질 수 있는 이점으로 수요 측면에서 소비자들에 대한 상표충성도나 평판, 공급 측면에서 경험곡선 효과 등을 지적하고 있으며, 반면 후발기업이 가질 수 있는 이점으로는 무임 승차효과, 기술 및 시장의 변화, 선발기업의 관성(inertia) 등을 지적하고 있다.

세 번째 유형의 연구는 본질적으로 선발기업과 후발기업의 자원 및 능력 차이를 인정하고 어떤 전략을 수행하면 후발기업이 선발기업을 빨리 따라잡을 수 있는가를 연구하는 부류이다.[80] 이들 연구들은 자원거점이론이나 조직학습이론을 바탕으로 후발기업 내부의 자원이나 능력이 축적되는 메커니즘을 규명하는 데 초점을 두고 있다. 이들 연구들은 아직 개념적인 연구나 사례 연구에 머물고 있지만 모형화를 통해 후발기업의 전략이론을 개발하는 데 공헌하고 있다. 이들 연구에서 주장하는 효과적인 후발기업의 전략으로는 제한된 사업영역의 선택, 다양한 경로를 통한 지식흡수, 관련 지식의 효과적 결합 등을 들 수 있다.[81]

국내의 경우 특정 산업에서 선발기업 및 후발기업의 시장진입순서에 따른 효과와 관련된 연구는 최근에서야 시작되었고, 특히 전자상거래 분야에서 선발기업 및 후발기업의 성장전략과 성과에 관한 연구는 매우 드물기 때문에 대부분의 연구들이 탐색적 수준에서의 개념 연구나 사례분석 또는 한정된 변수를 이용한 실증분석에 그치고 있어 구체적인 계량화가 되지 않고 있다.

전자상거래 시장은 진입 및 퇴출 장벽이 다른 산업보다 낮기 때문에 많

---

80) Kim, *op. cit.*; 이윤철·이동현, 전게논문, 1999.
81) 이윤철·이동현, 전게논문, 2000, p.531.

은 기업들이 경쟁기업보다 먼저 전자상거래 시장에 진입하여 선점효과를 극대화하고자 하는 현상을 흔히 보게 된다. 그러나 전자상거래에 있어서의 시장선점효과가 다른 경쟁우위 요인에 비해 가지는 영향력은 어느 정도인지, 그리고 전자상거래기업의 경영성과에 영향을 미치는 요인으로는 어떤 것들이 있으며, 실제 영향력은 어느 정도인지를 분석하기란 쉽지 않은데, 그 이유는 전자상거래기업의 경쟁우위를 이끄는 가치사슬 구성요소의 파악과 이에 대한 실질적인 검증을 수행할 수 있는 정교한 모형이 개발되어 있지 않기 때문이다. 다음 절에서는 가치사슬 분석에 관한 기존 연구들을 고찰하고자 한다.

제3절 전자상거래의 가치사슬분석

1. 가치사슬분석

전자상거래기업의 경쟁우위를 이끄는 가치사슬 구성요소를 파악하기 위해서는 먼저 가치사슬 분석에 대한 이해가 선행되어야 한다. 가치사슬은 기업의 전략적 단위활동을 구분하여 자사의 강점과 약점을 파악하고 원가발생의 원천 및 경쟁기업과의 차별화 원천(가치창출 원천)을 분석하기 위해 개발된 개념이다.[82] 즉, 가치사슬은 기업이 수행하는 모든 활동들과 그 활동들이 어떻게 서로 반응하는 가를 살펴보는 시스템적 방법이며, 원가위치(cost position)와 현재 및 잠재적 차별화 원천을 이해하기 위해 기업을 전략적으로 관련된 활동들로 분해한다.[83]

---

82) Porter, M. E., *Competitive Advantage*, The Free Press: New York, 1985, pp.33-61.
83) Dess, G. G., A. Gupta, J. F. Hennart, and C. W. L. Hill, "Conducting and Integrating Strategy Research at the International Corporate and Business

[그림 2] 가치사슬 원형

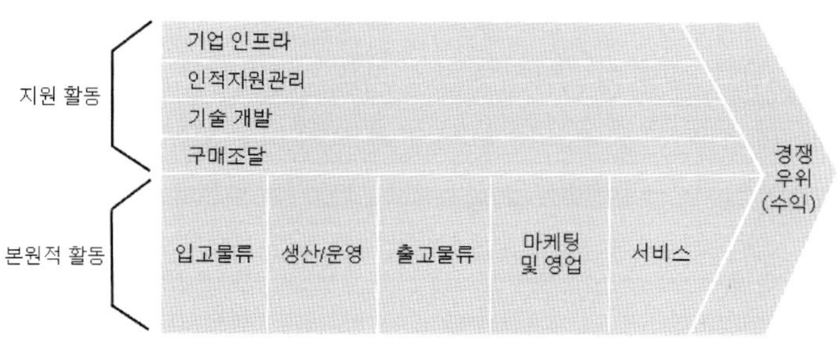

일반적으로 [그림 1]에서 보는 바와 같이 가치창출 활동에는 입고물류, 생산/운영, 출고물류, 마케팅 및 영업, 그리고 서비스를 포함하는 본원적 활동과 회사 인프라, 인적자원관리, 기술개발, 그리고 구매조달을 포함하는 지원 활동으로 구분되며, 여기서 본원적 활동은 제품/서비스의 물리적 가치창출과 관련된 활동들로서 직접적으로 고객들에게 전달되는 부가가치 창출에 기여하는 활동들을 의미하고, 지원활동은 본원적 활동이 발생하도록 하는 투입물 및 인프라를 제공한다. 지원활동들은 직접적으로 부가가치를 창출하지는 않지만, 이를 창출할 수 있도록 지원하는 활동들을 의미한다.[84]

가치사슬은 원자재로부터 완제품이 최종 고객에 전달되기까지의 과정을 일목요연하게 보여주며, 개별 기업은 이러한 가치사슬을 통해 가능한 한 저렴한 비용으로 더 많은 가치를 창출하고자 노력하게 된다. 오늘날과 같이 치열한 경쟁구조하에서 가치사슬 구성요소로 가장 중요한 것은 바로 고객에 관한 지식을 보유하고 있는 사람이며[85], 이러한 사실은 제조기업뿐만 아니라 서비스 및 소매기업에도 동일하게 적용된다.

Levels: Issues and Directions", *Journal of Management*, Vol.21, 1995, p.376.

84) Hitt, M. A., R. D. Ireland, and R. E. Hoskisson, *Strategic Management: Competitiveness and Globalization (Concepts and Cases)*, Thomson: South-Western, 2002, p.92.

85) Webb, J. and C. Gile, "Reversing the Value Chain", *Journal of Business Strategy*, Vol.22, No.2, 2001, pp.13-17; Stewart, T. A., "Customer Learning is a Two-Way Street", *Fortune*, May 10, 1999, pp.158-160.

 한편, 전자상거래의 등장은 모든 산업 분야의 기업들로 하여금 물리적인 프로세스의 한계를 뛰어넘는 인터넷을 통해 기업가치 제고와 수익창출에 기여할 수 있는 부가가치 지식창출 프로세스를 개발하도록 요구하고 있다.[86]

 O'Brien(2002)은 경쟁우위를 달성하기 위해 기업의 인터넷 기반 애플리케이션을 전략적으로 포지셔닝하는 데 가치사슬이 유용하게 이용될 수 있다고 주장한 바 있다. 구체적으로, [그림 2]에서 보는 바와 같이 인터넷 기반 가치사슬 모형은 인터넷을 이용한 고객과의 접촉이 비즈니스 효익과 경쟁우위를 위한 기회를 제공해 줄 수 있는 다양한 방법을 설명하고 있다. 예를 들어, 기업은 뉴스그룹, 채팅방, 그리고 전자상거래 웹 사이트 등을 통해 시장조사 및 제품개발, 직접 판매, 그리고 고객지원과 피드백 등을 효과적으로 수행할 수 있다.[87]

[그림 3] 인터넷 기반 가치사슬

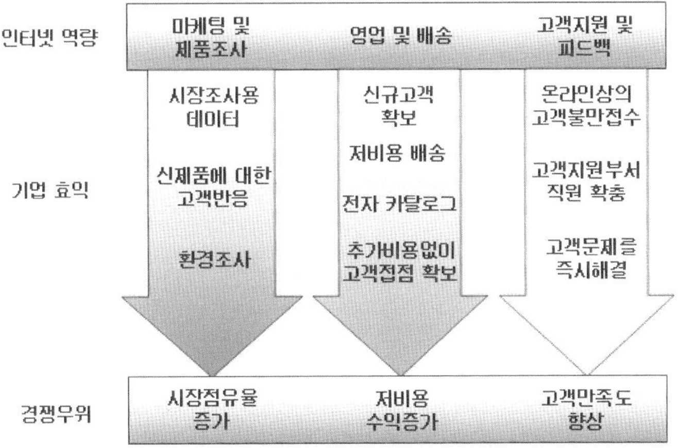

자료원: Cronin, M., *Doing More Business on the Internet*, 2nd ed., Van Nostrand Reinhold: New York, 1995, p.61 수정인용.

---

86) Amit, R. and C. Zott, "Value Creation in E-business", *Strategic Management Journal*, Vol.22, 2001, pp.493-520; Porter, M. E., "Strategy and the Internet", *Harvard Business Review*, Vol.79, No.3, 2001, pp.62-78.
87) O'Brien, J., *Management Information System: Managing Information Technology in the E-Business Enterprise*, 5th ed., McGraw-Hill, 2002, p.51.

Phan(2002)은 인텔의 인터넷 비즈니스 성공사례(B2B에 초점)에 대한 가치사슬 분석을 통해 경쟁우위를 위한 인터넷 비즈니스 개발전략을 제안한 바 있다. 구체적으로 그는 Porter(2001)가 제안한 인터넷 기술채택(internet technology deployment)시 유의해야 할 사항과 전략적 포지셔닝 원칙에 따라 인텔의 인터넷 비즈니스 개발전략에 대한 가치사슬 분석을 수행하고, 이러한 가치사슬 분석을 통해 인터넷 비즈니스 성공요인을 제안하고 있다. 제안된 성공요인으로는 자사의 고유한 전략적 포지셔닝 구축과 강화, 오프라인에서의 전통적인 경쟁방식을 보완하는 인터넷 비즈니스 추진, 최고경영층의 지원, 글로벌 네트워크화, 공급기업 지원과 교육, 보안장치, 인터넷 비즈니스 아키텍처의 구축과 유지, 그리고 인터넷 비즈니스 프로젝트 관리 등이 있다.[88]

장시영·이정섭(2000)은 국내 인터넷 쇼핑몰 기업들의 기대이득과 경쟁전략에 관한 연구에서 쇼핑몰 기업들이 전자상거래를 통해 기대하고 있는 이득과 이들이 수행하고 있는 가치사슬활동 향상 간에 어떠한 관계가 있는지 실증분석을 수행한 바 있다. 분석 결과, 정보제공, 생산성/환경대응, 비용절감, 고객, 관리정보, 그리고 응용시스템을 포함하는 기대이득과 본원적 활동(구매, 운영, 배송, 마케팅, 서비스) 및 지원활동(회사 인프라, 인적자원관리, 기술개발, 구매조달)간에는 대부분 유의한 상관관계를 가지는 것으로 나타났다.[89]

박용진 외(2000)는 기존의 가치사슬 모형을 변형하여 인터넷 쇼핑몰을 중심으로 한 인터넷 비즈니스 평가 모델을 제안한 바 있다. 이들은 인터넷 쇼핑몰의 비즈니스 평가를 위해 [그림 3]에서 보는 바와 같이 네티즌, 마케팅, 기술, 비용, 그리고 거래의 5가지 인자를 제안하고 있는데, 여기서 네티즌과 비용, 거래는 정량적인 인자로, 마케팅 및 기술은 정성적인 인자로

---

88) Phan, D. D., "E-business Development for Competitive Advantage: A Case Study", *Information & Management*, Article in Press, 2000, pp.1-10.
89) 장시영·이정섭, 전게논문, pp.40-43.

분류하고 있다. 또한 각 인자의 세부 측정지표를 선정하고 이를 측정하기
위한 산식을 개발하였다.

[그림 4] 인터넷 쇼핑몰의 비즈니스 평가 모델

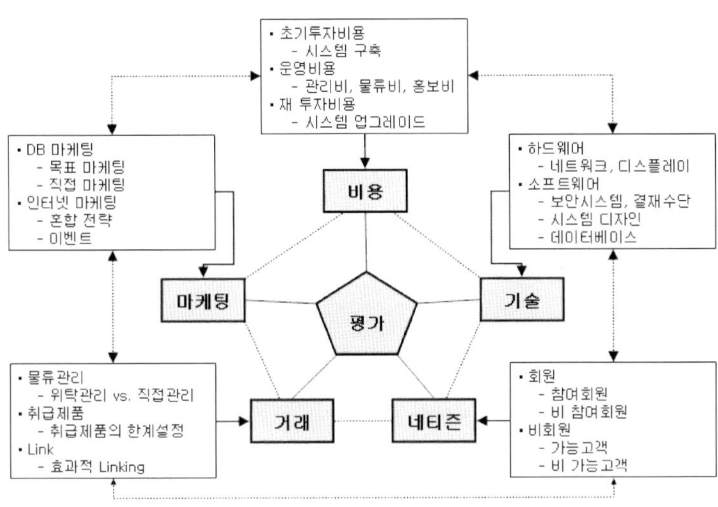

자료원: 박용진 외, 전게논문, p.102 수정인용.

2. 가치사슬분석의 한계점

가치사슬에서는 경쟁우위 획득에 있어서 중요한 요인으로 지적되고 있는
혁신과 전략적 의사결정의 주체인 기업가 활동이 배제되어 있으며, 모든
조직에 적용하는 데에는 다음과 같은 한계점을 가지고 있다.

먼저, 가치사슬분석은 참여자들 사이에 정태적인 상호관계를 평가하는
데는 매우 유용하나, 변화의 속도가 빠르고 의사결정에 따른 효과의 시간
지연이나 피드백 구조로 인해 가치사슬 관계를 다시 정의해야 하는 성장산
업에서의 동태성을 분석하기에는 약점을 가지고 있다. 이는 동일 산업에

속해 있다 하더라도 기업마다 프로세스에 대한 요구사항이 다르고, 경쟁기업 간의 동태적인 관계를 포함하는 다양한 평가요소들이 존재하기 때문이다. 다음으로 개별 가치사슬 활동에 대한 성과측정과 자료수집이 쉽지 않기 때문에 가치사슬분석을 통해 실무적으로 활용 가능한 정보를 얻기가 힘들다는 한계점도 가지고 있다.

본 연구에서 다루고 있는 전자상거래 분야는 성장기에 있는 산업으로서 시간에 따른 동태성이 크기 때문에 의사결정으로 인한 효과에 있어 시간지연이 발생할 수 있으며, 시장규모 및 온라인 사용자 수, 그리고 경쟁기업 등과 같은 외생적 요인이 경영활동 및 성과에 큰 영향을 미치게 된다. 또한 물류, 운영, 마케팅, 서비스 등의 본원적 활동과 이를 지원하는 회사 인프라, 인적자원관리, 연구개발, 구매조달의 지원활동들은 상호 긴밀한 연계성을 가지며 시간의 흐름에 따라 쌍방향의 인과관계를 형성하는 피드백 구조(two-way causation or feedback)로 이해되어야 할 것이다. 그러나 대부분의 연구에서 사용되어온 연구방법론들은 피드백 구조를 고려하지 않는 단선적 기법 또는 시간지연을 고려하지 않은 정태적 분석기법이 주를 이루고 있다. 다음 절에서는 동태적 관점에서 기업성장전략을 분석하고 미래성과를 예측한 기존 연구들을 고찰하고자 한다.

제4절 동태적 기업성장이론

1. 시장선점 및 성장전략에 관한 동태적 분석

인터넷 거품형성 과정에서 투자자들의 비이성적 투자열풍은 종종 기업의 시장선점효과를 극대화하기 위한 성장전략으로 나타난다. 이와 같은 성장전략이 투자자들을 유인하는 이유는 경쟁우위의 원천으로서 시장선점이 가지는 정(+)의 피드백 효과가 크기 때문이며, 정(+)의 피드백에는 네트워크 외부효과[90], 규모의 경제, 학습곡선과 보완자산(complementary assets)[91] 등이 포함되어 있다.[92] 일반적으로 이러한 정(+)의 피드백이 존재할 때 기업은 가능한 빨리 외형적으로 성장하고 경쟁기업보다 먼저 시장을 선점하기 위해 공격적인 전략을 추구하게 된다. 그리고 이러한 전략을 실천하기 위한 구체적인 전술로는 가격할인정책, 신속한 규모 확장, 광고비 증가, 공급자 및 인력 확보를 통해 시장을 장악하고 새로운 사업자의 시장진출을 막기 위한 전략적 제휴 등을 들 수 있다.[93] 이러한 공격적 전략은 시장선점을 통한 경쟁우위를 가질 수 있도록 해 주는데, 그 이유는 앞서 언급한 정(+)의 피드백 요소뿐만 아니라 해당 기업의 수요와 시장점유율을 증가시키기 때문이다.

지난 10년 동안 정(+)의 피드백과 시장 확대 및 수익증대에 대한 이론은 여러 학자들에 의해 제기되었으며, 시장선점효과를 극대화하기 위한 성장전략이 보편화되는 데 많은 기여를 하였다. 예를 들어, Arthur(1989, 1994)는 수익증대 이론[94]을 통해 초기에 시장을 선점한 기업이 고객에 대한 독점적 지위를 확보하게 되면서 경쟁기업으로의 고객 이탈을 원천적으로 막게 된다는 주장을 한 바 있으며[95], Frank(1995)도 시장에서 승자가

---

90) 어떤 상품 또는 기술에 대한 효용이 호환성 있는 제품이나 기술의 사용이 증가함에 따라 함께 증가하는 현상을 말한다.

91) 제품에 대한 소비자의 심리적 안전과 교육적 가치 또는 생산된 제품의 마케팅 전략에 필요한 네트워크 등을 의미한다.

92) Sterman, J. D., *Business Dynamics-Systems Thinking and Modeling for a Complex World*, Irwin McGraw-Hill, 2000, pp.364-384.

93) Fudenberg, D. and J. J. Tirole, *Dynamic Models of Oligopoly*, Harwood: Kondon, 1983; Spence, A. M., "The Learning Curve and Competition", *Bell Journal of Economics*, Vol.12, 1981, pp.49-70. Tirole, J. J., *The Theory of Industrial Organization*, The MIT Press: Cambridge, MA, 2002.

94) Arthur, B. W., "Competing Technologies, Increasing Returns, and Lock-in by Historical Events", *Economic Journal*, Vol.99, 1989, pp.116-131; Arthur, B. W., *Increasing Returns and Path Dependence in the Economy*, University of Michigan Press: Ann Arbor, MI, 1994.

64

모든 것을 가진다는 주장(winner takes all)96)을 통해 시장선점기업의 독점적 지위를 인정한 바 있다. 또한 Rothschild(1990)는 가격할인정책을 통한 시장선점과 이를 통한 매출증대, 그리고 지속적인 원가우위 달성을 강조하면서 공격적인 성장전략의 미덕을 강조한 바 있다.97)

한편, 시장선점효과를 극대화하기 위한 공격적 전략은 성장신화를 이룩한 일부 기업들에 의해서도 대중화되기 시작하였다. 홈 VCR 시장에서 소니의 베타맥스(betamax)를 누르고 새로운 표준으로 자리 잡은 마쯔시타의 VHS(video home system), 미국 ISP 시장에서의 AOL 독주, 그리고 개인용 컴퓨터 시장에서 표준으로 자리 잡은 마이크로소프트와 윈텔(윈도우즈와 인텔)의 복점(duopoly)체제 등이 대표적인 예라고 할 수 있다.98) 넷스케이프는 자사의 웹 브라우저를 무료로 배포함으로써 사용자 및 개발자들을 유인하고, 이들이 넷스케이프의 포털 서비스 및 서버를 사용하여 수익을 창출하도록 함으로써 크게 성공을 거둘 수 있었다. 마이크로소프트는 넷스케이프의 이러한 전략을 바로 모방하였고, 현재는 웹 브라우저 시장의 80% 이상을 점유하고 있다.99) 또한 아마존과 같이 초기 전자상거래 진입기업의 성공은 서적 이외의 다른 분야에도 크게 영향을 미쳐 시장선점효과를 극대화하기 위한 성장전략이 널리 알려지는 계기가 되었다.100)

시장선점을 위해 단기적이고 외형적인 성장을 추구하는 기업들은 가격할

---

95) Hill, G., Q. Hardy, and D. Clark, "Behind the Plunge: Bloody Price Wars and Strategic Errors Hammer High Tech", *Wall Street Journal*, July 12, 1996.

96) Frank, R., *The Winner-Take-All Society: How More and More Americans Compete for Ever Fewer and Bigger Prizes, Encouraging Economic Waste, Income Inequality, and an Impoverished Cultural Life*, The Free Press: New York, 1995.

97) Rothschild, M., *Bionomics*, Henry Holt: New York, 1990.

98) Sterman, *op. cit.*, 2000, pp.359-406.

99) Cusumano, M. and D. Yoffie, *Competing on Internet Time: Lessons from Netscape and is Battle with Microsoft*, The Free Press: New York, 1998.

100) Spector, R., *Amazon. com-Get Big Fast: Inside the Revolutionary Business Model That Changed the World*, Harper Business, 2000.

인정책과 인프라에 대한 막대한 투자로 인해 영업활동으로부터 성장에 필요한 자본을 조달하기가 어려우며, 따라서 외부로부터 자본을 조달해야 한다. 자본시장은 이와 같은 성장전략을 추구하는 기업에 대해 지금까지 비교적 호의적이었던 것이 사실이며, 이는 비록 재무지표상으로는 기업가치가 낮더라도 외형적인 급성장을 통한 정(+)의 피드백 효과를 믿었기 때문이다. 즉, 수익창출의 기반이 되는 회원고객 확보를 위한 막대한 마케팅 투자는 단기실적에 악영향을 미치게 되지만, 만약 이를 통해 많은 회원고객을 단기간에 확보할 수만 있다면 시장선점을 위한 성장전략의 옹호론자들이 주장하는 시장에서의 장기간 독점적 지위의 향유와 함께 상당한 수익실현을 기대할 수 있다는 것이다. 미국의 경우 1990년대 후반 인터넷 열풍이 일어난 기간 동안 투자자들은 경쟁적으로 최초공모(initial public offering: IPO) 및 2차 매각(secondary offering)에 참여했으며, 해당 닷컴 기업의 본질적인 기업가치에 비해 턱없이 높은 공모가가 형성되었다.[101] 그러나 1999년 말부터 닷컴 기업의 초기 시장선점효과에 대한 기대와 투자열풍은 곧 투기에 의한 거품론으로 바뀌게 되며, 이는 과거 네덜란드의 튤립 매니아(tulip mania) 및 영국의 남해회사 거품 사건(south sea bubble)과 1988년 서울올림픽 이후의 주식시장 과열 등과 맥을 같이 하고 있다.

현실적으로 시장선점을 위해 단기간에 외형적인 성장을 추구하는 전자상거래기업 대부분이 실패를 경험하고 있으며, 시장에 초기 진입한 기업의 경우에도 시장선점의 동기부여 요소인 정(+)의 피드백 효과가 존재하지 않거나 매우 약한 경우가 많은데, 이러한 경우 성장전략은 성공으로 이어지기 힘들게 된다. 본 연구에서는 이와 같이 단기적이고 외형적인 성장을 추구하는 전략이 서비스의 질적 저하를 가져와 궁극적으로 기업의 매력도를 오히려 악화시킬 수 있다는 사실에 주목하고자 한다. 일단 특정 기업의

---

101) Oliva, R., J. D. Sterman and M. Giese, "Limits to Growth in the New Economy: Exploring the 'Get Big Fast' Strategy in E-commerce", *System Dynamics Review*, forthcoming.

서비스 질이 낮다거나 회원고객의 성장세가 둔화되고 있다는 평판이 나게 되면 아무리 성장을 이끄는 정(+)의 피드백이라 할지라도 투자자, 종업원, 공급기업, 컨텐츠 제공기업, 그리고 기타 이해관계자들의 신뢰를 상실하게 되며, 이는 궁극적으로 해당 기업의 도산이나 퇴출로 이어지는 부(-)의 피드백이 된다는 것이다.

2. 동태적 관점에서의 기업성장이론

Forrester(1966, 1968)는 첨단기술기업의 신제품 개발, 판매망, 제조능력, 그리고 수요를 충족시키기 위해 필요한 기타 자원들 간의 동태적 역학고리를 규명하기 위한 기업성장모형을 제안한 바 있는데[102], 이 모형은 기업의 내적 동태성 및 자원획득과 품질, 주문과 배송, 가격, 그리고 수요 간의 피드백 과정에 초점을 맞추고 있다.[103] 기업성장모형은 기업이 무한한 잠재력을 가지고 경영활동을 수행함에도 불구하고 고객 서비스를 위한 인프라 및 자원획득의 지연된 준비로 인해 성장을 스스로 제약하고 심지어 붕괴되기까지 하는 과정을 잘 보여주고 있다.

People Express Management Flight Simulator[104]는 서비스 산업의 실제 사례를 통해 이와 유사한 동태성을 설명하고 있다. People Express사는 1981년 최초로 여객운송사업에 뛰어든 후 단기간에 외형적 성장을 추구하는 전략을 통해 미국 내 5위의 여객운송기업으로 성장한 기업이다. 그러나

---

102) Forrester, J. W., "Modeling the Dynamic Processes of Corporate Growth", *Proceedings of the IBM Scientific Computing Symposium on Simulation Models and Gaming*, Yorktown Heights, NY, 1966; Forrester, J. W., "Market Growth as Influenced by Capital Investment", *Industrial Management Review* (MIT), Vol.9, No.2, 1968, pp.83-105.

103) Nord, O., *Growth of a New Product: Effects of Capacity Acquisition Policies*, The MIT Press: Cambridge, MA, 1963; Packer, D., *Resource Acquisition in Corporate Growth*, The MIT Press: Cambridge, MA, 1964.

104) Sterman, *op. cit.*, 1988.

1986년 9월 서비스의 질적 저하와 이로 인한 경쟁기업으로의 고객이탈로 결국 도산하고 만다. 또한 Paich & Sterman(1993)도 학습곡선 및 구전효과와 같은 정(+)의 피드백과 시장포화 간의 상호작용에 의한 열풍(boom)과 파멸(bust)을 성장모형을 통해 설명한 바 있다.105) 한편, Hagel & Armstrong(1997)은 온라인 시장의 고속성장을 설명하기 위해 강화 피드백(reinforcing feedback) 개념을 도입한 동태적 모형을 제안한 바 있는데, 이들은 가상 공동체에 대한 네 가지 강화성장고리(reinforcing growth loop) 즉, 컨텐츠 매력도, 회원 충성도, 회원 프로파일, 그리고 거래 제공 역학고리(dynamic loop)를 제안하고, 네 가지 역학고리가 인터넷 기업성장의 강력한 동인이 되며 특히 이들 역학고리가 상호간에 정(+)의 피드백 효과를 주면서 가상사회의 기하급수적인 수익증가를 가져온다고 주장한 바 있다([그림 4] 참조).106)

[그림 4] 가상사회에서의 수익증가 모형

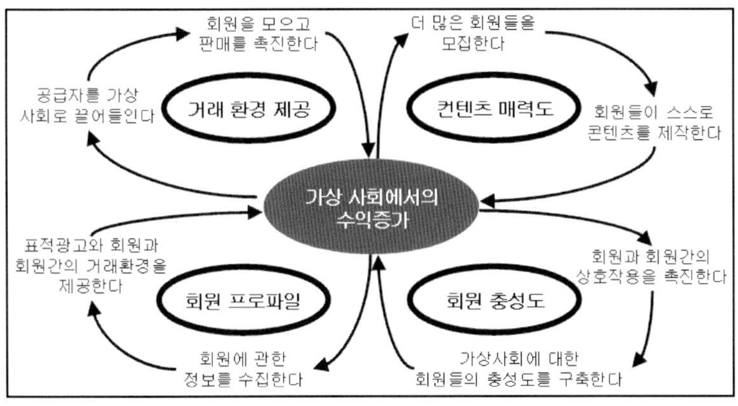

---

105) Paich, M. and J. D. Sterman, "Boom, Bust, and Failure to Learn in Experimental Markets", *Management Science*, Vol.39, No.12, 1993, pp.1439-1458.
106) Hagel, J. and A. Armstrong, N*et Gains: Expanding Markets through Virtual Communities*, Harvard Business School Press: Boston, 1997, p.56.

그러나 이들의 모형은 다음과 같은 두 가지 한계점을 가지고 있다. 첫째, 정(+)의 피드백 과정에 대한 타당성을 검증하기 위한 도구를 제공하고 있지 않으며 둘째, 성장에 제약을 줄 수 있는 부(-)의 피드백 과정에 대한 설명을 하지 못하고 있다.

구체적으로, 우선 컨텐츠 매력도와 회원 충성도 고리의 경우 회원들에 의한 자발적 컨텐츠 제작이 회원 간 상호작용의 핵심 형태라는 점에서 지나친 중복성이 존재한다는 것이다. 다음으로 이 모형은 구전효과, 인터넷 사용자 수의 증가와 같은 온라인 커뮤니티의 중요한 성장원천을 고려하지 않고 있다. 따라서 인터넷 사용자의 회원고객 가입, 서버의 증설과 트래픽 증가에 따른 인프라 확충과 같은 다양한 요인들을 모형에 포함하지 못하고 있다. 마지막으로 기업 간의 지나친 경쟁도 온라인 커뮤니티의 성장에 부정적인 영향을 미치게 된다는 점을 간과하고 있다. 이러한 한계점을 고려할 때 이들이 주장하고 있는 자기강화 성장고리에 의한 가상 공동체의 기하급수적인 성장논리는 현실적으로 많은 한계를 가진다고 할 수 있다.

한편, Barabba et al.(2002)은 최근 General Motors의 OnStar 프로젝트에 대한 연구에서 텔레매틱스 플랫폼 개발 프로젝트인 OnStar의 성장전략 평가와 미래성과 및 기업가치를 예측하기 위해 동태적 분석기법인 시스템 다이내믹스를 활용하였다.[107] 텔레매틱스는 운전자에게 휴대전화, GPS 네비게이션, 일체형(on-board) 검색기, 안전시스템, 24시간/7일 고객지원 등을 결합한 새로운 서비스를 제공하는 것으로, 전자상거래와 마찬가지로 성숙기에 접어든 기존 산업영역을 뛰어넘는 새로운 비즈니스와 수익모델을 창출하는 계기가 되었다. 구체적으로, GM은 텔레매틱스 시장에 초기 진입하여 시장선점효과를 극대화하기 위한 성장전략을 추진하고 있는데, 이러한 전략을 통해 고속성장을 이끄는 정(+)의 피드백 고리 및 고속성장에

---

107) Barabba, V., C. Huber, F. Cooke, N. Pudar, J. Smith, and M. Paich, "A Multimethod Approach for Creating New Business Models: the General Motors OnStar Project", *Interfaces*, Vol.32, No.1, 2002, pp.20-34.

제약을 가져올 수 있는 서비스 품질과 관련한 부(＋)의 피드백 고리를 밝혀내고 향후 성장가능성 및 미래성과를 예측하는 데 시스템 다이내믹스 기법이 활용되었다. 연구결과에 따르면 텔레매틱스 시장은 2002년까지 최소 40억 달러에서 최대 100억 달러에 이르는 시장가치를 형성할 것이며, 텔레매틱스 시장에서 GM은 80%의 시장점유율을 가질 것으로 예측되었다.

제5절에서는 동태적 분석모형에서 활발하게 사용되어온 시스템 다이내믹스 기법을 소개하고자 한다. 시스템 다이내믹스는 동태적 분석기법으로 최근 경영학 분야에서도 많이 활용되고 있으며, 분석대상이 동태적이고 의사결정으로 인한 효과에 시간지연이 있거나 피드백 구조를 가질 때 유용한 것으로 알려져 있다.

제5절 시스템 다이내믹스

1. 시스템 다이내믹스와 시스템 사고

시스템 다이내믹스(system dynamics: SD)[108]는 피드백의 원리와 동적 역학, 그리고 시뮬레이션을 이용하여 시스템 관점에서 조직의 문제를 다루는 방법론으로 동적인 행위가 일어나거나 시스템의 반응에 피드백이 중요한 영향을 미치는 복잡한 문제들을 해결하는 데 특히 효과적이다. 시스템 다이내믹스는 연구대상 시스템을 구성하는 요소들 간의 인과관계를 구조화

---

108) 시스템 다이내믹스는 (1)정보순환이론, (2)의사결정 프로세스, (3)컴퓨터 모델링, (4)시뮬레이션 언어 등 네 가지 분야의 지속적 발전을 통해 시스템의 복잡한 동태적 특성에 대한 분석이 가능해 지면서 등장하였다. Forrester(1961)는 이러한 발전을 기초로 산업동태론(industrial dynamics)에서 복잡한 시스템들의 동태적 행동들과 특성들을 분석하는 연구 방법론으로 시스템 다이내믹스를 제시했다.

하고 그 구조 내에서 정책결정으로 인한 기업의 성과 및 동태적인 변화를 분석할 수 있게 해 주는 분석기법으로[109], 본 연구에서 구축하고자 하는 인터넷 기업의 성장전략 및 성과평가를 위한 동태적 분석모형의 구축 방법론으로서 활용할 수 있는 유용성이 있다.

이러한 시스템 다이내믹스는 구조가 행태를 결정짓는다는 세계관에 기초하고 있다. 여기에서 구조란 피드백 고리를 말하며, 이러한 피드백 고리는 변수들 사이의 인과관계가 상호 연결되어 하나의 제한된 영역(closed boundary)을 형성한다.[110] 그리고 행태란 동태적 행태유형을 의미하며, 이는 시스템이 시간의 흐름에 따라 외부로 보이는 문제 혹은 사건이라고 표현할 수 있다. 따라서 어떠한 동태적 행태유형이 나타날 경우, 이러한 행태유형을 만들어 내는 피드백 고리를 찾아낼 수 있으며 이를 바탕으로 현실 세계의 시스템을 찾아낼 수 있다. [그림 5]는 이러한 시스템 다이내믹스의 세계관을 보여주고 있다.

[그림 6] 시스템 다이내믹스의 세계관

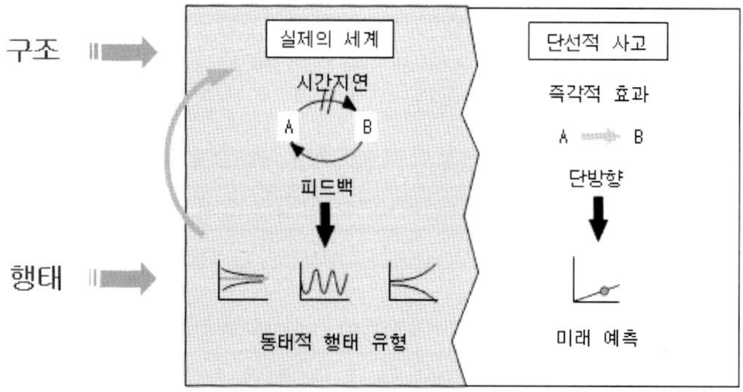

자료원: 김도훈·문태훈·김동환, 「시스템 다이내믹스」, 대영문화사, 1999, p.23.

---

109) Meadows, D. H., *Elements of the System Dynamics Method*, The MIT Press: Massachusetts, 1980, p.2: Sterman, *op. cit.*, 2000, p.4.
110) Richardson, G., "Problems with Causal-Loop Diagrams", *System Dynamics Review*, Vol.2, No.2, 1986, pp.158-170.

시스템 다이내믹스의 세계관은 1980년대 들어서 시스템 사고(systems thinking)라는 용어로 통용되기 시작하였으며, Senge(1990)의 Fifth Discipline에 의해 보편화되었다.111) 학자마다 약간씩 다르지만, 시스템 사고는 피드백 사고, 동태적 사고, 그리고 사실적 사고로 구성된다고 할 수 있다.112)

[그림 7] 시스템 사고

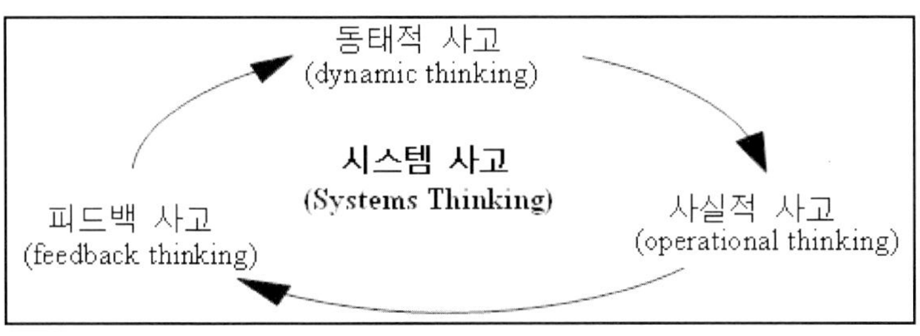

자료원: 김도훈 외, 전게서, p.40.

[그림 6]에서 피드백 사고(feedback thinking)란 시스템의 작동 메커니즘이 피드백 고리라는 점을 인식하고 이를 발견하여 활용하는 사고방식을 말하며, 동태적 사고(dynamic thinking)란 시스템의 정태적 상태보다는 부단한 변화에 초점을 두어야 시스템을 이해할 수 있다는 사고방식이다. 그리고 사실적 사고(operational thinking)란 시스템의 요소와 관계성을 구체적으로 직시할 때에만 시스템을 이해하고 조절할 수 있다는 사고방식을 의미한다.

---

111) Senge, P., *The Fifth Discipline: The Art & Practice of The Learning Organization*, Currency Doubleday: New York, 1990.
112) 김도훈 외, 전게서, p.40.

2. 시스템 다이내믹스의 구성요소와 분석절차

시스템 다이내믹스를 이용한 연구는 시간의 경과에 따라 연구 대상 시스템의 행태 변화를 피드백 구조를 통해 파악하는 것이다. 시스템 다이내믹스는 시스템, 피드백, 저량(stock/level), 그리고 유량(flow/rate)이라는 네 가지 구성요소로 이루어져 있는데, 이러한 구성요소를 이용하여 [그림 7]과 같은 절차에 따라 분석을 수행한다.

각 구성요소와 분석절차에 대해 설명하면 다음과 같다. 첫째, 시스템이란 일반적으로 "특정 목표를 달성하기 위해 상호작용 하는 구성요소들의 집합"이라고 정의된다. 시스템의 가장 큰 특징은 시스템 내의 요소들이 서로 밀접하게 연결되어 있고, 그 요소들이 시간의 흐름에 따라 동태적으로 변화한다는 것이다. 따라서 시스템을 분석하기 위해서는 관심의 대상이 되는 요소의 움직임을 먼저 파악해야 하며, 이를 바탕으로 해결 또는 이해하고자 하는 문제 및 시스템 다이내믹스의 적용 목표를 선정해야 한다.

[그림 8] 시스템 다이내믹스 분석절차

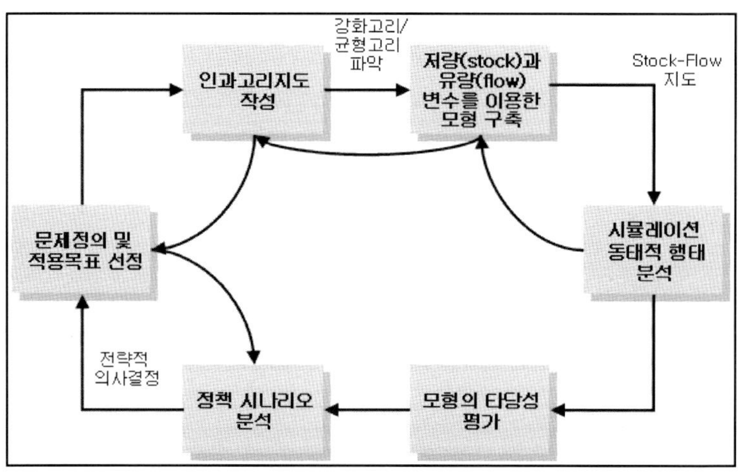

이때 시스템 다이내믹스의 목표를 바탕으로 제한적 영역을 동시에 고려해야 한다. 이 제한적 영역은 대상 시스템을 모두 포함하고 있어야 하며, 영역 외부의 요소가 영역 내부의 시스템에 영향을 미치지 않도록 그 범위를 설정해야 한다. 시스템 다이내믹스의 목표가 설정되지 않고서는 연구대상 시스템에서 중요한 요소가 무엇인지 그리고 그 영역이 어디까지인지를 파악할 수 없다. 특히, 시스템 영역 내의 구성 요소들은 공동 그리고 개별적 목표를 수행하기 위해 서로 교류하며, 이러한 요소들과 요소들 간의 교류 관계가 시스템 구조를 형성한다. 이와 같이 시스템을 개념화하기 위해서는 시스템을 구성하는 요소들과 요소들 간의 교류 관계를 분석하고 모형화해야 하며, 이를 위해서는 요소들 간의 정(+) 또는 부(−)의 피드백 관계를 파악할 수 있어야 한다.113)

둘째, 피드백이란 한 요소의 변화가 다른 관련 요소에 어떠한 영향을 미치는가를 파악하는 개념이다. 시스템 내부의 피드백 관계를 모형화하기 위해서는 인과고리지도(causal-loop diagram)를 활용할 수 있는데, 인과고리지도는 개인 또는 그룹의 인지 모델을 추출하고 요소들 간의 동태적인 인과관계를 표현하기 위해 사용되어온 도구이다. 관련 요소들 간의 피드백을 표현하기 위해서는 인과고리지도에 인과관계의 극성(+, −)을 추가로 표현하는데, 정(+)의 관계일 경우에는 '+'를, 부(−)의 관계일 경우에는 '−'를 피드백 화살표 위에 표시한다. 정(+)의 관계는 "원인요소 A가 결과요소 B에 양성적 영향을 미치며, A값이 증가하면 A값이 고정된 경우에 비해 B의 값의 더 많은 증가를 가져온다"는 것을 의미한다. 반면, 부(−)의 관계는 "원인요소 A가 결과요소 B에 음성적 영향을 미치며, A값이 증가

---

113) 김희웅, "시스템 다이나믹스를 이용한 지식 기반 의사결정", 「대한산업공학회지」, 제13권, 제1호, 2000, pp.17-28; Kirkwood, C. W., *System Dynamics Methods: A Quick Introduction*, System Dynamics Resource Page, Arizona State University, 1998; Rander. J., "Guidelines for Model Conceptualization", in *Elements of the System Dynamics Method*, The MIT Press, 1980; Sterman, *op. cit.*, 2000.

74

하면 A값이 고정된 경우에 비해 B의 값의 더 많은 감소를 가져온다"는 것
이다.114) [그림 8]은 이러한 관계를 나타내는 피드백 고리로서 시스템의
동태적인 움직임을 보여주고 있다.115)

[그림 9] 강화고리와 균형고리

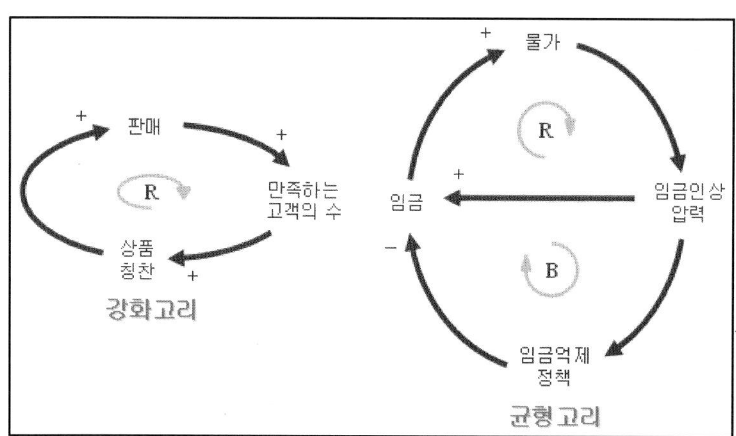

　　[그림 8]에서 보는 바와 같이 피드백 고리에는 강화고리(reinforcing
loop)와 균형고리(balancing loop)가 있다. 예를 들어, [그림 8]의 왼쪽에
있는 강화고리는 만족하는 고객의 수가 증가하면 상품에 대한 칭찬이 여러
사람들에게 구전되고, 이를 통해 상품판매는 더욱 늘어나게 된다는 것을
의미하는 연결고리로 이것을 강화고리라고 한다. 반면, [그림 8]의 오른쪽
에 있는 균형고리는 임금인상에 따라 물가가 상승하고 이는 임금인상 압력
으로 작용하게 되어 임금이 더욱 상승할 것으로 예상되지만, 한편으로 임
금인상 압력은 정부로 하여금 임금인상 억제정책을 유도하여 결과적으로
임금수준은 균형을 이루게 된다는 것을 의미하는데, 이를 균형고리라고 한
다. 이와 같이 강화고리와 균형고리의 두 종류 피드백 고리에 의해 시스템

---

114) Richardson, *loc. cit.*
115) 김동환, "시스템 다이내믹스 하계특강 1", 숙명여자대학교, 2000.

의 동적인 움직임이 유발된다.

셋째, 인과고리지도는 그 단순성으로 인해 사용자들 간의 의사소통 및 이해에 유용한 반면, 대상 시스템을 테스트하기 위한 모든 요소들을 모형에 반영하지 못한다는 한계가 있다. 따라서 피드백 고리 내의 요소들을 시뮬레이션 모형으로 표현하기 위해서는 저량과 유량이라는 두 종류의 변수가 필요하다. 여기서 저량이란 특정 시점에서의 시스템 상태를 나타내주는 변수로서 현재 보유회원 수, 판매량, 2002년도 3월 근로자 임금수준, 2001년 12월 재고량 등이 그 예가 되며, 유량이란 시스템의 활동을 반영하는 것으로 일일 생산량, 시간당 판매량 등이 그 예가 된다.

저량은 그 단위가 금액, 재고량, 수 등 시간이 반영되지 않은 단위인 반면, 유량은 단위 시간당 수량의 변화로 정의된다. 따라서 저량은 그 수준을 증가시키는 유량 변수와 그 저량을 감소시키는 유량 변수의 차이를 시간의 변화에 따라 합한 값이 된다. 즉, 저량은 직접 연관된 입/출력 유량과 관계될 뿐, 다른 유량과는 관련이 없게 된다. 또한 저량(축적된 유량의 양)의 수량은 쉽게 파악할 수 있는 반면, 유량은 쉽게 파악이 되지 않는다. 따라서 대부분의 경우 축적된 유량을 소요된 기간으로 나눈 후, 평균 입력 유량이나 출력 유량을 구하게 된다. 예를 들어, 현재 시점에서의 시간당 고객 주문 유량을 파악하기는 힘들지만, 하루 동안 축적된 주문 건수를 근무시간으로 나누면 시간당 주문 유량을 파악할 수 있게 된다.

저량과 유량을 바탕으로 한 시뮬레이션은 Stock-Flow 지도를 통해 수행될 수 있는데, Stock-Flow 지도에서 저량은 Stock으로 표시되며, 유량은 Flow상의 변수로 표시된다. 예를 들어, [그림 9]는 출생률과 사망률을 이용한 인구변화를 동태적으로 분석하는 내용으로, 저량 변수와 유량 변수를 이용하여 Stock-Flow 지도로 나타낸 것이다.[116] 여기서 인구(변수명:

---

116) *Stock-Flow*의 관계를 식으로 나타내면 다음과 같다.

$$Stock_t = Stock_{t\text{-}dt} + dt*(Inflow_{t\text{-}dt} - Outflow_{t\text{-}dt})$$

또는 $d(Stock)/dt = Inflow_t - Outflow_t$

population)는 저량 변수, 출생률(변수명: birth rate)과 사망률(변수명: death rate)은 각각 인구를 증가, 감소시키는 유량 변수로 사용되었다. 그리고 출생율 비율(변수명: fractional birth rate)과 평균수명시간(변수명: average lifetime)은 각각 출생률과 사망률의 변화에 영향을 미치는 보조 변수로 사용되었다.

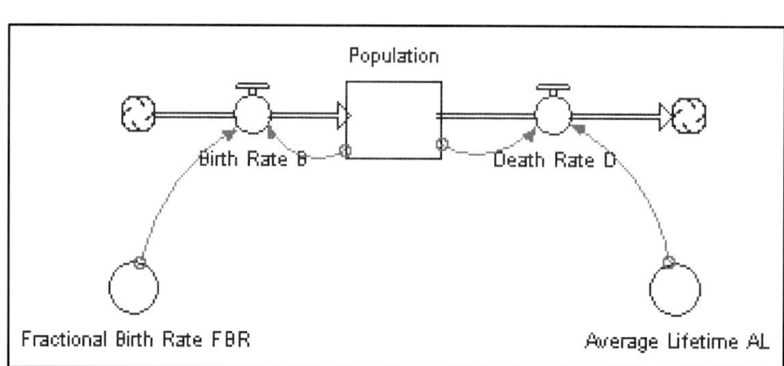

[그림 9] Stock-Flow 지도

자료원: Sterman, *op. cit.*, 2000, p.138.

앞서 [그림 8]과 같은 인과고리지도의 경우는 몇 가지 단순한 규칙을 이용하여 연구자가 자유롭게 작성할 수 있지만 시뮬레이션 프로그램의 경우에는 시스템 다이내믹스 방법론에서 규정하는 엄밀한 규칙을 따라야 한다. 예를 들어, 시스템 다이내믹스 모형에서는 저량 변수와 함께 유량 변수는 물론 보조 변수까지 구분하고 있는데, 시스템 다이내믹스 모형에서는 이러한 차이점을 표현하기 위해 나름대로의 도식체계를 갖고 있다. 본 연구에서는 시스템 다이내믹스 분석을 위해 *ithink*(ver. 7.0.2)라는 시스템 다이내믹스 전용 소프트웨어를 사용하였는데, *ithink*에서 사용하는 주요 모델링 도구(device)에 관해 설명하면 다음과 같다.

우선, 사각형(☐)은 저량(stock)을 나타내며, 원형(○)은 보조 변수 혹은 상수를 나타낸다. 그리고 원 내부에 물결모양을 갖고 있는 도구( )는 그래프(graph) 함수[117]로 표시되는 보조 변수를 나타내며, 원 위에 꼭지가 달린 도구( )는 유량 변수(flow)를 나타낸다. 한편, 두꺼운 화살표( )는 물질의 흐름을 나타내는 반면, 얇은 화살표( )는 정보의 흐름, 즉 인과관계 구조를 나타낸다. 그리고 풍차모양의 도구( )는 물질 흐름의 기점과 종점(source/sink)을 나타낸다.

3. 시스템 다이내믹스의 유용성

이러한 시스템 다이내믹스는 다음과 같은 특징과 유용성을 갖고 있다. 첫째, 시스템 다이내믹스는 시스템의 구성요소들 사이의 순환적 인과관계(circular causality)와 피드백 고리(feedback loop)를 강조한다. 이는 단선적 사고의 인과관계에서 나타나는 종속변수와 독립변수 간의 일방적 관계가 아닌 상호 의존적 관계를 강조한다. 따라서 독립변수와 종속변수의 구분 없이 모든 인과관계를 순환적 고리로 파악하고 있다.

[그림 10]은 대표적인 피드백 고리의 원형을 정리한 것으로, 먼저 시스템의 구성요소들 사이에 시간지연이 있는 부(−)의 피드백 관계가 존재할 경

---

117) 그래프 함수란 두 변수 간의 관계가 실제로는 연속함수이지만 그것을 수식으로 표현하기 어려울 때 특정 구간 내에서 두 변수 간의 데이터 쌍으로 구성된 이산적인 관계로 이를 단순화시켜 연속적인(또는 이산적인) 곡선으로 나타내는 것을 말한다. 이런 방법을 사용하게 되면 종속변수의 범위를 정하는 효과를 나타낼 수 있다. 즉, 독립변수의 값이 그래프에 정의되어 있는 값 이상(하)일 경우, 종속변수는 그래프 함수에 기록된 마지막 값(첫 번째 값)을 부여받게 된다. 또한 독립 변수의 값이 그래프 함수에 기록된 크기대로 변화하지 않는 경우, 산출하게 된다. 즉, 종속변수의 변동폭을 지정해주고 그 안에서는 일정한 함수관계에 그래프 함수는 기록되어 있는 값을 선형방정식으로 변화시켜 이에 대응하는 값을 따라 움직이게 된다.

우 시간에 따라 일정한 파동을 그리는 결과를 예상할 수 있다는 것이다. 다음으로 상승효과(escalation effects) 피드백 고리는 시스템 구성요소 간의 상호 경쟁적인 역학고리로 인해 한쪽의 지속적인 상승내지는 다른 한쪽의 지속적인 하강을 예상할 수 있다는 것이다. 세 번째로 성장제약(limit to growth) 피드백 고리는 본 연구에서 가장 관심을 두고 있는 원형으로, 성장제약 피드백 고리의 기본적인 논리는 지속적인 고속성장을 이끄는 강화성장고리가 존재하는 반면에 이를 제약하는 부(−)의 피드백 고리가 존재함으로써 향후 성장의 둔화 또는 경우에 따라 성장의 쇠퇴를 가져올 수 있음을 나타내고 있다. 이러한 성장제약 피드백 고리는 전자상거래 또는 인터넷 비즈니스와 같은 고속성장 산업에 대한 장기 예측이나 급격한 산업화로 인한 환경문제 등을 분석할 때 매우 유용한 피드백 고리로서, 본 연구에서는 이러한 성장제약 피드백 고리를 원형으로 하여 전자상거래기업의 시장선점 및 성장전략에 따른 성과평가에 관한 동태적 모형을 구축하고자 한다.

[그림 10] 피드백 고리의 원형

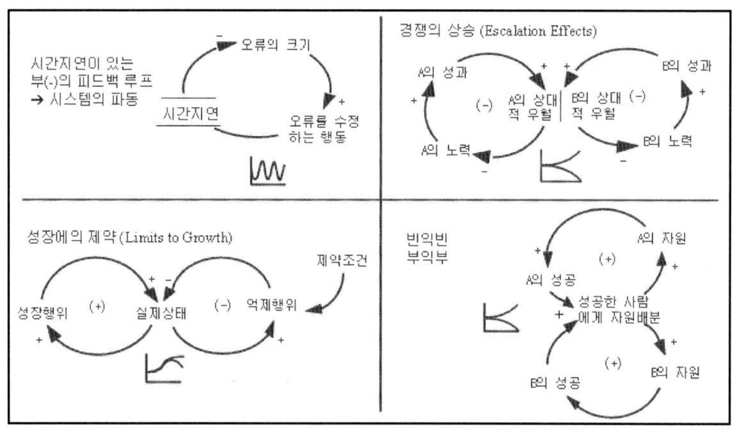

자료원: 김도훈 외, 「시스템 다이내믹스」, 대영문화사, 1999, pp.86-95 참조.

둘째, 시스템 구성요소들의 상대적 중요성은 고정되어 있는 것이 아니라 시간의 흐름에 따라 변화하는 것으로 파악한다. 이것은 시스템을 정태적으로 파악하려 하지 않고 지속적으로 상호 영향을 주고받는 동태적 관계로 파악한다는 것을 의미한다. 이와 같이 시스템 다이내믹스는 특정 변수가 시간의 변화에 따라 어떻게 변화해 가는지에 관심을 두기 때문에 모형에서 사용된 매개변수(parameters)의 정확한 측정이나 추정값을 구하기보다는 연구의 대상이 되는 변수가 시간의 흐름에 따라 어떠한 변화 추이(안정/불안정 경향, 상하 주기적인 파동, 성장과 쇠퇴, 안정상태 유지 등)를 역동적으로 보이는지에 보다 중점을 둔다는 점이다.

셋째, 시스템 다이내믹스는 총론적 시각과 각론적 시각을 동시에 가질 것을 요구한다. 이는 분석적 사고와 통합적 사고의 조화를 강조하는 것으로, 시스템을 구성하는 부분들을 우선 분석하고 이를 차례로 연결함으로써 시스템 전체를 이해하려는 것을 의미한다. 이렇게 함으로써 현재 진행되고 있는 시스템의 특징이나 문제가 되는 행태에 대한 구조적이고 근본적인 이해가 가능해진다.

넷째, 시스템 다이내믹스는 부분에 집착하기보다는 전체와 관련해서 부분의 역할을 강조하는 사고의 틀로서 사회의 모든 현상을 피드백 시스템의 관점에서 이해하기 때문에 어떤 변수의 동태적인 변화를 다른 변수와의 복잡한 인과관계 속에서 야기되는 쌍방향의 인과관계 또는 피드백 구조(two-way causation or feedback)에 의해 일어나는 것으로 파악한다는 점이다. 즉, 시스템 다이내믹스의 핵심은 어떤 현상의 복잡한 구조에 감추어져 있는 일관된 움직임들을 포착하고, 이를 유형화하는 데 있으며, 어떻게 상이한 현상들이 상호 연결되어 있는가를 인지하고 이해할 수 있게 하고, 그 변화와 유형의 과정들을 역동적으로 분석할 수 있도록 도와준다.118)

---

118) Kirkwood, *op. cit.*; Meadows, *op. cit.*; Morecroft, J. D. W. and J. D. Sterman, *Modeling for Learning Organizations*, Productivity Press: Portland, Oregon, 2000; Senge, *op. cit.*

지금까지 시스템 다이내믹스의 유용성에 대해 살펴보았다. 이러한 유용성을 토대로 시스템 다이내믹스의 방법론적 위상을 [그림 11]과 같이 도식화하였다. [그림 11]에서 보는 바와 같이 시스템 다이내믹스는 기존의 방법론들과 비교하여 단선적 사고가 아닌 피드백 관계를 중시하는 사고에서 출발하여 정태적 상태뿐만 아니라 동태적 변화까지도 분석할 수 있는 유용한 기법이라는 것을 알 수 있다.

[그림 11] 시스템 다이내믹스의 방법론적 위상

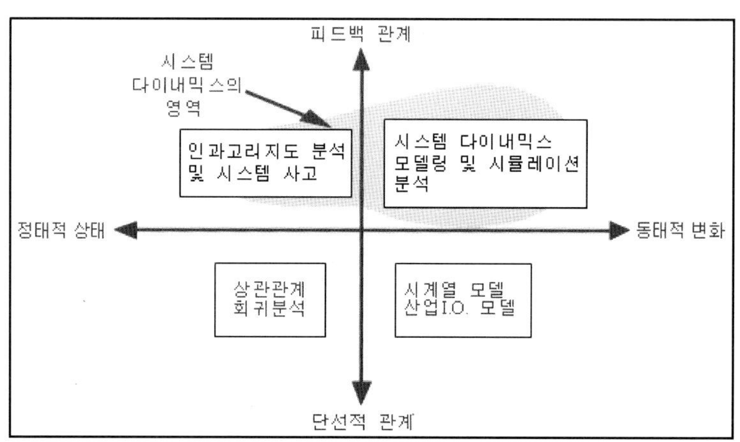

자료원: 김동환, "시스템 다이내믹스 하계특강 1", 숙명여자대학교, 2000, p.9.

궁극적으로 시스템 다이내믹스는 문제와 관련된 시스템을 이해하고, 이를 통해 복잡한 피드백 관계를 모형에 반영하여 각각의 피드백들이 동적인 시간의 흐름상에서 어떻게 시스템에 영향을 미치는지 파악할 수 있게 해주기 때문에 본 연구에서 구축하고자 하는 전자상거래기업의 시장선점 및 성장전략과 성과평가에 관한 동태적 모형의 도구 역할을 수행할 수 있을 것으로 기대한다.

제6절 전자상거래기업의 성과평가 요인

앞서 수행한 이론적 고찰을 통해 전자상거래 시장에서 경쟁기업 간의 상대적인 우위와 성과를 이끄는 가치사슬 구성요소를 파악하고, 이를 동태적인 관점에서 평가하기 위해서는 정보시스템 관점에서의 평가요인 이외에 선발/후발기업의 성장전략, 소비자 및 공급자 측면의 서비스 품질요인, 그리고 기업가치평가를 위한 웹 트래픽 및 재무회계적 평가요인과 함께 온라인 시장, 경쟁기업과 비교한 상대적인 성과, 그리고 자본시장과 같은 외생적 요인을 균형적으로 반영한 모형을 구축해야 하며, 이에 대한 동태적 분석을 수행하는 데에는 제5절에서 기술한 시스템 다이내믹스 기법이 효과적이다.

1. 경쟁우위와 성과를 이끄는 가치사슬 구성요소

앞서 이론적 고찰에서 살펴본 바와 같이 인터넷 비즈니스 모델에 대한 검증이나 전자상거래기업의 경쟁우위 및 성과와 기업가치에 대한 연구자들의 견해는 매우 다양하다. 따라서 어떤 요인이 전자상거래의 가치사슬을 구성하는 데 중요한 요인인지에 대한 논란이 있을 수 있으나, 기존 문헌에서 공통적으로 논의되어온 개념들을 정리하면 다음과 같다.

첫 번째로 브랜드 가치이다. 브랜드 가치는 단기간에 만들어 지는 것이 아니며, 고객에게 다양한 선택의 폭과 정보제공, 할인, 신속한 주문과 배송, 편리한 교환 서비스 등을 제공함으로써 고객만족을 통해 구축되는 것이다.[119] 오프라인에 기반한 온라인 진출기업의 경우에는 기존의 브랜드 자

---

119) Lu, H. and C.-C. Lin, "Predicting Customer Behavior in the Market-Space: A Study of Rayport and Sviokla's Framework", *Information & Management*, Vol.40, 2002, pp.1-10; Reddy, S., S. Holak, and S. Bhat, "To Extend or Not to Extend: Success Determinants of Line Extensions",

산을 온라인으로 이어가고자 노력하는 경우도 있으며 반즈앤노블닷컴이 대표적인 예라고 할 수 있다. 그러나 대다수의 순수 인터넷 기업들은 이와 같이 장기간에 걸쳐 구축되는 브랜드 가치를 단기간에 끌어올리기 위해 막대한 마케팅 투자를 감수하고 있는 실정이다.

두 번째로 회원고객이다. 인터넷 사용기간이 늘어날수록 사용자들은 초기의 목적 없는 웹 서핑을 줄이고 인터넷 사용이 어느 정도 정형화 되며, 자신의 욕구를 충족시키는 사이트를 집중적으로 방문하게 된다. 특히 온라인 소매기업의 경우 이러한 충성고객의 확보가 곧바로 경영성과에 영향을 미치게 된다.[120] 한편, 인터넷 기업은 컨텐츠를 기반으로 커뮤니티를 형성하고, 이를 기반으로 거래를 촉진한다.[121] 따라서 인터넷 비즈니스에서는 동호회나 게시판을 통해 회원고객들이 정보·지식·경험을 공유하고 있는지, 이러한 과정을 통해 의사결정의 위험을 감소시킬 수 있는지, 공동구매 환경을 제공하고 있는지 등에 따라 성과에 차이가 나타나게 된다. 특히 온라인 소매기업의 경우 제품에 대한 평가나 사용소감, 고객추천과 같이 회원고객이 자발적으로 컨텐츠를 제작할 수 있는 환경을 제공함으로써 웹 사이트에 대한 가치를 높일 수 있을 뿐만 아니라 회원고객들 간의 커뮤니케이션에 의해 형성된 컨텐츠는 쉽게 모방이 불가능하며, 일방적으로 전달되는 컨텐츠에 비해 더 큰 신뢰감을 가지게 된다.[122]

세 번째로 서비스 품질이다. 인터넷 기업은 궁극적으로 서비스 기업이기 때문에 서비스 품질이 기업의 성과를 평가하는 중요한 요소로 고려되어야 한다. 인터넷 비즈니스에서는 고객에게 다양한 옵션을 제공하고 있는지, 고

Journal of Marketing Research, Vol.31, May 1994, pp.243-262; Sullivan, M. W., "Brand Extensions: When to Use Them", Management Science, Vol.38, June 1992, pp.793-806.

120) 김정욱 외, 전게논문; Hand, loc. cit.; Lu and Lin, loc. cit.; Rajgopal et al., loc. cit.; Trueman et al., loc. cit.

121) Hagel and Armstrong, op. cit.

122) Choi, D. and L. Valikangas, "Patterns of Strategy Innovation", European Management Journal, Vol.19, No.4, 2001, pp.424-429.

객에게 맞춤형 서비스를 제공하고 있는지, 온라인 주문과정이 편리한지, 배송지연이나 착오는 없는지, 배송상황이나 구매현황을 실시간으로 파악할 수 있는지, 그리고 웹상의 게시판이나 전화를 이용한 콜센터와 같이 서로 다른 매체를 통한 서비스에 통일성이 있는지 등에 따라 고객확보 및 이탈에 상당한 영향을 미치며[123], 이는 전체적인 기업성과를 균형시키는 피드백으로 작용하게 된다.

서비스 품질에 대한 만족은 웹 사이트에 대한 신뢰감을 형성하게 되고 이는 고객충성도 확보로 이어지게 된다. 고객충성도가 높으면 기본적인 수익이 안정된다는 이점뿐만 아니라 기존의 구매성향을 분석하여 반복구매를 이끌어내기가 쉽다. 또한 초기 구매결과에 만족한 고객들에 의한 구전효과도 기대할 수 있으며, 충성도가 형성된 회원고객은 이탈률이 낮기 때문에 장기적으로 회원고객의 수가 증가하는 효과를 볼 수 있다.[124]

넷째, 인적자원관리이다. 전자상거래(온라인 소매시장)에서 기업 간 경쟁은 새로운 시장기회를 탐색하는 것이 아니라 단기간에 시장점유율을 확대하기 위한 성장전략에 초점을 맞추고 있다. 이러한 성장전략을 지원하기 위한 핵심 자원으로는 현금동원력(자본조달능력)과 인적자원을 들 수 있다. 특히 인적자원은 기업성장과 서비스 품질의 가장 중요한 요소로서, 인적자원에 대한 투자는 실질적인 기업가치에 정(＋)과 부(－)의 피드백 효과를 동시에 가지고 있다.[125] 예를 들어, 종업원 신규채용 규모의 감소는 단기적으로 영업비용의 감소를 가져오고, 이들에 대한 교육훈련 및 채용과 관련한 기존 종업원의 업무부담을 경감시켜 생산성을 제고시키는 역할을 하게 되지만, 장기적으로는 성장에 따른 주문량 증가와 서비스 강화부문을

---

123) 박정훈 외, 전게논문; Riggins, F. J., "A Framework for Identifying Web-Based Electronic Commerce Opportunities", *Journal of Organizational Computing and Electronic Commerce*, Vol.9, No.4, 1999, pp.297-310.

124) 김계수, 전게논문; 이문규, 전게논문.

125) Hallowell, R., " "Scalability": The Paradox of Human Resources in E-Commerce", *International Journal of Service Industry Management*, Vol.12, No.1, 2001, pp.34-43.

지원하지 못함으로써 사이트 신뢰에 대한 고객의 인지도 및 재무성과가 하락하게 된다. 그러나 많은 기업에서 이러한 인적자원관리로 인한 피드백 효과를 인지하지 못하는 경우가 많으며, 특히 오프라인 인력시장에 비해 유연한 노동시장을 가지고 있는 전자상거래기업의 경우 인적자원관리의 피드백 효과는 더욱 크다고 할 수 있다. 따라서 고용정책 및 이직률과 같은 인적자원관리 부문에 대한 전략적 의사결정이 요구된다.[126]

다섯 번째로 회사 인프라이다. 전자상거래기업(온라인 소매기업)의 경우 회사 인프라는 서버 인프라와 창고 인프라로 구분될 수 있다. 우선 서버 인프라는 인터넷 기업이 가지고 있는 전산시스템에 대한 평가지표이다. 일반적으로 많은 사용자의 동시접속이나 검색을 처리할 수 있는 부하(overload)를 현재 시스템이 견딜 수 있는지, 보다 나은 접속환경을 제공하기 위해 인프라를 개선하기가 쉬운지, 회원고객에 대한 데이터베이스 관리가 쉽고 갱신이 쉬운지, 고객관련 데이터 분석을 위한 데이터 마이닝을 수행할 수 있는지, 시스템 다운에 의한 손실을 방지할 수 있을 만큼 안전성을 가지고 있는지 등에 따라 성과를 평가할 수 있다.[127] 한편, 전자상거래기업(온라인 소매기업)이 성공하려면 외형적인 성장과 더불어 급격히 증가하는 주문으로 인해 발생하는 배송착오 및 배송지연과 같은 문제를 해결하기 위해서는 물류센터를 확보하고 있는 것이 바람직하다. 그러나 순수 인터넷 기업의 경우 가격할인 정책에 따른 원가부담과 창고유지비 및 재고비용과 같은 간접비 상승에 대한 부담 때문에 자체 물류센터를 보유하고 있는 기업이 많지 않은 실정이다.

이러한 내용을 종합해 볼 때 전자상거래기업은 마케팅 투자를 통한 브랜드 가치상승뿐만 아니라 주문처리 및 배송을 위한 회사 인프라, 인적자원관리를 통한 대고객 서비스 품질유지, 사이트의 매력도를 증가시키기 위한 컨텐츠 개발 및 제품 보유수 증대와 같은 활동을 통해 기존고객 유지 및

---

126) Giese and Oliva, *loc. cit.*
127) 박용진 외, 전게논문; Lu and Lin, *loc. cit.*

신규고객 확보를 가능하게 한다는 것을 알 수 있다.

　마지막으로 자본조달 및 시장가치이다. 인터넷 기업의 주식가치는 곧 고속성장산업의 미래가치라는 등식으로 인해 자본시장에서 일시적인 폭등세를 기록했다가 이후 단기간에 외형적 성장을 추구하는 전략에 대한 부정적인 영향을 인식하면서 주가가 폭락하는 경우가 많다. 주식가치를 이용한 기업가치 평가에는 학자들마다 이견이 있지만 인터넷 기업은 이러한 주식가치평가를 통해 시장선점을 위한 공격적인 전략을 수행하는 데 필요한 자본을 조달하게 된다.[128]

2. 외생요인을 고려한 전자상거래기업의 가치사슬 모형

　앞서 기술한 전자상거래기업의 가치사슬 구성요소, 즉 경쟁기업과 비교한 상대적인 브랜드 가치, 가격, 서비스 품질, 인적자원, 회사 인프라, 자본조달 등은 상호간에 피드백을 주면서 동시에 인구성장에 따른 온라인 시장규모와 온라인 사용자의 구매자 전환비율에 영향을 받는다. 그리고 경쟁기업과의 상대적인 성과는 재무적 성과를 가져오며, 이러한 재무적 성과는 자본시장에서의 기업가치와 함께 전자상거래기업이 지속적으로 성장하는 데 필요한 자본조달 능력에 영향을 미치게 된다. 이러한 평가요인 간의 개념적 인과관계를 근거로 전자상거래기업의 가치사슬 모형을 구축하면 [그림 12]와 같다.

---

128) 김정욱, 전게논문: Hand, *loc. cit.*; Rajgopal et al., *loc. cit.*; Trueman et al., *loc. cit.*

[그림 12] 전자상거래기업의 가치사슬 모형

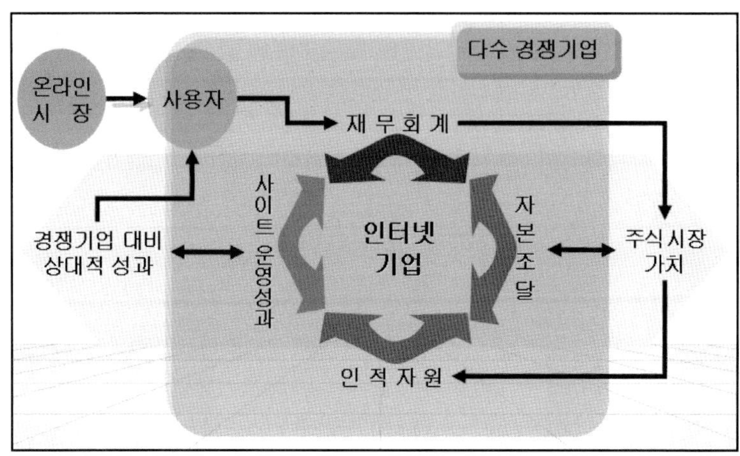

　[그림 12]의 가치사슬 모형은 온라인 시장 및 사용자, 경쟁기업과의 상대적인 성과, 그리고 자본시장과 같은 외생적 요인을 고려하고 있기 때문에 이러한 외생적 요인의 변화에 따라 전체 시스템에도 동태적인 변화가 지속적으로 발생하게 된다. 따라서 이러한 동태적 변화를 고려하기 위해서는 동태적 분석기법인 시스템 다이내믹스의 도입이 필수적이다.

제 Ⅲ 장 모형의 구축

　본 장에서는 전자상거래기업의 경쟁전략 및 성과를 평가하기 위한 내생 및 외생적 평가요인을 이용하여 구축한 [그림 12]의 가치사슬 모형을 검증하기 위해 세부 지표들을 도출하고, 이들 지표 간의 동태적 변화를 분석할 수 있는 연구모형을 구축하고자 한다. 구체적으로, 본 연구에서는 기업-소비자 간(B2C) 전자상거래기업, 즉 온라인 소매기업에 초점을 맞추고 이들 기업들이 추구하고 있는 성장전략에 대한 평가와 미래성과를 예측하기 위한 모형을 구축하고자 하며, 이 과정에서 동태적 분석기법으로 알려져 있는 시스템 다이내믹스를 활용한다.

제1절 개념적 연구모형

　구체적인 연구모형 구축을 위해 본 연구에서는 분석대상 기업을 온라인 서점으로 한정하고 이에 대한 자료를 수집하였다. 구체적으로, 온라인 시장, 인터넷 사용자, 사이트 운영, 경쟁기업과 비교한 상대적인 성과, 인적자원 영역의 모형구축을 위한 참고자료는 온라인 서점의 공식 발표 자료와 통계청, 한국인터넷정보센터(KRNIC), 산업자원부 등이 제공하는 2차 자료를 참고하였고, 재무회계, 자본조달, 자본시장 영역의 모형구축을 위한 참고자료는 한국기업평가㈜에서 제공하는 자료를 이용하였다. 그러나 모형구축에 필요한 참고자료가 없는 경우가 많아 Forrester Research[129], Goldman Sachs[130],

---

129) Doyle, B., B. Bass, B. Abbot, and M. H. Chen, *Syndicated Selling*, Forrester Research: Cambridge, MA, December 1997; Kadison, M. L., D. E. Weisman, M. Modahl, K. C. Lieu, and K. Levin, *On-line Retail*

Donaldson, Lufkin & Jerette[131] 등에서 제공하는 미국 온라인 서점기업의
자료와 NVCA(National Venture Capital Association)[132], SEC(Securities
and Exchange Commission) Filings/Company Profile[133] 자료를 많이 참고
하였다. 또한 수치 데이터가 가용하지 않을 경우 모형에 포함될 변수들 간의
관계를 추정하기 위해 관련 산업의 자료 및 기존 연구모형을 참조하였음을
밝혀둔다.

1. 모형의 구축방향

온라인 소매시장에서 동태적인 경쟁구조를 검증하기란 매우 힘든 작업인
데, 그 이유는 실제 조직을 대상으로 다양한 실험을 수행하기가 불가능하
기 때문이다. 따라서 모형은 상이한 정책과 경영환경 시나리오에 따른 결
과를 탐색할 수 있어야 하며, 특히 온라인 소매시장의 모형이 유용성을 가

Strategies: The Look-To-Buy Imperative, Forrester Research: Cambridge,
MA, April 1998; Charron, C., *The Content-Commerce Collision*, Forrester
Research: Cambridge, MA, March 1999; Nail, J., *Driving Site Traffic*,
Forrester Research: Cambridge, MA, April 1999; Cooperstein, D. M.,
Making Net Shoppers Loyal, Forrester Research: Cambridge, MA, June
1999; Hagen, P. R., *Smart Personalization*, Forrester Research: Cambridge,
MA, July 1999; Dykema, E. B., *Ringing Up Web Store Costs*, Forrester
Research: Cambridge, MA, August 1999; Li, C., *Internet-Advertising
Skyrockets*, Forrester Research: Cambridge, MA, August 1999; Allen, L.,
Cashing In On Community, Forrester Research: Cambridge, MA,
September 1999; Williams, S., *op. cit.*

130) Sood, et al., *loc. cit.*
131) Balter, G., A. Raskin, and F. Evans, *Traditional Retailing Meets the
Internet*, Donaldson, Lufkin & Jerette, May 15, 2000.
132) 국가벤처캐피털협회(The National Venture Capital Association(NVCA))는
미국의 벤처캐피털 산업을 대표하는 협회로서, 미국 소재 기업들에 대
한 벤처투자의 대부분을 담당하고 있다.
133) 이 보고서는 12,000개의 기업에 대한 자료를 제공하고 있으며, 특정 기
업에 대한 투자여부를 결정할 때 많이 사용되고 있다.

지려면 다음과 같은 기준을 만족시켜야 한다.[134]

첫째, 기업과 시장의 물리적이고 조직적인 구조를 반영할 수 있어야 한다. 둘째, 시스템의 주요 행위자의 의사결정과정을 파악할 수 있어야 한다. 셋째, 시간에 따른 종업원의 이직 또는 인터넷 사용자의 소비행태의 영향과 같은 소프트(soft)한 변수들을 포착할 수 있어야 한다. 넷째, 기업 내에서 일어나는 동태성과 기업 간의 동태적 경쟁구조, 그리고 자본시장에서 이러한 기업들의 상호작용을 포착하여 다양한 수준의 분석이 가능하도록 해야 한다. 본 연구에서 도입하고자 하는 시스템 다이내믹스는 이러한 기준들을 만족시킬 수 있는 유용한 분석도구로서, 특히 기업활동의 동태성을 모형화하는 데 효과적으로 사용되어 왔다.[135]

한편, 여기서 중요하게 지적하고 넘어가야 할 점은 시스템 다이내믹스를 이용하여 분석되어온 다른 업종이나 산업의 동태성과 온라인 소매업에서의 동태성은 분명한 차이가 존재한다는 것이다.

우선 제품 확산(product diffusion)에서 많이 연구되어온 열풍과 파멸(boom-and-bust) 사이클은 온라인 소매업에서 적용되지 않는다. 구체적으로, 기업들은 제품 판매에 있어 신제품 판매와 대체 판매(replacement sales)의 두 가지 서로 다른 유형이 존재한다는 것을 깨닫지 못하는 경우가 많다.[136] 신제품 판매는 종종 정점에 이르렀다가 시장이 포화되면서 점차 감소하는 경향이 있는 반면, 대체 판매는 일정한 수준을 유지하는 경우가 많다. 다수의 기업들이 신제품 수요가 폭발적으로 늘어날 때 설비시설을 증축했다가 대체 판매 수준으로 시장이 일단 안정화에 접어들었을 때 경영

---

134) Sherve, J., "The Paper Padlock", *The Standard*, March 20, 2000; Sterman, J. D., "Misperceptions of Feedback in Dynamic Decision Making", *Organizational Behavior and Human Decision Processes*, Vol.43, No.3, 1989a, pp.301-335; Sterman, J. D., "Modeling Managerial Behavior: Misperceptions of Feedback in a Dynamic Decision Making Experiment", *Management Science*, Vol.35, No.3, 1989b, pp.321-339.

135) Barabba et al., *loc. cit.*, 2002, pp.20-34.

136) Giese and Oliva, *loc. cit.*, 2000.

실패를 경험하는 사례가 빈번하다. 이에 비해 온라인 서점시장은 전체 온라인 시장에서 차지하는 비중이 4~5%로 매우 낮기 때문에 제품 확산 상황과는 다르게 온라인에서의 판매규모가 감소하는 경우 그 영향과 강도가 미미하며, 일반적으로 온라인 소매기업들의 경영실패는 이러한 제품 확산에 따른 잉여설비투자 때문이 아니라 미래 성장률에 대한 과대평가 등과 같은 다른 이유에 기인하는 경우가 많다.

다음으로 시장에서 표준으로 자리 잡기 위한 경쟁이 치열한 경우(예를 들어, 베타맥스와 VHS 또는 윈텔과 매킨토시) 네트워크 외부효과는 인터넷 자체의 성장 동인으로 매우 중요하다. 그러나 온라인 소매기업의 경우에는 네트워크 외부효과가 크지 않다. 즉, 사용자가 가장 유명하다는 사이트에서 구매를 함으로써 직접적으로 얻을 수 있는 혜택은 없으며, 이 사용자가 다른 사이트에서 구매했을 때 발생할 전환비용은 상대적으로 낮다. 따라서 온라인 소매기업의 경우 사용자들을 자기 사이트로 유인할 도구는 온라인 커뮤니티를 활성화하여 컨텐츠 제작에 사용자의 참여를 허용하거나 규모의 경제에 의한 구매비용의 절감과 같은 이차적인 혜택을 주는 것이 유일하다고 할 수 있다.

2. 모형의 목표 및 범위

시스템의 모든 측면을 고려할 수 있는 모형은 실행가능성 측면에서 한계가 있으므로, 본 연구에서는 다음과 같은 구체적 목표를 가진 동태적 분석모형을 구축하고자 한다.

첫째, 온라인 소매기업을 대상으로 시장선점효과를 지지하는 강화고리(reinforcing loop)의 강점과 상호작용을 분석한다. 둘째, 조직의 역량과 관계가 있으며, 시장선점효과에 제약을 주는 내생요인을 밝혀낸다. 셋째, 시장의 포화상태와 같이 성장에 제약을 주는 외생요인을 밝혀낸다. 넷째, 현재 기업의 성과평가 및 시장가치가 정당한가를 평가하는 데 필요한 제 가정을 검증한다. 다섯째, 온라인 소매기업 간의 동태적인 경쟁상황을 분석한다. 여섯째, 온라인 소매기업에 대한 성공 및 실패 모델을 밝혀낸다.

또한 본 모형은 다음과 같은 제한된 범위를 가정하고 있다. 우선 인터넷 기업의 업종전환이나 신규사업 진출을 고려하지 않는다. 이러한 동태성을 모두 고려할 경우 모형의 연속성에 장애가 될 뿐만 아니라 지나치게 모형이 복잡해지기 때문이다. 다음으로 온라인 서점과 같은 단일 제품시장에 초점을 맞춘다. 마지막으로 도산과 기업 간 인수합병, GDP, 소비수준 등은 모형에서 고려하지 않는다. 한편, 피드백 과정에는 포함시키지 않으나 외생적인 영향요인으로서 인구성장과 온라인 시장규모, 인터넷 사용자 수 등의 변수는 모형에 포함한다(〈표 3〉 참조).

〈표 3〉 모형의 범위

내생요인	· 회원가입과 이탈 · 마케팅 투자 · 제품 보유 · 가격 · 서버 인프라 · 창고 인프라 · 사이트 컨텐츠 · 고용정책 · 근무시간 · 종업원 이직	· 종업원 스톡옵션 · 고객지원품질 · 사이트 성과 · 현금흐름 · 매출액 · 당기순이익 · 시장점유율 · 자본조달 & 기업공개 · 주식가치평가
외생요인	· 인구성장 · 온라인 시장규모 및 인터넷 사용자 수 · 경쟁기업과 비교한 상대적인 성과	
제외요인	· 사업확장 · 인수 및 합병 · 도산	· GGDP · 소비수준

모형에 대한 분석기간은 국내에 순수 인터넷 서점이 본격적으로 등장한 1998년부터 국내 전자상거래 시장이 인터넷 중심으로 개편된 이후 인터넷 시장이 포화상태에 도달하기까지의 기간을 충분히 반영할 수 있도록 2015년까지로 설정하였다.

3. 개념적 연구모형

지금까지의 논의를 토대로 본 연구에서는 [그림 13]과 같은 개념적 연구모형을 구축하였다. [그림 13]에서 보는 바와 같이 개념적 연구모형은 모두 8개의 핵심 영역으로 구성되어 있는데, 이들 중 다섯 개 영역(사용자, 사이트 운영, 인적자원, 재무회계, 자본조달)은 기업 내부적 영역이며, 나머지 세 개의 영역(온라인시장, 자본시장, 상대비교성과)은 기업 외부적 영역이다.

[그림 13] 개념적 연구모형

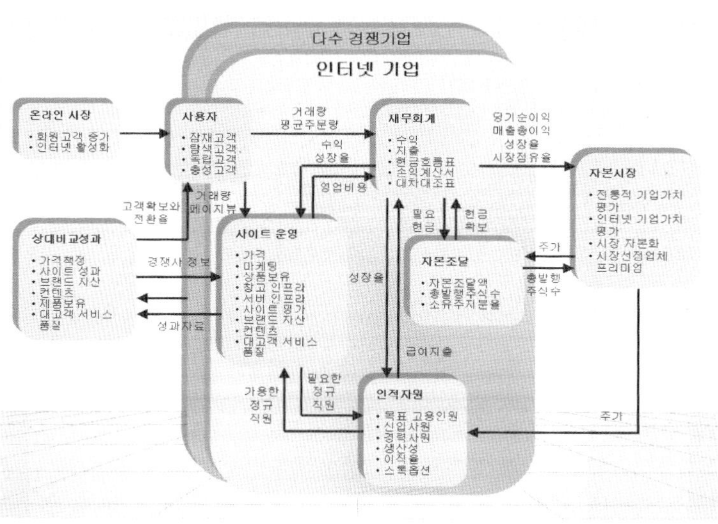

[그림 13]에 제시된 개념적 연구모형은 잠재시장 규모와 기업 수의 변화에 따른 다양한 시나리오 분석을 가능하게 하며, 분석대상 기업의 특성에 따라 매개변수(시작일, 초기 현금보유수준, 초기 브랜드 자산가치, 초기 제품보유수, 초기 창고크기, 초기 숙련종업원 수, 초기 서버 인프라 투자, 초기 발행주식수 등)를 다양하게 지정할 수 있도록 구축한다.

제2절 동태적 연구명제

1. 강화고리에 대한 동태적 연구명제

현재 대부분의 온라인 소매기업들은 적자를 기록하고 있는데, 이는 단기적인 외형적 성장전략에 따라 시장선점을 위한 기업들 간의 과열경쟁과 가격할인을 통한 출혈경영, 그리고 막대한 마케팅 투자 등이 주요 원인이며, 이러한 적자기조는 시장선점기업을 제외한 나머지 기업들에서 계속 이어질 것으로 예상된다. 여기서 주목할 사항은 단기간의 외형적 성장전략을 추구하고 있는 최초의 시장선점기업이 향후에도 지속적으로 선도적 위치를 점할 수 있도록 해 주는 강화 피드백 고리가 존재하느냐 하는 것이다.

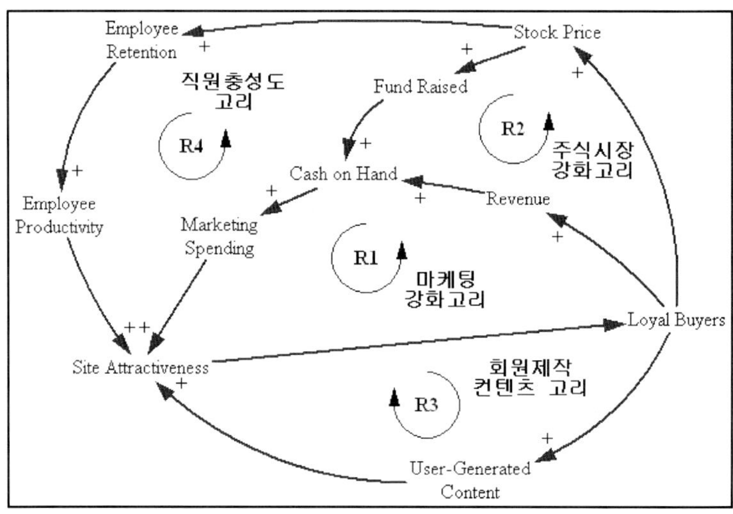

[그림 14] 강화 피드백 고리

본 연구에서는 개념적 연구모형의 핵심 영역을 구성하고 있는 주요 변수들이 [그림 14]와 같은 강화 피드백 고리를 형성할 것이며, 이러한 피드백 고리를 통해 시장선점기업은 향후에도 지속적인 성장을 이어갈 것으로 가정하였다. [그림 14]의 강화 피드백 고리를 통해 설정한 동태적 연구명제를 구체적으로 기술하면 다음과 같다.

첫째, 마케팅 강화고리(R1)에 대한 연구명제이다. 단기간에 외형적인 성장을 추구하는 전략을 통해 회원고객이 증가하게 되면 매출총이익이 증가할 것이며, 이는 추가적인 마케팅 투자를 유발하고, 이에 따라 사이트의 매력도는 증가하게 될 것이다.[137] 사이트의 매력도가 증가하게 되면 다시 추

---

137) Chang et al., *loc. cit.*; Cowles, et al., *loc. cit.*; Giaglis, G. M., R. J. Paul, and G. I. Doukidis, "Dynamic Modeling to Access the Business Value of Electronic Commerce", *International Journal of Electronic Commerce*, Vol.3, No.3, 1999, pp.35-51; Giese and Oliva, *loc. cit.*; Golder and Tellis, *loc. cit.*; Heinen, J., "Internet Marketing Practices", *Information Management & Computer Security*, Vol.4, No.5, 1996, pp.7-14; Rowley, *loc. cit.*; Teo and Tan, *loc. cit.*

가적인 회원고객 확보로 이어질 것이다.

둘째, 주식시장 강화고리(R2)에 대한 연구명제이다. 단기간에 외형적 성장을 추구하는 전략을 통해 회원고객이 증가하게 되면 주식가치가 상승할 것이며, 이는 기업의 자본조달능력을 향상시켜 시장에서 추가적인 자본조달을 가능하게 할 것이다.138) 자본조달을 통한 현금 확보는 추가적인 마케팅 투자를 가능하게 할 것이고, 이에 따라 사이트의 매력도는 증가하게 될 것이다. 사이트의 매력도가 증가하게 되면 다시 추가적인 회원고객 확보로 이어질 것이다.

셋째, 회원제작 컨텐츠 강화고리(R3)에 대한 연구명제이다. 단기간에 외형적 성장을 추구하는 전략을 통해 회원고객이 증가할수록 더 많은 컨텐츠가 회원들에 의해 제작될 것이며, 이러한 컨텐츠는 사이트의 매력도를 증가시켜 추가적인 회원고객 확보로 이어질 것이다.139)

넷째, 직원충성도 강화고리(R4)에 대한 연구명제이다. 단기간에 외형적 성장을 추구하는 전략을 통해 회원고객이 증가할수록 주식가치는 증가할 것이며, 이는 직원 이탈을 감소시켜 업무생산성을 향상시키는 계기가 될 것이다.140) 그리고 이는 사이트의 매력도를 증가시켜 추가적인 회원고객 확보로 이어질 것이다.

2. 균형고리에 대한 동태적 연구명제

한편, 단기간에 외형적 성장을 추구하는 전략을 통한 위와 같은 동태적 인과관계는 자원의 희소성 관점에서 한계를 가질 수밖에 없는데, 이와 같

---

138) 김정욱 외, 전게논문: Hand, *loc. cit.*: Lee et al., *loc. cit.*: Rajgopal et al., *loc. cit.*: Trueman et al., *loc. cit.*

139) Hagel and Armstrong, *op. cit.*: Choi and Valikangas, *loc. cit.*

140) Giese and Oliva, *loc. cit.*: Hallowell, *loc. cit.*: Jin and Robey, *loc. cit.*: Lyneis, *op. cit.*: Sterman, *op. cit.*

은 한계를 동태적 연구방법론에서는 균형 피드백 고리라고 한다.

본 연구에서는 개념적 연구모형의 핵심 영역을 구성하고 있는 주요 변수들이 [그림 15]와 같은 균형 피드백 고리를 형성할 것이며, 이러한 피드백 고리를 통해 시장선점기업은 향후에 지속적인 성장을 하는 데 한계를 가질 것으로 가정하였다.

[그림 15] 균형 피드백 고리

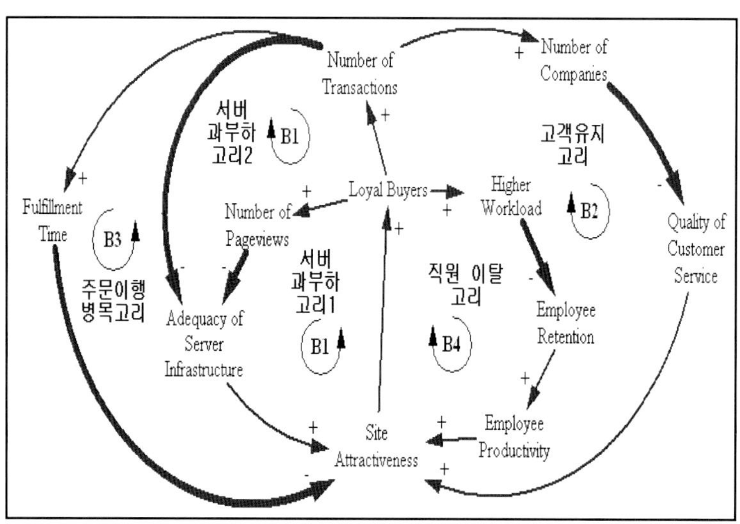

[그림 15]의 균형 피드백 고리를 통해 설정한 동태적 연구명제를 구체적으로 기술하면 다음과 같다.

첫째, 서버과부하 고리(B1, B2)에 대한 연구명제이다. 단기간에 외형적 성장을 추구하는 전략을 통해 회원고객이 급증하면 페이지뷰 횟수와 거래량도 함께 급증할 것이며, 이를 지원하기 위해서는 서버 인프라 확충이 필요할 것이다. 만약 기업이 충분한 인프라를 구축하지 않는다면 서비스 품질이 저하되어 사이트의 매력도를 반감시키게 될 것이고, 이는 회원이탈을 가져와 일정 기간이 성장과 제약 사이에서 균형을 이룰 것이다.141)

둘째, 고객유지 고리(B2)에 대한 연구명제이다. 단기간에 외형적 성장을 추구하는 전략을 통해 회원고객이 급증하면 거래량도 함께 급증할 것이며, 이러한 성장전략을 모방한 기업들이 시장에 뛰어들면서 고객지원을 위한 관리직원의 수가 부족하게 될 것이다. 관리직원의 수가 부족하게 되면 고객지원 서비스 품질이 저하되어 사이트의 매력도를 반감시키게 될 것이고, 이는 회원이탈을 가져와 일정 기간이 지나면 성장과 제약 사이에서 균형을 이루게 될 것이다.[142]

셋째, 주문이행 병목 고리(B3)에 대한 연구명제이다. 단기간에 외형적 성장을 추구하는 전략을 통해 회원고객이 급증하면 창고 인프라의 확충이 필요할 것이다. 만약 기업이 충분한 창고 인프라를 확보하고 있지 않다면 배송지연 및 배송착오와 같은 문제가 발생하여 사이트의 매력도를 반감시키게 될 것이고, 이는 회원이탈을 가져와 일정 기간이 지나면 성장과 제약 사이에서 균형을 이루게 될 것이다.[143]

넷째, 직원이탈 고리(B4)에 대한 연구명제이다. 단기간에 외형적 성장을 추구하는 전략을 통해 회원고객이 급증하면 기술부서와 고객지원부서 경력사원들의 작업량과 작업시간이 늘어나게 될 것이며, 이러한 초과근무는 직업매력도에 부정적인 영향을 미쳐 직원 이탈률의 증가로 이어질 것이다.[144] 신규로 채용한 신입사원은 이탈한 경력사원보다 생산성이 떨어지므로 사이트의 매력도를 반감시킬 것이며, 이는 회원고객의 감소를 가져와 일정 기간이 지나면 성장과 제약 사이에서 균형을 이룰 것이다.

---

141) Paich and Sterman, *loc. cit.*: Sterman, *op. cit.*, 2000.
142) Barabba et al., *loc. cit.*: Hallowell, *loc. cit.*: Giese and Oliva, *loc. cit.*
143) Lambkin, *loc. cit.*: Robinson, *loc. cit.*: Robinson and Fornell, *loc. cit.*
144) Giese and Oliva, *loc. cit.*: Hallowell, *loc. cit.*: Jin and Robey, *loc. cit.*: Lyneis, *op. cit.*: Oliva, R. and J. D. Sterman, "Cutting Corners and Working Overtime: Quality Erosion in the Service Industry", *Management Science*, Vol.47, No.7, 2001, pp.894-914: Sterman, *op. cit.*

제3절 시뮬레이션 분석모형

본 절에서는 [그림 14]와 [그림 15]의 피드백 고리로부터 설정한 8개의
동태적 가설을 검증하기 위해 시스템 다이내믹스 기법을 이용한 시뮬레이
션 분석모형을 구축하고자 한다.

1. 온라인시장 영역

인터넷 사용자 수와 이에 따른 온라인시장 규모의 동태적 변화를 나타내
는 저량—유량 구조를 도식화하면 [그림 16]과 같다.

[그림 16] 온라인시장 영역

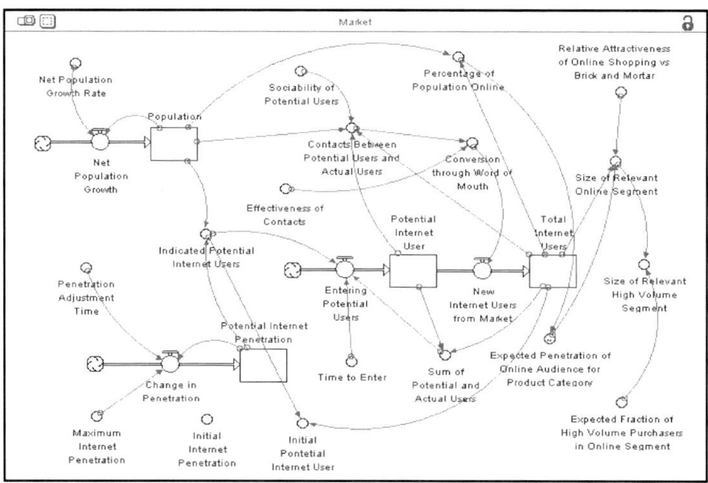

[그림 16]은 온라인시장 영역을 구성하고 있는 다양한 변수들 간의 인과
관계를 나타내고 있는데, 저량—유량 변수를 중심으로 인과관계 구조를 설

명하면 다음과 같다. 인구(변수명: population)와 오프라인 고객들이 온라인 고객으로 전환되는 인터넷 침투율(변수명: potential internet penetration)은 전체 인구 중에서 잠재적인 인터넷 사용자 수(변수명: potential internet users)를 결정하게 되며, 잠재적인 인터넷 사용자(변수명: potential internet users)는 구전효과에 따라 실제 인터넷 사용자가 되면서[145] 전체 인터넷 사용자 수(변수명: total internet users)를 결정하게 된다. 본 연구에서 전체 인터넷 사용자(변수명: total internet users)는 S자 형태의 패턴을 나타내도록 설계되었는데, 이는 인구증가에 따라 신규 인터넷 사용자(변수명: New internet users from market)의 수가 지수적으로 증가하다가 정점에 이르러 점차 감소할 것으로 가정했기 때문이다.

한편, 이러한 인과관계를 시스템 다이내믹스를 이용하여 구현하고, 그 관계의 흐름을 시간에 따라 동태적으로 시뮬레이션 하기 위해서는 변수 간 인과관계를 나타낼 수 있는 구체적인 수식 및 초기화 작업이 선행되어야 한다. 여기서는 저량－유량 변수에 대한 내용만 기술하였으며, 기타 보조변수(auxiliary variable)에 대한 구체적인 수식 및 설명은 〈부록〉에 정리하였다. 먼저 누적 인구수(변수명: population)를 계산하는 식은 다음과 같다.

Population(t)＝Population(t-dt)＋(Net_Population_Growth)*dt
INIT Population＝40000000[146]

INFLOWS:
Net_Population_Growth＝Population*Net_Population_Growth_Rate

누적 인구수는 순인구증가분(변수명: Net population growth)에 의한 유입(inflows)만 있게 되는데, 여기서 순인구증가분은 누적 인구수(변수명:

---

145) Williams, S., *Post-Web Retail*, Forrester Research: Cambridge, MA, September 1999.
146) 누적 인구수의 초기값은 40,000,000명으로 가정하였다.

population)×순인구증가율(변수명: Net population growth rate)147)로 계산
된다.148)

　다음으로 잠재적 인터넷 침투율(변수명: potential internet penetration)
의 누적값을 계산하는 식은 다음과 같다.

Potential_Internet_Penetration(t)=

Potential_Internet_Penetration(t-dt)+(Change_in_Penetration)*dt

INIT Potential_Internet_Penetration=0.2

INFLOWS:

Change_in_Penetration=

(Maximum_Internet_Penetration-Potential_Internet_Penetration)

/Penetration_Adjustment_Time

　여기서 잠재적 인터넷 침투율(변수명: potential internet penetration)은
전체 인구 중에서 잠재적으로 인터넷을 사용할 누적 비율을 계산하는 저량
변수로서 초기값은 0.2로 가정하였다. 즉, 전체 인구 중에서 20% 정도가
잠재적으로 인터넷을 사용할 것이라고 가정하였다. 한편, 잠재적으로 인터
넷을 사용할 누적 비율은 침투율 변화분(변수명: change in penetration)에
의한 유입만 있게 된다. 침투율 변화분은 초기 인터넷 성장패턴을 의미하
는 것으로 (최대 인터넷 침투율149)-잠재적 인터넷 침투율150))/침투조정기
간151)으로 계산된다.

---

147) 순인구성장률은 통계청 자료를 참조하여 0.1로 설정하였다.
148) 실제 모형에서는 변수명에 밑줄(＿)이 단어마다 들어가지만 본 연구에
　　서는 편의상 밑줄을 생략하였다.
149) 모형에 사용된 변수명은 Maximum_Internet_Penetration이며, 잠재적
　　인터넷 사용자가 될 침투율의 최대값은 0.65(65%)로 설정하였다.
150) 모형에 사용된 변수명은 Potential_Internet_Penetration이다.
151) 모형에 사용된 변수명은 Penetration_Adjustment_Time이다. 침투조정

세 번째로 잠재적 인터넷 사용자(변수명: potential internet users)를 계산하는 식은 다음과 같다.

Potential_Internet_User(t)＝Potential_Internet_User(t-dt)＋
(Entering_Potential_Users-New_Internet_Users_from_Market)*dt
INIT Potential_Internet_User＝
Indicated_Potential_Internet_User-Total_Internet_Users[152]

INFLOWS:
Entering_Potential_Users＝
(MAX(Indicated_Potential_Internet_Users-Sum_of_Potential_
and_Actual_Users,0))/Time_to_Enter[153]

OUTFLOWS:
New_Internet_Users_from_Market＝Conversion_through_Word_
of_Mouth[154]

여기서 잠재적 인터넷 사용자(변수명: potential internet users)는 전체 인구 중에서 잠재적으로 인터넷을 사용하게 될 사용자 수(변수명: entering potential users)의 유입(inflows)과 실제 인터넷을 사용하게 될 사

기간은 침투율 상승에 걸리는 기간을 나타내는 것으로, 본 연구에서는 2년 내에 침투율이 상승할 것으로 가정하였다.

152) 잠재적 인터넷 사용자의 초기값은 특정 시점에서의 잠재적 인터넷 사용자 수(변수명: indicated potential internet users)에서 총 인터넷 사용자 수(변수명: total internet users)를 차감하여 계산한다.

153) 인터넷 사용자가 되는 데 소요되는 시간(변수명: time to enter)을 6개월(0.5년)로 가정하였다.

154) 신규 인터넷 사용자 수(변수명: New internet users from market)는 구전효과로 인한 잠재 사용자의 실제 사용자 전환 수(변수명: conversion through word of mouth)로 계산된다.

용자 수(변수명: New internet users from market)의 유출(outflows) 차이에 의해 누적되는 순수한 잠재적 인터넷 사용자 수를 계산한다.

네 번째로 총 인터넷 사용자(변수명: total internet users)를 계산하는 식은 다음과 같다.

Total_Internet_Users(t) =

Total_Internet_Users(t-dt) + (New_Internet_Users_from_Market)*dt

INIT Total_Internet_Users = 2000000

INFLOWS:

New_Internet_Users_from_Market = Conversion_through_Word_

of_Mouth   Contacts_Between_Potential_Users_and_Actual_Users

= Potential_Internet_User*Sociability_of_Potential_Users*

(Total_Internet_Users/Population)

여기서 총 인터넷 사용자(변수명: total internet users)는 전체 인구 중에서 실제로 인터넷을 사용하게 될 사용자 수의 누적값을 나타내는 것으로, 초기값은 2,000,000(명)으로 가정하였다. 총 인터넷 사용자 수는 신규 인터넷 사용자 수(변수명: New internet users from market)에 의한 유입만 있게 되는데, 여기서 신규 인터넷 사용자 수는 구전효과로 인해 잠재적 인터넷 사용자가 실제 인터넷 사용자로 전환된 수(변수명: conversion through word of mouth)로 계산된다.[155)]

지금까지 온라인시장 영역을 구성하고 있는 저량-유량 변수들의 인과관계를 나타내는 수식 및 초기값을 기술하였다. 이외에도 온라인시장 영역을

---

155) 구전효과로 인해 잠재적 사용자가 실제 사용자로 전환된 수(변수명: conversion through word of mouth)는 다시 여러 보조변수들에 의한 계산식으로 구성되어 있다. 구체적인 내용은 〈부록〉에 상세히 기술하였다.

구성하고 있는 다양한 보조변수들이 존재하는데, 이에 대한 자세한 내용은 〈부록〉에 정리하였다. 이후 사용자, 상대적 성과, 사이트 운영, 인적자원관리, 재무회계, 자본조달, 그리고 자본시장 영역에서도 저량-유량 구조를 중심으로 핵심적인 부분만 기술하고자 하며, 기타 상세한 내용은 〈부록〉에 정리하는 방식으로 서를 구성하였음을 밝혀둔다.

2. 사용자 영역

사용자 영역은 [그림 17]에서 보는 바와 같이 인터넷 사용자가 웹사이트를 서핑하면서 온라인으로 거래를 시작하고, 온라인 소매기업에 대한 충성도가 형성되면서 소매기업들 간의 선호도가 바뀌게 되고, 결과적으로 구매량 증가 또는 온라인 쇼핑을 그만 두게 되는 과정을 기술하고 있다.

[그림 17] 사용자 영역

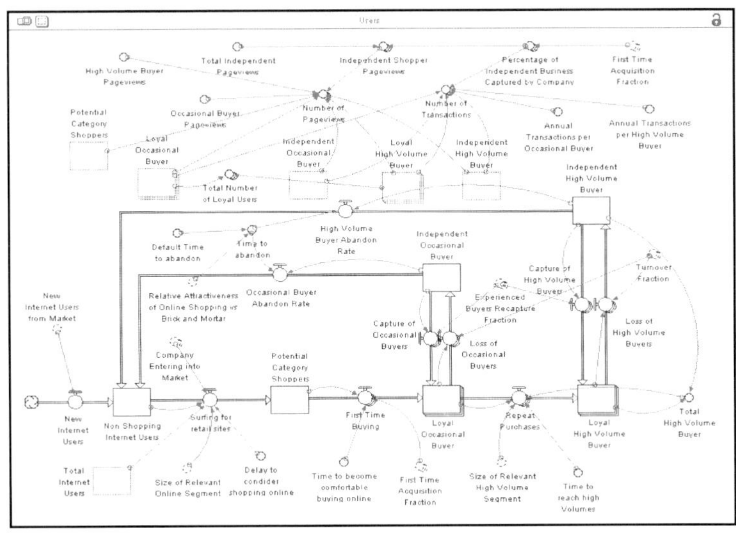

사용자 영역은 앞서 소개한 온라인시장 영역으로부터 신규 인터넷 사용자(변수명: New internet users)의 자료를 가져와 이용하게 되며, 고객확보(변수명: acquisition fraction)와 이탈률(변수명: turnover fraction) 자료를 다음에 소개할 상대비교성과 영역에서 가져와 사용하게 된다.

사용자 영역의 핵심은 [그림 18]에서 보는 바와 같이 다양한 유형의 온라인 쇼핑 행태를 통해 인터넷 사용자의 행동을 추적할 수 있는 저량－유량 구조를 가지고 있다는 것으로, 인터넷 사용자들은 다음과 같은 범주로 분류될 수 있다. 첫째, 인터넷 쇼핑을 하지 않는 사용자(변수명: Non-shopping internet users), 잠재적 구매자(변수명: potential category shoppers), 충성도가 형성된 일반 구매자(변수명: loyal occasional buyer), 충성도가 형성된 대량 구매자(변수명: loyal high volume buyer), 독립적인 일반 구매자(변수명: independent occasional buyer), 독립적인 대량 구매자(변수명: independent high volume buyer) 등 여섯 가지 범주이다. 이러한 여섯 가지 범주에서 인터넷 사용자의 변화는 상대적 성과 영역으로부터 구매경험이 없는 고객의 회원확보율(변수명: first-time acquisition fraction), 구매경험이 있는 고객의 회원 확보율(변수명: experienced acquisition fraction), 그리고 고객 이탈률(변수명: turnover fraction) 등의 자료에 의해 변화하게 된다.

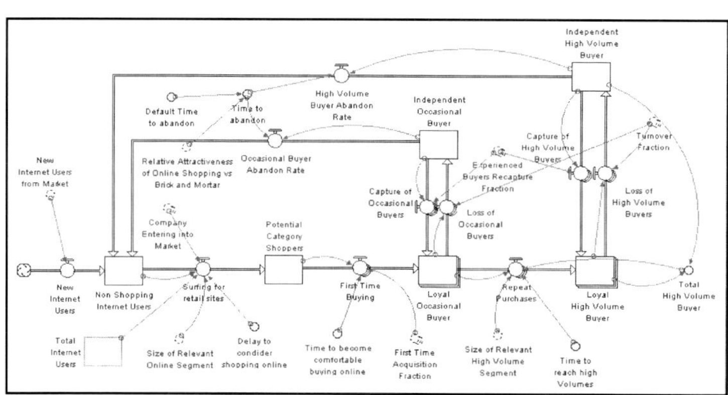

[그림 18] 회원고객 확보와 이탈에 대한 저량－유량 구조

한편, 사용자 영역은 인터넷 사용자가 얼마나 빨리 구매고객이 되는지, 온라인 사용자의 몇 퍼센트가 상품을 온라인에서 구매하는지, 이러한 사용자의 몇 퍼센트가 대량 구매고객이 되는지에 관한 중요한 가정들을 포함하고 있는데, 이는 특정 상품에 대한 온라인 시장규모를 결정하게 된다.

[그림 19] 거래량과 페이지뷰 계산

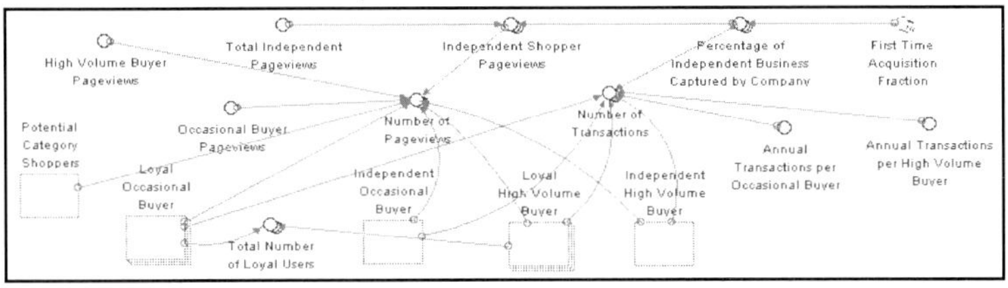

시뮬레이션 과정에서 온라인 판매에 대한 전체 시장의 성장수준을 측정하기 위해서는 [그림 19]에서 보는 바와 같이 거래량(변수명: Number of transactions)과 페이지뷰 회수(변수명: Number of pageviews)라는 두 가지 값을 사용하게 되는데, 이 중 거래량은 재무회계와 사이트 운영 영역에서 사용하고, 페이지뷰는 사이트 운영 영역에서 사용하게 된다.

구체적으로, [그림 19]의 인과관계를 기초로 거래량과 페이지뷰를 계산하는 수식을 정리하면 다음과 같다.

Number__of__Transactions[Company][156] =

Annual__Transactions__per__Occasional__Buyer*

(Loyal__Occasional__Buyer[Company]+Independent__Occasional__Buyer*

Percentage__of__Independent__Business__Captured__by__Company[Company])+Annual__Transactions__per__High__Volume__Buyer*

---

[156] [Company]는 다수의 경쟁기업을 고려하기 위해 도입한 배열변수임을 나타낸다.

（Loyal_High_Volume_Buyer[Company]+Independent_High_Volume
_Buyer*Percentage_of_Independent_Business_Captured_by_Comp
any[Company]）

여기서 거래량(변수명: Number of transactions)을 계산하기 위해 사용
된 변수들로는 일반 구매자의 매년 거래량(변수명: annual transactions
per occasional buyer), 충성도가 형성된 일반 구매자(변수명: loyal
occasional buyer), 독립적인 일반 구매자(변수명: independent occasional
buyer), 독립적인 일반 구매자에 의해 창출되는 사업비율(변수명:
percentage of independent business captured by company), 대량 구매자
의 매년 거래량(변수명: annual transactions per high volume buyer), 충
성도가 형성된 대량 구매자(변수명: loyal high volume buyer), 독립적인
대량 구매자(변수명: independent high volume buyer), 독립적인 대량 구
매자에 의해 창출되는 사업비율(변수명: percentage of independent
business captured by company) 등이 있다.

Number_of_Pageviews[Company]=Loyal_Occasional_Buyer[Company]*
Occasional_Buyer_Pageviews+Loyal_High_Volume_Buyer[Company]*
High_Volume_Buyer_Pageviews+Independent_Shopper_Pageviews
[Company]*(Independent_High_Volume_Buyer+Independent_Occas
ional_Buyer+Potential_Category_Shoppers）

여기서 페이지뷰 회수(변수명: Number of pageviews)를 계산하기 위한
변수들로는 충성도가 형성된 일반 구매자 수(변수명: loyal occasional
buyer), 일반 구매자의 페이지뷰 회수(변수명: occasional buyer
pageviews), 충성도가 형성된 대량 구매자 수(변수명: loyal high volume
buyer), 대량 구매자의 페이지뷰 회수(변수명: high volume buyer

pageviews), 독립적인 구매자의 페이지뷰 회수(변수명: independent shopper pageviews), 독립적인 대량 구매자 수(변수명: independent high volume buyer), 독립적인 일반 구매자 수(변수명: independent occasional buyer), 잠재적 구매자 수(변수명: potential category shoppers) 등이 있다.

한편, 거래량(변수명: Number of transactions)은 사이트 운영 영역의 거래별 고객접촉빈도(변수명: customer contacts per transactions), 희망 창고크기(변수명: desired warehouse space), 고객지원을 위한 필요 인력(변수명: required manpower for customer support) 변수와 재무회계 영역의 매출액(변수명: sales revenue), 주문이행 요구시간(변수명: time required for fulfillment) 변수에 영향을 미치게 되며, 페이지뷰 회수(변수명: Number of pageviews)는 사이트 운영 영역의 페이지뷰당 비용(변수명: cost per pageview), 사이트운영을 위한 필요 인력(변수명: required manpower for site operations), 필요한 서버 인프라(변수명: required server infrastructure) 등의 변수에 영향을 미치게 된다.

3. 사이트 운영 영역

사이트 운영 영역은 온라인 소매기업의 핵심 운영과정을 나타내는 것으로 [그림 20]에서 보는 바와 같이 가격(변수명: price), 사이트 성과(변수명: site performance), 브랜드 자산(변수명: brand equity), 사이트 컨텐츠(변수명: site content), 제품 보유수(변수명: product selection), 주문이행 품질(변수명: quality of fulfillment), 고객지원 품질(변수명: quality of customer support) 등의 매개변수에 따른 기업의 성과를 다룬다.

사이트 운영 영역은 앞서 설명한 사용자 영역으로부터 거래량(변수명: Number of transactions)과 페이지뷰 회수(변수명: Number of page views) 자료를 가져와 사용하게 되며, 추후 소개할 인적자원 영역으로부터는 정규직원 수(변수명: full time equivalent) 자료를 가져와 사용하게 된다. 한편, 매출액(변수명: sales revenue) 및 연간기대수익성장률(변수명: expected annual growth in earnings)과 같은 재무회계 영역의 자료와 상대비교성과 영역의 경쟁 관련 자료는 사이트 운영 영역에 포함된 투자 및 지출 관련 의사결정에 대한 입력 자료로 사용된다.

[그림 20] 사이트 운영 영역

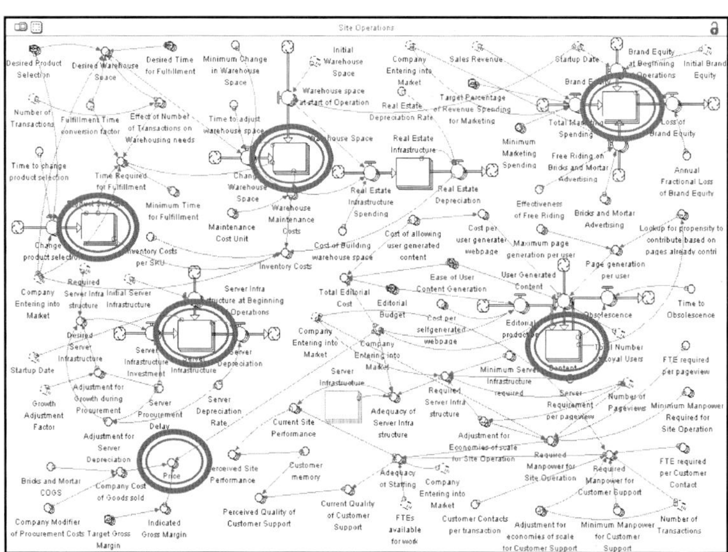

[그림 20]의 사이트 운영 영역은 다음과 같은 중요한 정책의사결정([그림 20]에서 ◎로 표시하였음)을 포함한다.

1) 가격책정

가격책정은 목표매출총이익률(변수명: target gross margin)에 관한 의사결정과정을 모형화한 것으로, 가격(변수명: price)은 기업별 매출원가(변

수명: company cost of goods sold)[157]와 목표매출총이익률을 이용하여 계산된다([그림 21] 참조). 본 연구의 모형을 실행하는 과정에서 대상 기업의 조달비용은 모두 동일하며, 제품의 수량과는 무관하다고 가정한다. 또한 가격 변수는 경쟁기업과 관련하여 결정되는데, 예를 들어 다른 경쟁기업이 제시한 가장 낮은 가격보다 5% 더 낮게 가격을 책정한다든가 하는 것을 말한다. 목표매출총이익률은 영업 전략에 따라 0 이하로 책정될 수도 있으나 자본시장 영역에서의 기업가치 평가는 이러한 이익률에 영향을 받도록 설계하였다(자세한 내용은 자본시장 영역을 참조).

[그림 21] 가격

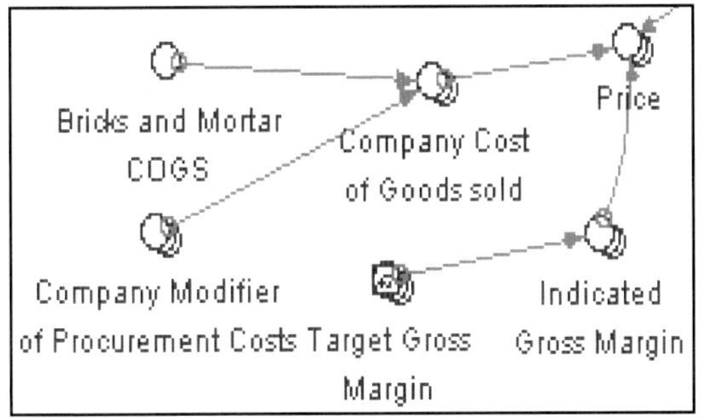

2) 서버 인프라 투자

서버 인프라 투자와 관련한 의사결정모형은 기존의 시스템 다이내믹스를 이용한 시뮬레이션 분석에 많이 사용되어온 것으로 실증적으로 강건성(robustness)을 인정받고 있다.[158]

---

157) 기업별 매출원가(변수명: company cost of goods sold)는 오프라인 기업별 매출원가(변수명: bricks and mortar COGS)와 기업별 조달비용 조정치(변수명: company modifier of procurement costs)를 이용하여 계산된다.
158) Paich and Sterman, *loc. cit.*

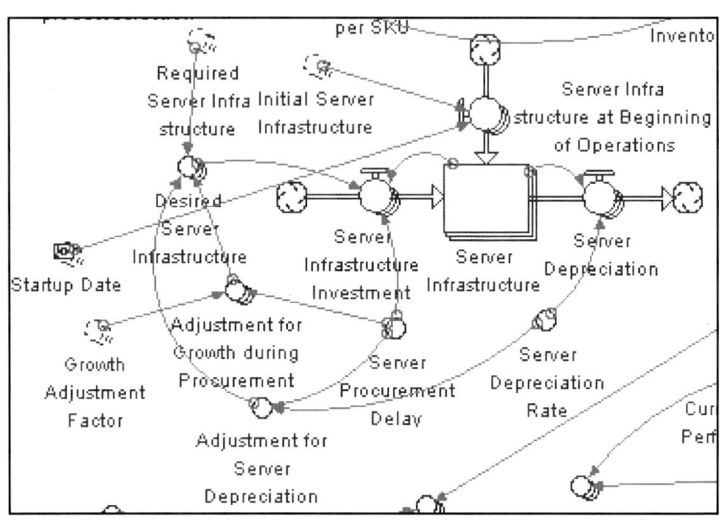

[그림 22] 서버 인프라 투자

제약 이성(bounded rationality) 이론들과 동일하게159), 기업은 원활한 사이트 운영을 위해 필요한 인프라와 현재 인프라 수준을 비교하는 정도의 지엽적으로 가용한 정보에만 의존하고 있다. 본 연구에서 인프라 투자와 관련한 의사결정은 조달지연기간(4개월) 동안의 예상 성장수준과 예상 감가상각수준에 근거하여 투자를 조정하는 것으로 가정한다([그림 22] 참조).

3) 희망 제품 보유수

기업이 시장(본 연구에서는 온라인 서점)에 진출하고자 할 경우 어떤 제품군을 얼마만큼 확보한 상태에서 출발할 것인가를 결정해야 한다. 희망 제품 보유수(변수명: desired product selection)는 제품 보유수 측면에서

---

159) Morecroft, J., "Rationality in the Analysis of Behavioral Simulation Models", *Management Science*, Vol.31, No.7, 1985, pp.900-916; Simon, H. A., *Models of Bounded Rationality*, The MIT Press: Cambridge, MA., 1982.

기업의 목표치를 나타내는 변수로, 제품 보유수에서 목표치를 달성하는 데
걸리는 시간은 18개월이 걸리는 것으로 가정한다([그림 23] 참조).

[그림 23] 제품 보유

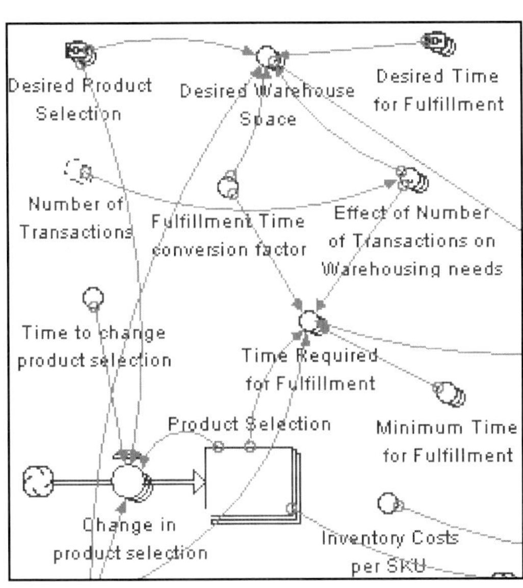

4) 창고 인프라

창고 인프라는 희망 주문이행 시간(변수명: desired time for fulfillment)
이라는 의사결정변수에 영향을 받도록 설계되었다.

112

[그림 24] 창고 인프라

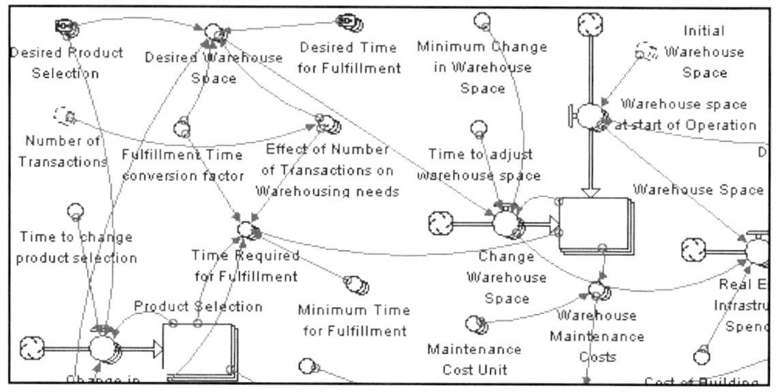

[그림 24]에서 보는 바와 같이 창고 인프라 영역에서 주문이행 요구시간 (변수명: time required for fulfillment)은 제품 보유수(변수명: product selection)와 창고크기(변수명: warehouse space)에 상대적으로 영향을 받는 거래량(변수명: Number of transactions)의 함수로 가정한다. 모형에서 창고크기는 주문이행 목표에 따라 자동으로 조정되도록 하였으나, 창고를 증축하는 데 2년의 시간지연이 있다고 가정하였다.

5) 마케팅 투자

마케팅 투자는 기업의 중요한 전략변수 중의 하나로, 특히 온라인 소매 시장에서 시장선점 기업에 비해 상대적으로 인지도가 낮은 기업들은 단기 간에 자사 브랜드에 대한 인지도를 높이기 위해 막대한 마케팅 투자를 감 수하고 있다. [그림 25]에서 보는 바와 같이 브랜드 자산 가치를 높이기 위한 마케팅 투자는 기업의 최소 마케팅 투자액(변수명: minimum marketing spending)과 매출액의 몇 %를 마케팅 투자로 사용(변수명: target percentage of revenue spending for marketing)할 것인지에 의해 결정되도록 설계하였다.

[그림 25] 마케팅 투자

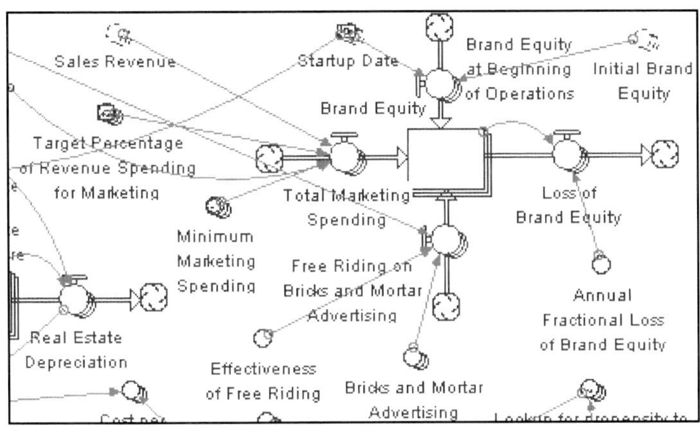

6) 사이트 컨텐츠

사이트 컨텐츠는 자체 편집진과 회원고객에 의해 제작된다. 사이트 운영 영역은 두 가지 중요한 가정을 포함하고 있는데, 먼저 사이트 운영을 위한 인프라와 사이트 운영 및 고객지원을 위한 인력에서 규모의 경제 효과가 크다는 것이다. 즉, 규모가 작은 경쟁기업보다는 규모가 큰 기업이 유리하다는 것이다. 다음으로 기존 회원고객들의 참여에 의해 컨텐츠가 풍부한 사이트는 다른 회원고객들의 컨텐츠 제작을 유인하는 동기가 된다([그림 26] 참조).

[그림 26] 사이트 컨텐츠

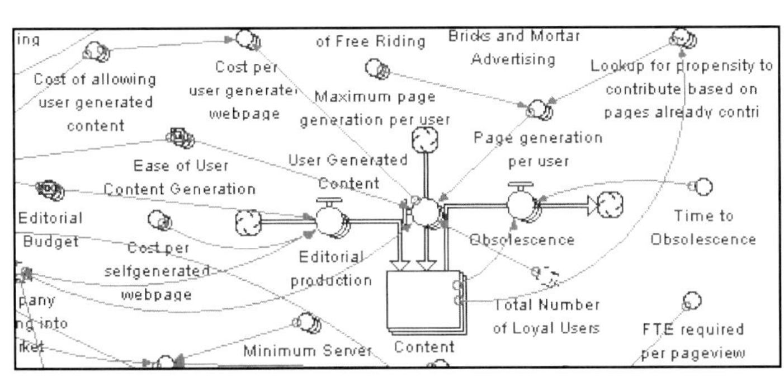

한편, 사이트 운영 영역의 기업성과 자료는 상대비교성과 영역으로, 필요인력 자료는 인적자원 영역으로, 그리고 영업비용 자료는 재무회계 영역으로 보내져 해당 영역의 변수들과 인과관계를 형성하게 된다.

4. 상대비교성과 영역

상대비교성과 영역은 기업의 성과 관련 자료를 경쟁기업과 비교하고 이를 회원고객 확보와 이탈률로 전환하는 과정을 포함하고 있다.

[그림 27] 상대비교성과 영역

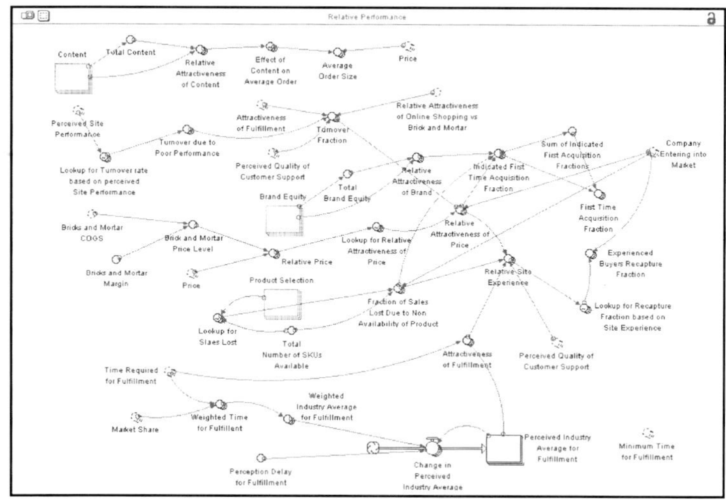

상대비교성과 영역은 [그림 27]에서 보는 바와 같이 앞서 설명한 사이트 운영 영역으로부터 가격(변수명: price), 제품 보유수(변수명: product selection), 주문이행 시간(변수명: time required for fulfillment), 브랜드 자산(변수명: brand equity), 인지된 사이트 성과(변수명: perceived site performance), 컨텐츠(변수명: contents), 인지된 고객지원 품질(변수명:

perceived quality of customer support) 등의 자료를 가져와 사용하게 된다. 즉, 회원고객 확보와 이탈률을 계산하기 위해서는 어떤 요인이 구매경험이 없는 초기 사용자 및 구매경험이 있는 사용자와 관련이 있는지, 그리고 어떤 요인이 잠재적으로 충성도를 가진 회원이 되도록 하는지를 추정해야 하는데, 이러한 자료는 사이트 운영 영역으로부터 가져오게 된다.

〈표 4〉는 최초 회원고객 확보율(변수명: first acquisition fraction), 회원고객 이탈률(변수명: turnover fraction), 구매경험이 있는 회원고객 확보율(변수명: experienced buyer recapture fraction), 그리고 평균 주문량(변수명: average order size)의 네 가지 성과자료(비율)에 영향을 미치는 요인들을 정리한 것이다.

<표 4> 경쟁기업과 비교한 상대적인 성과에 영향을 미치는 요인

경쟁적 성과	영향 요인
최초 회원고객 확보율	상대적 브랜드 자산 상대적 가격 상품의 가용성
회원고객 이탈률	사이트 성과 주문이행 품질 고객지원 품질 상대적 가격
구매경험이 있는 회원고객 확보율	상대적 가격 상품의 가용성 고객지원 품질 주문이행 품질
평균 주문량	상대적 가격 상대적 컨텐츠 매력도

〈표 4〉에서 경쟁기업과 비교한 성과에 영향을 미치는 요인들의 상대적인 중요도가 모두 동일하다고 가정하면, 최초 회원고객 확보율을 계산하기 위한 선행지표(변수명: indicated first-time acquisition fraction)를 계산하기

위한 식은 다음과 같이 나타낼 수 있다.

Indicated_First_Time_User_Fraction[Company]=
Relative_Attractiveness_of_Brand[Company]*Relative_Attractiveness
_of_Price[Company]*(1-Fraction_of_Sales_Lost_Due_to_Non_A
vailability_of_Product)[Company]

여기서 최초 회원고객 확보율 선행지표(변수명: indicated first time user fraction)는 상대적 브랜드 매력도(변수명: relative attractiveness of brand)와 상대적 가격 매력도(변수명: relative attractiveness of price), 그리고 (1-상품의 비가용성으로 인한 판매기회 상실비율(변수명: fraction of sales lost due tonon availability of product))를 곱하여 계산된다.

여기서 최초 회원고객 확보율 선행지표에 영향을 미치는 변수들의 값은 〈표 5〉에 나타난 바와 같이 작게는 0부터 크게는 2까지의 값을 가지는 명목변수가 된다.

〈표 5〉 최초 회원고객 확보율에 영향을 미치는 변수 값 범위

변 수	범 위
상대적 브랜드 매력도	0-1
상대적 가격 매력도	0-2
상품의 비가용성으로 인한 판매기회 상실비율	0-1

〈표 5〉와 같이 최초 회원고객 확보율에 영향을 미치는 상대적 브랜드 매력도, 상대적 가격 매력도, 그리고 상품의 비가용성으로 인한 판매기회 상실비율이 구해지면 이 값들을 앞서 제시한 식에 대입하여 계산하고, 이 값을 사용자 영역으로 보내게 된다. 상대비교성과 영역의 결과는 회원고객 확보와 이탈, 그리고 평균 주문량을 계산하는 사용자 영역에서 다시 사용된다.

5. 인적자원 영역

인적자원 영역은 사이트 운영과 관련된 기술자와 고객지원 담당 종업원의 채용 및 훈련과정을 포함하고 있다. 종업원이 회사를 그만두는 비율(변수명: rookie quit fraction, 변수명: experienced quit fraction)은 근무시간(변수명: average workweek)[160]과 주가에 대한 스톡옵션[161]의 상대적인 성과(변수명: employee perception of value of option package)에 의해 결정되도록 설계하였으며, 이는 각각 직업에 대한 라이프스타일매력도(변수명: lifestyle attractiveness of job)와 재무매력도(변수명: financial attractiveness of job)를 결정한다. 그리고 두 매력도를 곱한 값은 직업에 대한 전반적인 매력도를 결정하게 된다.[162] 한편, 이러한 관계를 구성하기 위해 사이트 운영 영역으로부터 필요한 인력 자료와 재무회계 영역으로부터 성장률 조정요인(변수명: growth adjustment factor) 자료를 가져와 사용하게 된다([그림 28] 참조).

---

160) Oliva and Sterman, *loc. cit.*: Sterman, *op. cit.*, 2000, Chapter 14.
161) 스톡옵션(주식매입선택권)은 회사가 임직원에게 일정량의 자사 주식을 일정한 가격에 살 수 있는 권리를 주는 일종의 포상금 제도다. 즉, 장래에 사업이 성공하면 주식을 액면가 또는 시세보다 훨씬 낮은 가격에 살 수 있는 권리를 미리 주는 것으로 일종의 성과급 보너스이다. 이와 같은 스톡옵션제는 초기에 자금부족으로 급여를 제대로 주지 못해 인력을 확보하는 데 애를 먹는 벤처기업들이 우수인력 유지수단으로 활용하고 있다.
162) 미국의 경우 스톡옵션이 일반화되어 있고, 기업공개를 한 기업의 수도 상당히 많으나 국내의 경우 일부 벤처기업을 제외하고는 대다수의 온라인 기업, 특히 온라인 소매기업의 경우 기업공개와 스톡옵션을 도입한 기업이 거의 전무한 실정이다. 따라서 현실적으로 주식가치와 스톡옵션의 행사가격 차이를 통한 재무적 측면의 직업 매력도를 측정하는 데 한계가 있지만, 향후 국내 온라인 기업들도 기업공개와 스톡옵션 도입이 활성화될 것을 전제로 분석에 포함하였다.

[그림 28] 인적자원 영역

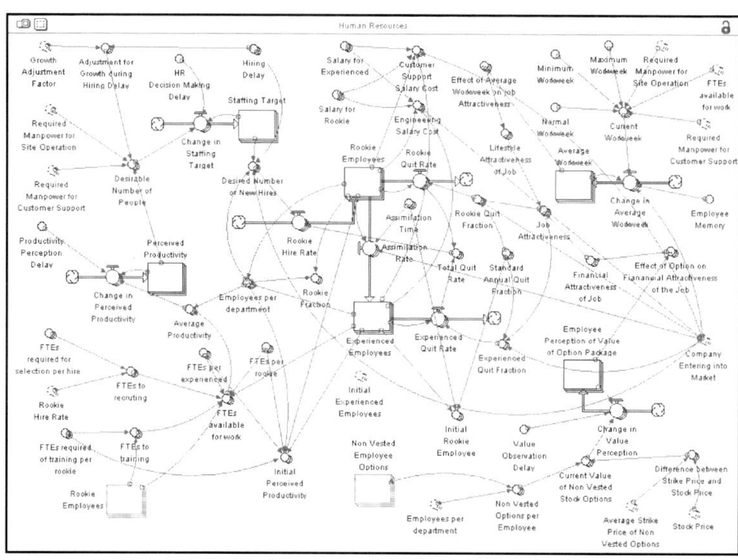

종업원의 채용 및 이직과 관련한 동태성을 분석하는 과정에서 종업원의 채용과 교육훈련의 기본 구조는 다음과 같다. 우선 종업원을 신입사원(변수명: rookie employees)과 경력사원(변수명: experienced employees)을 구분하고, 온라인 소매업과 같이 새롭게 등장한 산업에서는 신입사원만이 가용한 것으로 가정한다([그림 29] 참조). 이와 같은 구분은 전문적인 서비스 조직에서 고용과 학습의 동태성을 파악하기 위해 필요한 가정으로, 시스템 다이내믹스를 이용한 기존 연구에서 많이 사용되고 있는 방법이다.163)

---

163) Sterman, *op. cit.*, 2000, p.491; Lyneis, *op. cit.*, Chapter 13.

[그림 29] 채용과 교육훈련 구조

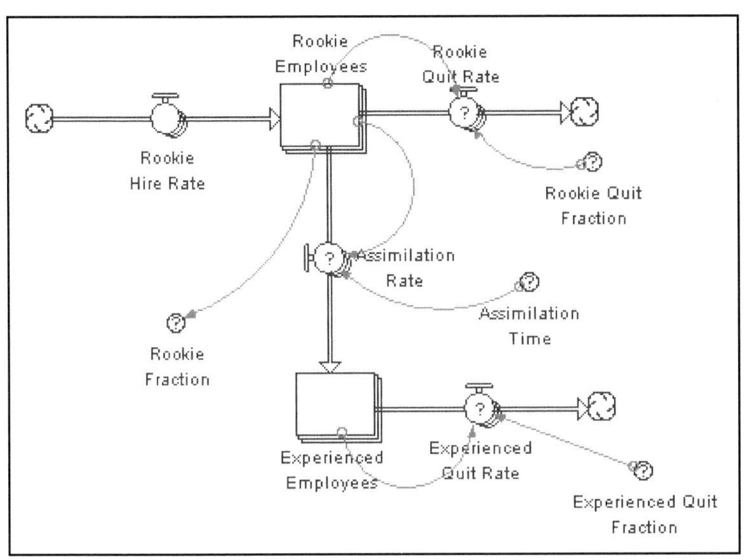

　인적자원 영역에서 기대되는 결과로는 급속한 성장기간 동안에 종업원의 평균 생산성(변수명: average productivity)은 어떻게 변화하는지, 그리고 이러한 평균 생산성의 변화는 신입사원의 생산성에 기인하는지 아니면 경력사원을 채용하기 위해 소요되는 시간에 기인하는지를 파악할 수 있도록 한다. 또한 앞서 언급한 바와 같이 인적자원 영역에서는 기술부서 종업원과 고객지원부서 종업원을 구분하고 있는데, 오늘날과 같은 인력시장에서 유능한 전문기술 인력을 채용하기란 쉽지 않으며, 이들로부터 최대의 생산성을 기대하기 위해서는 보다 장기적인 교육훈련이 요구된다고 하겠다.

　온라인 소매기업에서 스톡옵션을 통한 새로운 종업원 보상제도의 도입을 모형화하기 위해서는 양방향 유량(co-flows)을 사용하여 주가에 대한 스톡옵션의 성과도 함께 추적해야 한다([그림 30] 참조).

[그림 30] 인적자원 영역 – 스톡옵션

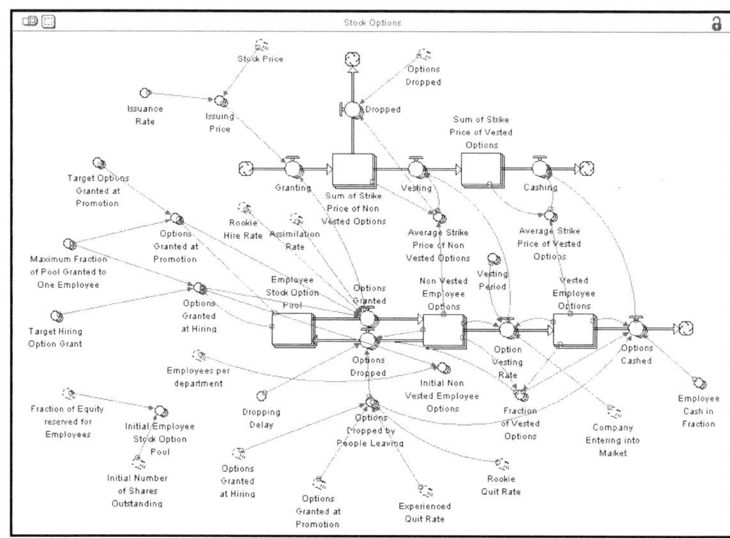

　　스톡옵션은 종업원 채용과 승진 시에 교부하도록 하며 현재 시가로 발행하는 것을 원칙으로 한다. 그리고 옵션의 권리행사기간(변수명: option vesting period)은 4년으로 설정하였다.164) 스톡옵션과 관련한 모형에서는 옵션 권리행사기간 이전에 회사를 그만둔 종업원이 옵션 권리행사를 포기한 경우와 옵션의 권리행사와 이의 현금화 과정까지 함께 추적할 수 있도록 하였다.

　　평균행사가격(변수명: average strike price)을 계산하기 위해 모형에서는 권리행사를 하지 않은 옵션의 주식가격의 합계(변수명: sum of strike price ofNon-vested options), 즉 권리행사를 하지 않은 모든 발행 옵션(변수명: Non-vested options outstanding)을 구입하는 데 소요되는 총액도 함께 추적한다.165) 그리고 이 합계는 새로운 옵션이 발행될 때마다 조정되며

---

164) Sterman, *op. cit.*, 2000, Chapter 12.
165) 평균 행사가격은 권리행사를 한 옵션(변수명: vested options)과 권리행
　　사를 하지 않은 옵션(변수명: Non-vested options)의 두 경우로 나누어

기존 옵션의 권리행사나 권리포기 시에도 조정되도록 하였다. 권리를 행사하지 않은 옵션의 평균행사가격(변수명: average strike price of Non-vested options)은 권리행사를 하지 않은 옵션의 행사가격의 합(변수명: sum of strike prices of Non-vested options)을 권리를 행사하지 않은 옵션의 수(변수명: Non-vested employee options)로 나눈 값이다.166) 한편, 권리행사를 하지 않은 옵션의 수와 성과는 종업원 충성도에 영향을 미치며, 이미 권리를 행사한 옵션의 소유권은 더 이상 종업원의 이직이나 근속 의사결정에 영향을 미치지 않는 것으로 가정한다.

옵션 가치(변수명: employee perception of value option package)167)와 직업의 재무적 매력도(변수명: financial attractiveness of job)간의 관계를 나타내면 [그림 31]과 같다. [그림 31]에서 보는 바와 같이 옵션 행사가격과 주식가격의 차이가 직업의 재무매력도에 미치는 영향은 단조증가함수의 형태임을 알 수 있다. 즉, 옵션 가치가 0이 된다면(options are at par) 종업원은 직업에 대해 중립적인 자세를 취하게 되고, 재무적 매력도는 1이 되며, 반면에 옵션 가치가 양수의 값을 가진다면(options are in the money) 재무매력도는 점점 증가하게 된다.168)

계산하였다.

166) 권리를 행사한 옵션(변수명: vested options)의 경우는 권리를 행사한 옵션의 행사가격의 합(변수명: sum of strike price of vested options)을 권리를 행사한 옵션의 수(변수명: vested employee options)로 나눈 값이다.

167) 옵션의 수(변수명: Number of options)×행사가격과 주가의 차이(변수명: difference between strike price and stock price)로 계산된다.

168) 옵션 행사가격과 현재 주식가격의 차이가 커질수록(현재 주가가 옵션 행사가격보다 커질수록) 미래에 옵션을 행사할 때 종업원은 그 차이만큼 이익을 보기 때문에 재무매력도는 증가하게 된다.

[그림 31] 재무매력도에 대한 옵션 성과의 영향

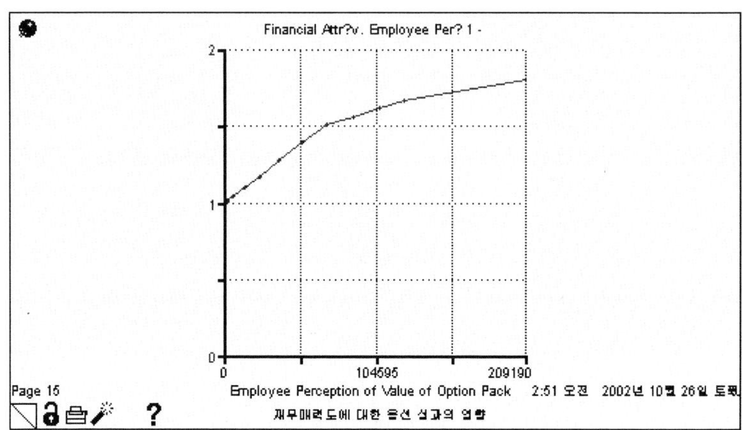

한편, 직업의 재무적 매력도(변수명: financial attractiveness of job)와 라이프스타일매력도(변수명: lifestyle attractiveness of job)[169]를 곱하여 전반적인 직무매력도(변수명: attractiveness of job)를 구하게 되는데, 이 값은 종업원 이직률(변수명: rookie quit rate, 변수명: experienced quit rate)을 결정하게 된다.

이상과 같은 인적자원 영역의 결과는 사이트 운영 영역에서의 가용한 종업원에 관한 정보와 재무회계 영역에서의 급여(변수명: salary expenses)에 관한 정보를 제공하게 된다.

6. 재무회계 영역

재무회계 영역은 다른 영역에 있는 비용과 수익 관련 변수들을 재무회계 측정치로 전환하는 과정을 포함하고 있다. 재무회계 영역에서 입력변수는 사이트 운영 영역의 영업비용(변수명: operational expenses), 인적자원 영

---

169) 평균근무시간(변수명: average workweek)의 함수임.

역의 급여(변수명: salary expenses), 사용자 영역의 평균주문량(변수명: average order size), 그리고 자본조달 영역의 지분매각수입(변수명: proceeds from the sale of equity)이 된다. 이러한 입력변수들은 영업이익(변수명: operating income)과 세후 당기순이익(변수명: Net income after taxes) 등 손익계산서에 나타나는 지표들을 계산하기 위해 사용되며, 이외에 대차대조표 및 현금흐름표에 나타나는 지표들도 계산한다. 또한 소유주 지분비율(변수명: percentage ownership by the founder)과 이들이 보유하고 있는 주식의 가치도 함께 추적한다([그림 32] 참조).

[그림 32] 재무회계 영역

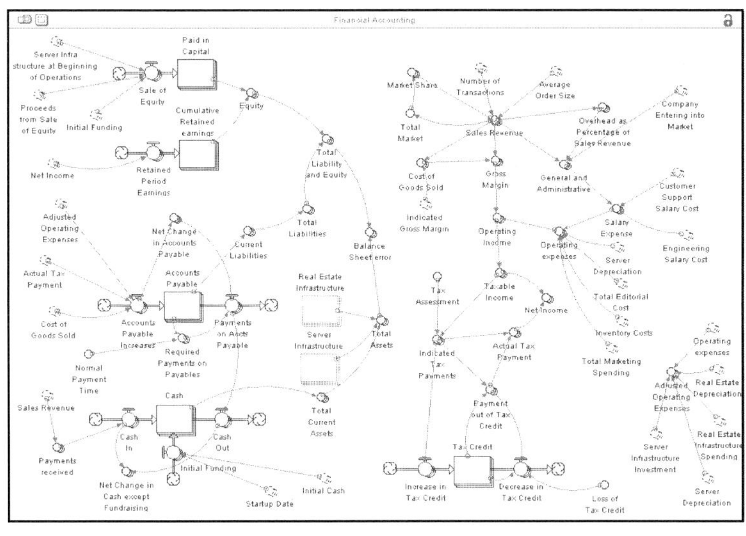

[그림 32]의 재무회계 영역에서는 모형의 단순화를 위하여 두 가지 가정을 하고 있다. 첫째, 온라인 기업은 재고를 유지하지 않는다고 가정한다. 예를 들어, 온라인 소매기업인 아마존(Amazon)은 고객이 주문한 금액에 대해 결제를 하면 이를 확인한 후 서적 도매상이나 중개업자에게 서적 및 배송비용을 지불하는 방식을 채택하고 있다. 둘째, 온라인 기업은 장기부채

(long-term liabilities)를 사용하지 않는다고 가정한다. 즉, 모든 수입은 발생 즉시 들어오며 매입채무(변수명: accounts payable)는 3개월 내에 모두 지불하는 것으로 가정한다.

재무회계 영역에서 계산된 당기순이익(변수명: Net income), 매출총이익(변수명: gross margin), 성장률(변수명: growth rate), 그리고 시장점유율(변수명: market share) 자료는 이후에 설명할 자본시장 영역에서 기업의 주식시장가치(변수명: stock market valuation)를 계산할 때 사용된다. 그리고 재무회계 영역에서 구한 매출액성장률(변수명: revenue growth rate) 자료는 인적자원 영역과 사이트 운영 영역에서의 의사결정을 위한 입력 자료로 사용된다. 한편, 사이트 운영 영역은 현재 매출규모(변수명: current revenue figure)를 입력 자료로 사용하며, 현재 (현금)소진율(변수명: current burn rate)은 자본조달 영역에서 입력 자료로 사용된다.

본 연구는 온라인 소매기업의 단기적인 외형적 성장전략을 평가하고 미래의 성과를 예측하고자 하는 데 그 목적을 두고 있으므로 재무회계 영역에서 계산된 값들이 매우 중요한 역할을 수행한다고 할 수 있다. 재무회계 영역을 구성하고 있는 저량－유량 변수들과 보조변수들의 인과관계를 수식으로 정리하면 다음과 같다.[170]

Accounts_Payable[Company](t) = Accounts_Payable[Company](t-dt)
+ Accounts_Payable_Increases[Company]-Payments_on_Accts_Pay
able[Company])*dt INIT Accounts_Payable[Company] = 0

여기서 매입채무(변수명: accounts payable) 변수는 유동부채(변수명: current liabilities), 부채지불요구액(변수명: required payments on payables), 그리고 특정 시점에서 보유하고 있어야 할 목표 현금(변수명: target cash on hand) 변수와 연결되어 있다.

---

170) 모든 변수들의 단위는 천 원임.

매입채무(변수명: accounts payable)는 저량변수로서 누적 매입채무액을 계산하며, 초기값은 0으로 설정하였다. 본 모형에서 매입채무는 갚아야 할 시점에 제대로 갚는다는 것을 가정하며, 별도의 유동성 관리는 하지 않는 것으로 가정한다. 한편, 이러한 매입채무액의 증감에 영향을 미치는 유량변수와 수식을 정리하면 다음과 같다.

INFLOWS:
Accounts__Payable__Increases[Company]=
Cost__of__Goods__Sold[Company]+Adjusted__Operating__Expenses[Company]+Actual__Tax__Payment[Company]

여기서 매입채무 증가액(변수명: accounts payable increases)은 다시 매입채무(변수명: accounts payable) 및 순 매입채무 변동액(변수명: Net change in accounts payable)과 연결되어 있다.

OUTFLOWS:
Payments__on__Accts__Payable[Company]=
Required__Payments__on__Payables[Company]

여기서 부채지불요구액(변수명: payments on accts payable)은 다시 매입채무(변수명: accounts payable), 현금유출(변수명: cash out), 그리고 순 매입채무 변동액(변수명: Net change in accounts payable)과 연결되어 있다.

매입채무 증가액(변수명: accounts payable increase)은 매입채무(변수명: accounts payable)의 증가를 가져오는 유입변수로서 갚아야 할 시점까지의 매입채무 누적액을 계산하며, 부채지불요구액(변수명: payments on accts payable)은 매입채무의 감소를 가져오는 유출변수이다.

Cash[Company](t)＝Cash[Company](t-dt)＋(Cash__In[Company]＋

Initial__Funding[Company]-Cash__Out[Company])*dt

INIT Cash[Company]＝0

여기서 현금(변수명: cash)은 신규현금필요액(변수명: New cash required) 및 총유동자산(변수명: total current assets)과 연결되어 있다. 현금(변수명: cash)은 저량변수로서 초기값은 0이며, 온라인 소매기업의 현재 현금보유액을 계산한다. 한편, 이러한 현금보유액의 증감에 영향을 미치는 유량변수와 수식을 정리하면 다음과 같다.

INFLOWS:

Cash__In[Company]＝

Payments__Received[Company]＋Proceeds__from__Sale__of__Equity

여기서 현금유입액(변수명: cash in)은 매출수입(변수명: payments received)[171]과 지분매각수입(변수명: proceeds from the sale of equity)의 합계로 계산된다. 그리고 이 변수는 다시 현금(변수명: cash) 및 자본조달액을 제외한 순 현금 변동액(변수명: Net change in cash except fundraising)에 영향을 미치게 된다. 한편, 현금유입액 이외에 현금의 유입을 가져오는 변수로 초기 자본조달액(변수명: initial funding)이 있다.

Initial__Funding[Company]＝

PULSE(Initial__Cash[Company], Startup__Date[Company])[172]

---

171) 매출액과 동일한 개념임.

172) 온라인 소매기업별로 사업시작일(변수명: startup date)이 다르므로 각각의 사업시작 시점에서 현금보유액을 반영하기 위해 본 모형에서는 *ithink*(ver. 7.0.2)에서 제공하는 pulse 함수를 사용하였다.

여기서 초기 자본조달액(변수명: initial funding)은 현금(변수명: cash) 및 지분매각(sale of equity)에 영향을 미치게 된다. 한편, 이와 같은 현금 보유액의 증가를 가져오는 유입변수 이외에 현금보유액의 감소를 가져오는 유출변수로 현금유출액(변수명: cash out)이 있다.

OUTFLOWS:
Cash_Out[Company]=Payments_on_Accts_Payable[Company]

여기서 현금유출액(변수명: cash out)은 부채지불요구액(변수명: payments on accts payable)으로 계산되며, 현금(변수명: cash) 및 자본조달액을 제외한 순 현금 변동액(net change in cash except fundraising)에 영향을 미치게 된다.

Cumulative_Retained_Earnings[Company](t)=
Cumulative_Retained_Earnings[Company](t-dt)+
(Retained_Period_Earnings[Company])*dt
INIT Cumulative_Retained_earnings[Company]=0

여기서 누적이익잉여금(변수명: cumulative retained earnings)은 지분(변수명: equity) 변수와 연결되어 있으며, 초기값은 0으로 설정하였다. 누적이익잉여금의 증가에 영향을 미치는 유입변수와 수식은 다음과 같으며, 누적이익잉여금의 감소를 가져오는 유출변수는 없는 것으로 가정한다.

INFLOWS:
Retained_Period_Earnings[Company]=Net_Income[Company]

여기서 이익잉여금(변수명: retained period earnings)은 영업활동 및 자본조달로부터 들어오는 이익잉여금을 계산하는 것으로, 본 모형에서는 당기순이익(변수명: Net income)과 동일한 값을 가지는 것으로 가정하였다. 이익잉여금은 다시 누적이익잉여금(변수명: cumulative retained earning)에 영향을 미치게 된다.

Paid_in_Capital[Company](t)=Paid_in_Capital[Company](t-dt)+(Sale_of_Equity[Company])*dt
INIT Paid_in_Capital[Company]=0

여기서 자본잉여금(변수명: paid in capital)은 지분매각(변수명: sale of equity)을 통해 조달한 누적자본잉여금을 계산하는 저량변수로 초기값은 0으로 설정하였으며, 지분(변수명: equity) 변수와 연결되어 있다. 이러한 자본잉여금의 증가에 영향을 미치는 유입변수는 다음과 같으며, 누적이익잉여금과 마찬가지로 유출변수는 없는 것으로 가정한다.

INFLOWS:
Sale_of_Equity[Company]=Proceeds_from_the_Sale_of_Equity[Company]+Initial_Funding[Company]+Server_Infrastructure_at_Beginning_of_Operations[Company]

여기서 지분매각(변수명: sale of equity)은 초기 자본조달액(변수명: initial funding), 지분매각수입(변수명: proceeds from the sale of equity), 그리고 사업시작 시 서버 인프라 투자의 합계로 계산되며, 자본잉여금(변수명: paid in capital)에 영향을 미치게 된다.

Tax_Credit[Company](t)=Tax_Credit[Company](t-dt)+(Increase_in_Tax_Credit[Company]-Decrease_in_Tax_Credit[Company])*dt

INIT Tax__Credit[Company]=0

여기서 세액공제(변수명: tax credit)는 누적 세액공제를 계산하는 저량변수로서 초기값은 0으로 설정하였다. 세액공제란 납세의무자가 일정사실의 조건을 구비하였을 때 산출세액에서 일정한 비율 또는 일정한 금액을 공제하여 주는 것으로, 여기서는 온라인 소매기업의 손실이 발생했을 경우 공제해 주는 법인세 감면조치를 의미한다. 세액공제는 세액공제 감소분(변수명: decrease in tax credit) 및 전기 손실을 통해 받은 세액공제 금액(변수명: payment out of tax credit)과 연결되어 있다. 한편, 세액공제의 증감에 영향을 미치는 유량변수와 수식을 정리하면 다음과 같다.

INFLOWS:
Increase__in__Tax__Credit[Company]=
MIN(0, Indicated__Tax__Payments[Company])

여기서 세액공제 증가분(변수명: increase in tax credit)은 납세액을 나타내는 선행지표(변수명: indicated tax payments)와 0값 중에서 작은 값으로 계산하며, 세액공제(변수명: tax credit) 변수에 영향을 미친다.

OUTFLOWS:
Decrease__in__Tax__Credit[Company]=Tax__Credit[Company]*Loss__
of__Tax__Credit-Payment__out__of__Tax__Credit[Company]

여기서 세액공제 감소분(변수명: decrease in tax credit)은 세액공제(변수명: tax credit)와 세액공제 손실분(loss of tax credit)을 곱한 값에서 전기 손실을 통해 받은 세액공제 금액(payment out of tax credit)을 차감하여 계산하며, 세액공제(변수명: tax credit) 변수에 다시 영향을 미친다.

지금까지 기술한 저량-유량변수들의 관계식과는 별도로 재무회계 영역에는 여러 가지 보조변수들이 상호간에 또는 유량변수들과 인과관계를 형성하고 있는데, 이 중에서 핵심적인 변수들의 수식만 정리하면 다음과 같다.

Sales_Revenue[Company]=
Average_Order_Size[Company]*Number_of_Transactions[Company]

여기서 매출액(변수명: sales revenue)은 평균주문량(변수명: average order size)과 거래량(변수명: Number of transactions)을 곱하여 계산하며, 단위는 천 원/년이다.

Market_Share[Company]=IF(Total_Market=0) THEN(0.0)
ELSE(Sales_Revenue[Company]/Total_Market)

여기서 시장점유율(market share)은 특정 기업의 매출액(변수명: sales revenue)을 전체 시장규모(변수명: total market)로 나누어 계산하며, 단위는 비율이다.

Total_Market=ARRAYSUM(Sales_Revenue[*])

여기서 전체 시장규모(변수명: total market)는 현재 시장에 참여한 기업들의 개별 매출액을 모두 더하여 계산하며[173], 단위는 천 원/년이다.

Gross_Margin[Company]=

---

173) 개별 기업들의 매출액을 모두 더하기 위해 *ithink*(ver. 7.0.2)에서 제공하는 arraysum 함수를 사용하였다. 이 함수는 배열변수의 합계를 계산하는 함수이다.

Sales__Revenue[Company]-Cost__of__Goods__Sold[Company]

여기서 매출총이익(변수명: gross margin)은 매출액(변수명: sales revenue)에서 매출원가(변수명: cost of goods sold)를 차감하여 계산하며, 단위는 천 원/년이다.

Net__Income[Company]=
Taxable__Income[Company]-Actual__Tax__Payment[Company]

여기서 당기순이익(변수명: Net income)은 과세대상 영업이익(변수명: taxable income)에서 실 납세액(actual tax payment)을 차감하여 계산하며, 단위는 천 원/년이다.

Operating__Expenses[Company]=
Total__Editorial__Cost[Company]+Inventory__Costs[Company]+
Salary__Expense[Company]+Server__Depreciation[Company]+
Total__Marketing__Spending[Company]

여기서 영업비용(변수명: operating expenses)은 세금을 제외한 모든 비용의 합계로 계산하며, 단위는 천 원/년이다.

Operating__Income[Company]=
Gross__Margin[Company]-Operating__Expenses[Company]

여기서 영업이익(변수명: operating income)은 매출총이익(변수명: gross margin)에서 영업비용(operating expenses)을 차감하여 계산하며, 단위는 천 원/년이다.

7. 자본조달 영역

자본조달 영역은 기업으로 하여금 주식을 현재 가치로 발행하여 필요 자본을 확보하는 과정을 포함하고 있다. 이 과정에서 재무회계 영역의 (현금)소진율(변수명: burn rate) 자료와 자본시장 영역의 주가(변수명: stock price) 자료를 사용하게 된다([그림 33] 참조).

[그림 33] 자본조달 영역

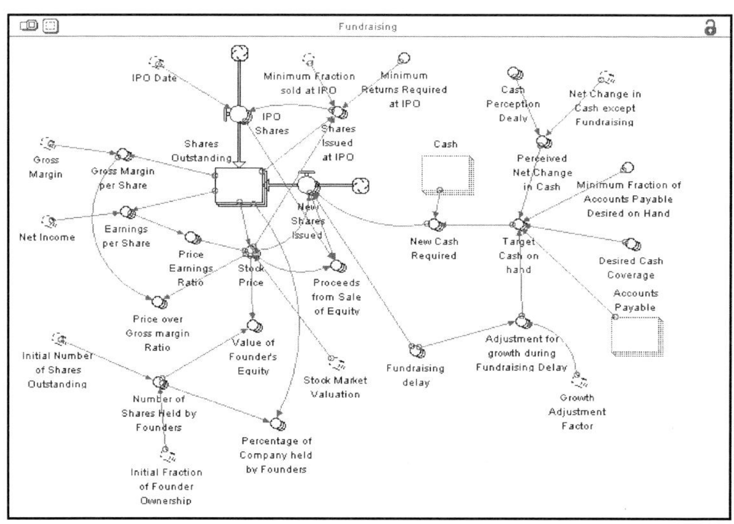

본 모형에서는 현실 세계를 단순화하기 위해 기업이 필요한 현금을 자본시장에서 연속적인 시점에서 계속 조달할 수 있도록 모형을 설계하였다. 구체적으로, 자본조달 영역에서는 희망 현금 조달수준(변수명: desired cash coverage), 자본조달을 제외한 현금보유액의 순 변동분(변수명: Net change in cash except fundraising), 그리고 예상 성장률(변수명: projected growth rates) 자료에 근거하여 조달해야할 현금을 계산하고, 현재 주식가치로 필요한 주식을 매도하게 된다.

한편, 자본조달 영역에서는 최초공모(IPO)와 같은 비연속적인 이벤트도 포함하고 있다.174) IPO 기간 동안 기업은 최소한 전체 지분의 10%는 일반에게 공개하도록 하였으며, 이를 통해 최소한 5억 원의 자본은 조달할 수 있도록 설정하였다. 또한 재무회계 영역으로부터 필요로 하는 자본금이 얼마인지 파악하고, 주식발행을 통한 현금수입(변수명: proceeds from fundraising) 자료를 다시 재무회계 영역에 보냄과 동시에 자본시장 영역에 총발행주식수(변수명: Number of shares outstanding) 자료를 보내게 된다.

8. 자본시장 영역

자본시장 영역은 기업의 재무성과를 주가로 전환하는 과정을 기술하고 있다. 이 과정에서 재무회계 영역의 당기순이익(변수명: Net income), 매출총이익(변수명: gross margin), 성장률(변수명: growth rate), 그리고 시장점유율(변수명: market share) 자료와 자본조달 영역의 총발행주식수(변수명: Number of shares outstanding) 자료를 사용한다([그림 34] 참조).

자본시장 영역은 자본시장에서의 온라인 소매기업 간 상호작용을 파악하기 위해 기업가치 평가모형을 기술하고 있다. 기업가치 평가모형은 두 가지로 구분되는데, 본 영역에서는 수익과 성장률에 초점을 맞춘 전통적인 기업가치평가(변수명: traditional market value of the firm)175)와 수익보

---

174) Bartov et al., *loc. cit.*

175) Feng, H., J. Froud, S. Johal, C. Haslam, and K. Williams, "A New Business Model? The Capital Market and the New Economy", *Economy and Society*, Vol.30, No.4, November 2001, pp.467-503; Hardie, R. D., "The Relationship Between Proxies for Functional Excellence and Stock Price in High Technology, Communications Firms and Internet Firms", Ph. D. Dissertation, The University of Virginia, 1999; Repenning, N. and J. D. Sterman, "Unanticipated Side Effects of Successful Quality Programs: Technical Documentation, 1994, p.156.

134

다는 매출총이익(변수명: gross margin)에 초점을 두면서, 막대한 마케팅
투자로 인한 비용측면은 고려하지 않고 잠재적인 수익창출 가능성을 중요
시하는 인터넷 기업가치평가(변수명: internet market value of the firm)
를 동시에 사용한다.

[그림 34] 자본시장 영역

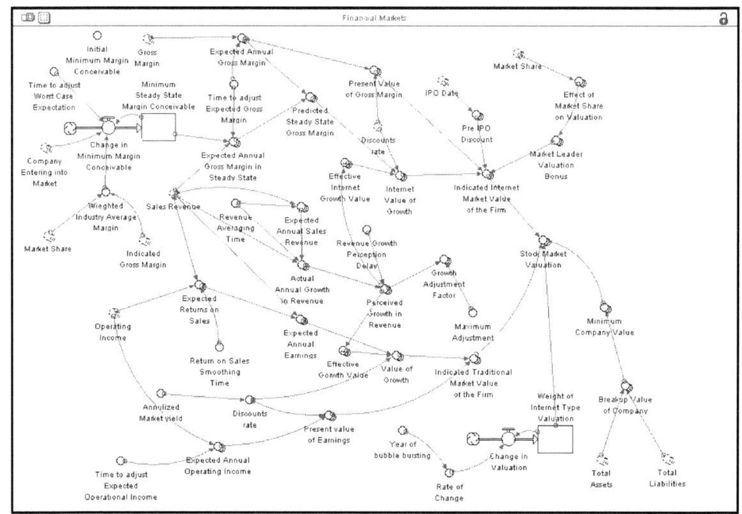

　이러한 접근방법은 최근 Trueman et al.(2002)의 연구에서도 그 타당성
을 입증 받고 있는데[176], 이들은 온라인 소매기업의 경우 매출총이익(gross
profit)이 주가와 통계적으로 정(+)의 유의한 관계를 가지고 있는 반면, 당
기순이익(net income)과 주가 사이에는 정(+)의 관계가 존재하지 않는다
는 것을 밝혀냄으로써 본 연구의 접근방법에 대한 타당성을 지원하고 있다.

---

176) Trueman et al., *loc. cit.*

[그림 35] 인터넷 스타일 기업가치평가

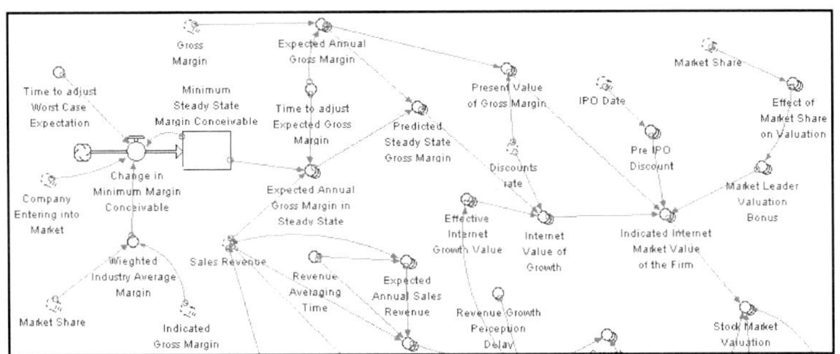

[그림 35]는 인터넷 방식의 기업가치평가에 대한 저량-유량 구조를 나타낸 것으로, 모형에 사용된 핵심적인 수식을 정리하면 다음과 같다.

Indicated_Internet_Market_Value_of_the_Firm[Company]=
Market_Leader_Valuation_Bonus[Company]*
(Internet_Value_of_Growth[Company]+Present_Value_of_Gross_
Margin[Company])*Pre_IPO_Discount[Company]

여기서 인터넷 기업의 시장가치평가 선행지표(변수명: indicated internet market value of the firm)는 시장선도자 프리미엄(변수명: market leader valuation bonus), 인터넷 기업의 성장가치(변수명: internet value of growth)와 매출총이익의 현재가치(변수명: present value of gross margin)의 합계, 그리고 기업공개이전 할인(변수명: pre IPO discount)을 곱하여 계산한다.

Market_Leader_Valuation_Bonus[Company]=
Effect_of_Market_Share_on_Valuation[Company]

여기서 시장선도자 프리미엄(변수명: market leader valuation bonus)은 기업가치에 대한 시장점유율 효과(변수명: effect of market share on valuation)로 계산된다.

Internet__Value__of__Growth[Company]=
MAX(0,Predicted__Steady__State__Gross__Margin[Company]*
Effective__Internet__Growth__Value[Company])/Discounts__Rate

여기서 인터넷 기업의 성장가치(변수명: internet value of growth)는 안정상태 유지 하에서의 예상 매출총이익(변수명: predicted steady state gross margin)과 인터넷 기업의 성장가치 효과(변수명: effective internet growth value)를 곱하여 이 값을 할인율(변수명: discount rate)로 나누어 계산한다.

Present__Value__of__Gross__Margin[Company]=
MAX(0, Expected__Annual__Gross__Margin[Company]/Discounts__Rate)

여기서 매출총이익의 현재 가치(변수명: present value of gross margin)는 매년 기대 매출총이익(변수명: expected annual gross margin)을 할인율(변수명: discount rate)로 나누어 계산한다.

Pre__IPO__Discount[Company]=
IF(TIME<=IPO__Date[Company]) THEN(0.75)ELSE(1)

여기서 기업공개 이전 할인(변수명: Pre IPO discount)은 시뮬레이션 시간(변수명: time)을 기업공개일(변수명: IPO date)과 비교하여 작으면 0.75를, 크면 1을 부여한다. 즉, 본 모형에서 인터넷 기업가치평가는 최초공모(IPO) 이전에 주식가치의 25%를 할인(Pre IPO discount)하는 것으로 가정하였는데, 이는 최초기업공개일 이전에 주식들의 유동성 감소 부분을 보전하기 위한 것이다.

한편, 인터넷 기업가치평가에서는 시장점유율을 고려한 시장선도자의 프리미엄(변수명: market leader valuation bonus)을 고려할 수 있도록 설계하였다.177) 자본시장 영역의 결과는 자본조달 영역과 인적자원 영역의 주가(변수명: stock)를 계산하는 데 사용된다.

앞서 기술한 바와 같이 자본시장 영역에서는 전통적인 기업가치평가와 인터넷 기업가치평가를 동시에 수행하며, 이에 추가하여 두 가치평가기법의 사용에 대한 가중평균 값을 적용하여 평가기법 간의 전환을 가능하게 하고 있다([그림 36] 참조).

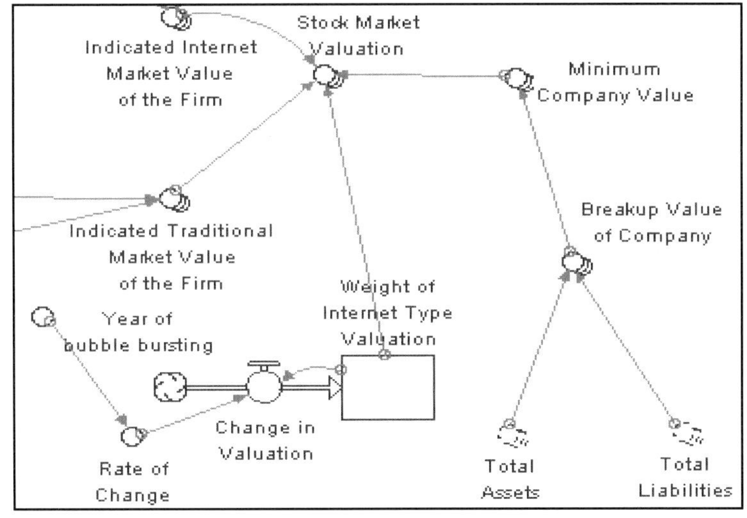

[그림 36] 전통적 가치평가와 인터넷 스타일 가치평가

---

177) 본 연구에서는 시장선도자로서의 프리미엄 효과는 모두 동일한 것으로 가정하고 시뮬레이션을 실시하였다.

[그림 36]에서 보는 바와 같이 인터넷 스타일 가치평가의 가중치(변수명: weight of internet type valuation)에 대한 누적 변화량에 따라 두 평가기법의 가중치를 변경할 수 있도록 함으로써 가치평가기법에 따른 영향을 시뮬레이션 할 수 있다. 다음은 가중평균 개념을 도입한 평가기법 간의 전환을 구체적인 수식으로 나타낸 것이다.

$$Weight\_of\_Internet\_Type\_Valuation(t) =$$
$$Weight\_of\_Internet\_Type\_Valuation(t\text{-}dt) + (Change\_in\_Valuation)*dt$$
$$INIT\ Weight\_of\_Internet\_Type\_Valuation = 1$$

여기서 인터넷 스타일 가치평가의 가중치(변수명: weight of internet type valuation)가 1이면 인터넷 기업가치평가를 적용하게 되며, 0이면 전통적인 기업가치평가 기법을 적용하게 된다. 본 모형에서는 가중치의 초기값을 1로 설정하였는데, 이는 시뮬레이션 초기에는 100% 인터넷 방식으로 기업가치를 평가한다는 것을 의미한다. 인터넷 스타일 가치평가의 가중치는 가치평가기법의 전환(변수명: change in valuation) 및 주식시장가치(변수명: stock market valuation) 변수와 연결되어 있다. 한편, 이러한 인터넷 스타일 가치평가의 가중치 변화를 가져오는 유량변수의 수식을 정리하면 다음과 같다.

$$InFLOWS:$$
$$Change\_in\_Valuation =$$
$$Weight\_of\_Internet\_Type\_Valuation*Rate\_of\_Change$$

여기서 가치평가의 변화(변수명: change in valuation)는 인터넷 스타일 가치평가의 가중치와 변화율(변수명: rate of change)을 곱하여 계산하는데, 여기서 변화율은 기업가치평가시 인터넷 방식에서 전통적 방식으로 전환가능한 시점을 나타내는 것으로 본 모형에서는 인터넷 거품이 발생한 1999년도에 전환되도록 STEP 함수를 사용하였다.[178]

　기업가치평가의 결과는 주식시장가치(변수명: stock market valuation)로 계산되는데, 이러한 시장가치를 이용하여 자본조달 영역에 있는 주가(변수명: stock)를 구하게 된다. 시장가치를 계산하기 위한 구체적인 수식은 다음과 같다.

$$Stock\_Market\_Valuation[Company]=$$
$$MAX(Minimum\_Company\_Value[Company],$$
$$Weight\_of\_Internet\_Type\_Valuation*$$
$$Indicated\_Internet\_Market\_Value\_of\_the\_Firm[Company]+$$
$$(1-Weight\_of\_Internet\_Type\_Valuation)$$
$$*Indicated\_Traditional\_Market\_Value\_of\_the\_Firm[Company])$$

　위의 수식에서 보는 바와 같이 주식시장가치(변수명: stock market valuation)는 인터넷 방식에 의한 기업가치(변수명: indicated internet market value of the firm)와 전통적 방식에 의한 기업가치(변수명: indicated traditional market value of the firm)로 구분되며, 각 평가기법의 가중치에 따라 실제로 가치평가에 적용할 기법을 결정하게 된다. 여기서 최소기업가치(변수명: minimum company value)는 최초 설립 시 기업의 가치를 의미하는 것으로, 본 모형에서는 기업이 도산했을 때의 청산가치로 간주하였다.

　지금까지 온라인 소매기업들이 추구하고 있는 단기적인 외형적 성장전략을 평가하고 미래성과를 예측하기 위한 개념적 연구모형을 제안하고, 연구모형을 구성하고 있는 핵심 영역 간의 동태적 인과관계와 이를 검증하기

---

178) Rate_of_Change＝0＋STEP(-1, Year_of_Bubble_Bursting)(단위: 1/년)
　　 Year_of_Bubble_Bursting＝1999(단위: 년)

위한 시뮬레이션 모형을 구축하였다. 구축된 모형은 온라인시장, 경쟁기업과 비교한 상대적인 성과, 그리고 자본시장의 기업 외부적 영역과 사용자, 사이트 운영, 인적자원관리, 재무회계, 그리고 자본조달의 기업 내부적 영역으로 구성되어 있으며, 제Ⅳ장에서는 이들 영역 간의 동태적 인과관계를 실제로 검증하기 위한 시뮬레이션 분석을 수행하고자 한다.

제 Ⅳ 장 시뮬레이션 분석

본 장에서는 온라인 서점기업을 대상으로 한 시뮬레이션 분석을 수행하여 제Ⅲ장에서 설정한 동태적 인과관계를 검증하고, 민감도 분석 및 실제 성과자료와 예측치의 비교를 통해 시뮬레이션 모형의 타당성을 검증한다. 그리고 온라인 서점기업이 추구하고 있는 단기간의 외형적 성장전략에 대한 시나리오 분석을 통해 향후 성공 및 실패 가능성을 예측해 보고자 한다.

제1절 분석대상 기업 및 시장현황

1. 국내 온라인 서적시장 현황

국내 온라인 서적시장의 경우 미국에 비해 시기는 3년 정도 늦지만 온라인 소매기업에서 가장 먼저 등장한 분야가 바로 온라인 서점이다. 2001년도를 기준으로 우리나라 단행본 시장 규모는 약 2조 원 정도로 추정되고 있으며, 참고서와 잡지 등을 다 합하면 약 4조 원 정도로 추정되고 있다.[179] 현재 우리나라에서 온라인 서적시장은 전체 서적시장의 4~5% 정도의 시장점유율을 보이고 있으며 매년 200%의 성장세를 보이고 있다. 이는 매우 낮은 수치로 보일 수도 있으나 아마존이 미국 시장에서 차지하는 점유율이 3~4%를 크게 넘지 않는다는 점을 감안할 때 오히려 미국의 온라인 서점 성장속도보다 한국의 속도가 더 빠르다고 할 수 있으며, 그만큼 우리나라의 경우 온라인 서점은 성장산업이라는 것을 의미한다. 특히 미국

---

179) 대한출판문화협회(http://www.kpa21.or.kr).

의 경우 온라인 서점기업들이 4년여 만에 달성한 시장점유율을 국내 기업들은 불과 1년여 만에 달성했으며, 이런 추세라면 2004년도까지 온라인 서점이 전체 서적시장에서 차지하는 비율은 20%대로 늘어날 전망이며, 온라인 서점 선두기업들이 최소한 60~70% 이상을 과점(monopoly)하는 체제로 갈 것으로 예상된다.[180]

현재 온라인 서점 선두기업의 매출규모는 오프라인에서 시장점유율 1위를 차지하고 있는 교보문고의 매출을 따라잡을 정도로 성장하였으며, 향후 몇 년 후에는 온라인 서점 선두기업의 매출이 오프라인 교보문고의 매출액을 능가할 것으로 예상된다. 온라인 서점의 경우 서적에 대한 할인율이 높기 때문에 총 매출액 규모로 보면 온라인 소매업에서 차지하는 비중이 4~5%로 높지 않지만, 거래량으로만 보면 온라인 서점이 다른 온라인 소매업에 비해 훨씬 더 많다. 거래량이 많다는 것은 온라인 고객들과의 접촉이 빈번하다는 것을 의미하며, 따라서 고객과의 접촉을 통한 '브랜드 가치'가 성장의 중요한 원천이 된다. 본 연구에서도 온라인 서점의 브랜드 자산을 사이트 운영과 상대적 성과 영역의 핵심 저량 변수로 다루고 있다.

2. 국내 온라인 서점기업 현황[181]

국내 온라인 서점 시장점유율 1위를 기록하고 있는 예스24는 2002년도 상반기에 IT를 중심으로 한 전문서적분야에서 강세를 보여 온 와우북과의 합병을 통해 점유율 1위 자리를 계속 유지하고 있다.[182] 1998년 국내 최초의 온라인 서점 사업을 시작한 이후 2002년 8월 말 현재 자본금 37억 3천

---

180) 중앙일보, 2002년 10월 10일자: 일요시사, 2002년 6월 4일 333호.
181) 1999년도부터 현재까지 국내 주요 일간지 및 경제신문, 비즈니스 저널, 전자신문, 디지털 타임스, 머니투데이, 파이낸셜 뉴스, inews24, dot21 등에 보도되었던 자료들을 참조하여 연구자가 새롭게 작성하였음.
182) 예스24와 와우북의 시장점유율은 정확한 통계자료는 없으나 대체로 50%~70% 사이인 것으로 알려져 있다.

8백만 원, 총자산 230억 원,연간 매출액 1,200억 원(2002년 예상)의 거대 온라인 서점으로 자리를 잡았으며, 예스24의 하루 매출액은 국내 최대 서점 기업인 교보문고와 거의 비슷한 수준이며, 업계 2위 모닝365의 2배를 넘는다.

예스24는 온라인 서점업계에서 마진율 15% 정도의 중저가 전략을 추구하고 있으며,[183] 수도권 지역의 경우 퀵서비스를 통한 1일 배송시스템을 가동하는 등 경쟁기업에 비해 신속한 배송을 주요 경쟁무기로 삼고 있다.[184] 예스24는 인터넷 교보문고에 비해서는 떨어지지만 온라인 서점업계에서는 브랜드 가치를 인정받고 있으며, 2천 평에 달하는 국내 최대 규모의 첨단 도서물류센터를 보유하고 있는데, 이는 100만 권 정도의 도서를 보유할 수 있는 수준이다.[185] 현재 제공하고 있는 도서정보 및 컨텐츠는 55만 종 정도이며, 회원고객이 자발적으로 컨텐츠 제작에 참여하는 독자 리뷰 서비스를 운영 중이다. 또한 고객의 문의에 대해 24시간 이내에 답변을 주는 일대일 서비스를 실시하고 있으며, e-CRM(고객관계관리)을 통한 개인별 도서추천 시스템을 갖추고 있다. 창립 당시에 10여 명에 불과하던 직원 수는 2002년 8월 현재 112명을 넘어섰으며, 물류센터에 약 40명 정도의 직원이 근무하고 있다. 그러나 예스24 역시 15%~20%의 할인정책을 기본 전략으로 사용하고 있기 때문에 높은 매출신장에도 불구하고 최근까지 적자기조가 계속 이어져오고 있다.[186] 이는 후발기업들의 가격할인정책

---

183) 도서에 따라 할인율의 편차가 상당히 크지만, 신간 서적의 경우 대체로 15%의 마진율 정책을 사용하고 있다.

184) 24시간 이내 배송을 완료하는 비율이 약 60% 정도임.

185) 사업초기 다른 온라인 서점에서는 보유하고 있지 않던 도서물류센터(100여 평)를 보유함으로써 신속한 배송을 핵심 경쟁전략으로 꾸준히 사용하고 있음을 알 수 있으며, 현재 물류센터를 확장할 계획으로 있다.

186) 온라인 서점의 할인율을 조사해본 결과 적게는 10%에서 많게는 60%에 달하는 할인율을 적용하고 있는 것으로 나타났으며, 예스24의 경우에도 기본 할인율은 15%~20%이지만 우수고객을 대상으로 e-머니 적립 또는 마일리지 제도를 통한 할인까지 포함하면 실제 할인율은 30%가 넘는다.

144

과 이에 대응하기 위한 기존 기업들의 할인 대응에 기인하는 바가 크다.
최근 와우북과의 합병은 이러한 할인정책으로 인한 적자문제를 해소하고,
할인율보다는 규모의 경제를 통한 흑자달성 전략의 일환으로 판단된다.[187]
이상의 내용을 토대로 예스24의 기본적인 영업 전략을 종합하면 무리한 할
인경쟁보다는 중저가 정책을 유지하면서 컨텐츠의 질을 높여 이용자의 만
족도를 제고시키고 이를 통해 충성고객을 확보하고 물류창고도 확대해 보
다 빠른 배송 시스템을 구축함으로써 타 온라인 서점과의 서비스 차별화를
추구하는 것이 예스24의 기본 전략이라고 할 수 있다.

  현재 예스24는 음반, 전자책, 소프트웨어, VCD 및 DVD 등 멀티미디어
분야에서도 진출한 상태며, 2002년도 1사분기에 2백 50억 원의 매출을 기
록했으며 연말까지 1천 2백억 원 정도의 매출실적을 올릴 것으로 예상하고
있다. 한편, 예스24는 향후 코스닥 등록을 통한 기업공개를 목표로 하고 있
는데, 온라인 서점 시장이 국내에서는 아직까지 성장산업이라는 기대감과
시장선점기업으로서 가지는 정(+)의 피드백 효과로 인해 자본시장에서의
원활한 자본조달이 가능할 것으로 예상되며, 이는 다시 성장의 피드백 요
인으로 작용할 것이다.

  인터넷 교보문고는 1997년 9월 '교보북네트'라는 이름으로 온라인 서점
시장에 진출하였으나 판매실적 부진과 전자상거래 시장의 미성숙 등의 이
유로 서비스를 중단했다가 1999년 9월 지금의 인터넷 교보문고라는 이름으
로 다시 문을 열었다.[188] 인터넷 교보문고의 매출실적은 2001년 10월 17억

---

187) 예스24와 와우북의 합병에 대한 견해는 전문가들마다 다른데, 택배이
    용, 재고부담 및 물류창고에 대한 과다한 투자비용 때문에 적자폭이
    매년 확대되고 있고, 이러한 근본적인 문제를 해결하지 못한 상황에서
    비슷한 적자구조를 가지고 있는 두 기업이 합병함으로 얻을 수 있는
    기대는 매출증대에 비례한 적자폭 증가의 악순환이라는 주장도 있고,
    향후 코스닥 등록을 염두에 두고 자사 사이트의 가치를 부풀려 주가차
    익을 노린 것이라는 견해도 있다.
188) 인터넷 교보문고는 (주)교보문고의 온라인 사업부로서, 별도의 물류창
    고를 두지 않고 교보문고와 같이 사용하고 있으며, 당분간은 분사할
    계획이 없음을 공식적으로 밝힌 바 있다. 따라서 인터넷 교보문고를

원, 11월 18억 원, 12월 21억 원, 그리고 2002년 1월 24억 원으로 소폭 상승에 그치고 있다. 이와 같이 오프라인에서 기존 온라인 서점과 비교되지 않는 브랜드 명성과 자금동원력에도 불구하고 인터넷 교보문고가 시장점유율 1위인 예스24를 따라잡지 못하는 이유는 첫째, 온라인 사업의 특성상 예스24가 가지고 있는 시장선점효과를 극복하기가 힘들다는 점과 둘째, 온라인 서점과 다르게 할인정책을 사용하지 않았다는 점 때문이다.[189] 그리고 세 번째 이유로는 서적구입 및 서적대금 결제와 관련된 부분으로, 온라인 서점기업들은 서적 중개상을 통하지 않고 직접 출판사와 거래를 할 수 있는 장점이 있기 때문에 할인된 가격으로 서적을 주문할 수 있다. 그리고 오프라인에서는 대개 3개월 어음으로 서적대금을 지불하고 있고, 인터넷 교보문고도 이와 동일한 방식을 채택하고 있다. 그러나 대부분의 온라인 서점기업들은 100% 즉시현금지불 방식을 채택하고 있어 출판기업이나 서적 도매상을 유인하는 효과를 가져왔다. 네 번째 이유는 주문 및 배송과 관련된 서비스 질이 선두기업에 비해 떨어진다는 점이다. 인터넷 교보문고는 진정한 의미의 온라인 서점이라기보다는 오프라인의 교보문고를 온라인 상으로 옮겨 놓은 형태이기 때문에 주문과 배송 관련 의사결정 속도가 순수 온라인 기업인 예스24에 비해 느리다. 그러나 최근 온라인 서적 시장의 규모가 커지면서 교보문고의 총 매출액에서 인터넷 교보문고가 차지하는 비중도 점차 높아지고 있기 때문에 오프라인과 온라인을 어떻게 조화시킬 것인지가 과제로 남아 있다.

별도의 법인 사기업으로 간주하기에는 한계가 있으며, 각종 재무자료 및 영업 관련 자료를 수집하기가 용이하지 않았다. 또한 본 연구에서 유사하다고 가정하고 있는 미국의 반즈앤노블닷컴(BarnesandNoble.com) 과도 현실적으로 상당한 차이가 있다.

189) 기업 간의 과당경쟁으로 인터넷 교보문고도 최근 서적종류에 따라 10%~20%의 할인정책을 사용하고 있다.

제2절 시뮬레이션 분석을 위한 초기 설정

1. 사례기업별 초기 조건과 기업전략

본 연구에서는 시뮬레이션 분석을 위한 3개의 사례기업(기업 1, 2, 3)을 선정하고, 이들 기업 간의 경쟁상황을 반영한 기업전략을 설정하였다. 구체적으로, 기업 1은 아마존(Amazon)과 같이 공격적 마케팅, 우수한 고객 서비스, 그리고 중저가 전략의 순수 온라인 기업을 대표하는 기업으로 본 연구에서는 예스24를 사례기업으로 선정하였다. 기업 2 역시 순수 온라인 기업으로서 기업 1과 비교해서는 고객 서비스 수준이 낮고 저가정책을 기반으로 하는 기업으로 본 연구에서는 BOOKS4U를 사례기업으로 선정하였다. 마지막으로 기업 3은 반즈앤노블닷컴(BarnesandNoble.com)과 같이 전통적인 오프라인 기업의 온라인 분사를 대표하는 기업으로 온라인 사업 분야에 본격적으로 진출한 시기는 기업 1과 2에 비해 약간 늦지만 도서 보유수, 브랜드 자산, 현금보유와 창고시설 등에서 월등한 기업이다. 본 연구에서는 인터넷 교보문고를 이 유형의 사례기업으로 선정하였다.

한편, 온라인 서적시장에서 사례기업들의 행태에 일관성을 부여하고, 분석의 초점을 단기적인 외형적 성장전략 요소에 맞추기 위해 가격은 단위원가와 고정 원가상승비(constant markup)에 의해 결정된다고 가정하였다. 〈표 6〉은 기업 1, 2, 3에 대한 초기 조건과 기업전략을 요약한 것이다.

<표 6> 사례기업별 초기조건과 기업전략

기초사례 (온라인 서점)	기업 1	기업 2	기업 3
요약	순수 온라인 소매업체로 높은 서비스 수준과 중저가의 공격적 마케팅 전략 추구	순수 온라인 소매업체로 낮은 서비스 수준과 저가격 전략 추구	오프라인 업체의 온라인 분사로 대규모 자산으로 사업시작
초기 조건			
사업 시작일	1998.5	1998.5	1999.7
초기 현금	200,000(천원)	200,000(치원)	1,000,000(천원)
초기 브랜드 자산	5,000(천원)	5,000(천원)	250,000(천원)
초기 제품 보유	150,000(권)	150,000(권)	500,000(권)
초기 창고 규모	100(평)	10(평)	1000(평)
초기 숙련종업원 수	기술직 5명, 관리사무직 5명	기술직 5명, 관리사무직 5명	기술직 5명, 관리사무직 5명
초기 서버 인프라 투자	10,000(천원)	10,000(천원)	10,000(천원)
기업공개일	1999.3(최초 유상증자일로 가정)	1999.8(최초 유상증자일로 가정)	해당 사항 없음(2003년으로 가정)
초기 발행주식수	20,000	20,000	20,000
주식가치평가모형	100% 인터넷 방식	100% 인터넷 방식	100% 인터넷 방식
기타 조건	오프라인 업체의 마진율은 40%로 가정		
	초기 시장진입 업체의 마진율은 20%로 가정		
	초기 온라인 서점 시장의 총 도서 보유 규모는 800000(권)로 가정		
기업전략			
최저 마케팅 투자액	100,000(천원/년)	100,000(천원/년)	100,000(천원/년)
목표 마케팅 투자액(% of evenue)	40%로 시작하여 2003년부터 감소	15%로 시작하여 2003년부터 감소	60%로 시작하여 2003년부터 감소
목표 제품 보유수	1,000,000(권)	600,0000(권)	1,000,000(권)
목표 배송기간	2일	4일	3일
목표 매출총이익	20%	15%	20%
편집예산	100,000(천원)	100,000(천원)	200,000(천원)
회원에 의한 컨텐츠 제작	가능	가능	가능
고용정책	자동조정	자동조정	자동조정
투자유치 정책	자동조정	자동조정	자동조정
서버장비 구매	자동조정	자동조정	자동조정
재고관리 정책	자동조정	자동조정	자동조정

〈표 6〉의 초기조건과 기업전략은 앞서 국내 온라인 서점기업의 현황과 1999년도 당시 온라인 서적시장의 특성을 반영하여 최대한 실제 상황에 가깝도록 설정하였다. 또한 초기 설정에 대한 시뮬레이션 분석결과를 온라인 서적시장의 선두기업인 예스24의 과거 재무자료와 비교함으로써 현실적인 분석모형으로서의 가능성도 함께 제시하였으며, 2001년 이후에 경쟁기업들의 성과에 영향을 미치는 매개변수들은 궁극적으로 최소한의 수익을 실현할 수 있도록 조정되었다. 한편, 규모의 경제를 실현하는데 영향을 미치는 요소로 거래량(변수명: Number of transactions)과 페이지뷰 회수(변수명: Number of pageviews)를 설정하였으며, 거래량과 페이지 뷰 회수가 커질수록 규모의 경제 효과도 커지는 것으로 가정하였다. 또한 본 모형에서는 학습효과 측면을 고려하기 위해 기술부서 신입사원의 업무생산성은 경력사원의 15%밖에 되지 않으며, 채용 후 2년이 경과해야 기술부서 신입사원의

업무생산성이 경력사원의 수준과 동일해지는 것으로 가정하였다. 반면, 고객지원부서 신입사원의 경우에는 6개월이 지나면 경력사원의 업무생산성 수준이 되며, 초기 업무생산성은 고객지원부서 경력사원의 25%라고 가정하였다.

2. 시뮬레이션 모형의 초기값 설정

본 모형에서는 기업 간 경쟁구조를 반영할 수 있도록 하기 위해 배열 개념을 도입하였다. 배열은 동일한 모형에서 다수의 참여자(본 연구에서는 기업과 부서)에 대한 분석을 동시에 수행할 수 있다는 장점을 가지고 있다. 구체적으로, 기업의 경우에는 앞서 기술한 바와 같이 세 개의 기업을 선정하였고, 부서의 경우에는 기술부서(변수명: engin)와 고객지원부서(변수명: cussupport) 두 가지로 구분하였다. 기술부서 직원은 일반관리직, 프로그래밍, 그리고 사이트 운영 요원들을 모두 포함하며, 고객지원부서 직원은 고객서비스와 주문 및 배송처리 요원을 포함한다. 배열을 이용한 모형구축은 향후 새로운 경쟁기업의 출현에 따른 모형수정이 용이하다는 장점도 있다. 즉, 새로운 기업의 초기 조건 및 기업전략에 따라 저량변수 및 매개변수의 값만 추가로 입력하면 새로운 경쟁구조하에서의 분석이 가능해진다.

한편, 〈표 6〉의 초기 조건 및 기업전략을 시뮬레이션 모형에 실제로 반영하기 위해서는 변수설정 및 초기값 입력이 필요한데, 주요 변수들에 대한 초기값 설정내용을 기술하면 다음과 같다.

Company_Entering_into_Market[Company] =
IF(TIME〉=Startup_Date[Company]) THEN(1) ELSE(0)

온라인 사업시작 여부(변수명: company entering into market)는 시뮬레

이션 시간이 사업시작시점(변수명: startup date)보다 크거나 같으면 온라인 사업을 시작한 것이며, 작다면 아직까지 온라인 사업을 시작하지 않은 것을 나타낸다. 온라인 사업시작 여부(변수명: company entering into market)는 상대적 성과, 인적자원관리, 재무회계 영역의 변수들과 연결되어 인과관계를 형성한다.

Initial_Brand_Equity[Company1]=5000

Initial_Brand_Equity[Company2]=5000

Initial_Brand_Equity[Company3]=250000

Initial_Cash[Company1]=200000

Initial_Cash[Company2]=200000

Initial_Cash[Company3]=1000000

위의 수식은 사업시작 초기의 브랜드 자산가치(변수명: initial brand equity)와 현금보유액 규모(변수명: initial cash)[190]를 설정한 것으로, 순수 온라인 기업(기업 1, 기업 2)에 비해 오프라인에 기반한 온라인 진출기업(기업 3)이 브랜드 인지도나 현금보유 측면에서 유리한 입장에 있는 것으로 가정하였다. 이외에 사업시작시점에서 보유하고 있는 초기 경력사원수(변수명: initial experienced employees), 초기 소유주 지분율(변수명: initial fraction of founder ownership), 초기 발행주식수(변수명: initial Number of shares outstanding), 초기 제품보유수(변수명: initial product selection), 초기 서버 인프라 투자(변수명: initial server infrastructure), 그리고 초기 창고크기(변수명: initial warehouse space) 등에 대한 초기값을 다음과 같이 지정하였다.[191]

---

190) 단위는 모두 천 원이다.

191) 초기 창고크기와 초기 제품보유 수를 제외한 나머지 변수들에 대해서

Initial_Experienced_Employees[Company1, engin]=5

Initial_Experienced_Employees[Company1, cussupport]=5

Initial_Experienced_Employees[Company2, engin]=5

Initial_Experienced_Employees[Company2, cussupport]=5

Initial_Experienced_Employees[Company3, engin]=5

Initial_Experienced_Employees[Company3, cussupport]=5

[단위: 직원 수]

Initial_Number_of_Shares_Outstanding[Company1]=20000

Initial_Number_of_Shares_Outstanding[Company2]=20000

Initial_Number_of_Shares_Outstanding[Company3]=20000

[단위: 주(shares)]

Initial_Product_Selection[Company1]=200000

Initial_Product_Selection[Company2]=200000

Initial_Product_Selection[Company3]=600000

[단위: SKUs[192]]

Initial_Server_Infrastructure[Company1]=10000

Initial_Server_Infrastructure[Company2]=10000

Initial_Server_Infrastructure[Company3]=10000

[단위: 천 원]

Initial_Warehouse_Space[Company1]=100

Initial_Warehouse_Space[Company2]=10

는 기업들이 모두 동일한 조건으로 사업을 시작한다고 가정하였다.
192) 재고보유 단위로서 Stock Keeping Units를 의미함.

Initial__Warehouse__Space[Company3]＝1000

[단위: 평]

위의 초기값 자료들은 대상기업의 현황분석 자료와 한국기업평가(주)의 기업보고서 자료를 근거로 설정한 것이며, 초기 발행주식수(변수명: initial Number of shares outstanding)의 경우에는 해당 사례기업이 모두 비상장기업이기 때문에 최초 유상증자 시 발행한 주식수를 근거로 산출하였다

.

제3절 동태적 연구명제의 검증

1. 주요 성과지표에 대한 시뮬레이션 결과분석

사례기업별 초기 조건과 기업전략을 동태적 분석모형에 반영한 후 주요 성과지표에 대해 1998년부터 2015년까지 분기 단위로 시뮬레이션 분석을 수행한 결과는 [그림 37]~[그림 40]과 같다.[193)194)] [그림 37]~[그림 40] 에서 보는 바와 같이 시뮬레이션 분석결과는 국내 온라인 서적 시장의 상황을 비교적 잘 반영하고 있는 것으로 나타났다. 구체적으로, 시장점유율과 시장가치 측면에서 온라인 서적시장은 시장선점기업(기업 1)과 이를 추격하는 기업(기업 3), 그리고 열등한 기업(기업 2)으로 구분되고 있음을 알 수 있다.

---

193) 이 결과는 현재의 초기 조건과 기업전략이 향후에도 그대로 유지된다는 가정이 전제된 것으로, 새로운 성장전략을 고려할 경우 경쟁우위 결과는 달라질 수 있다.
194) *ithink*(ver. 7.0.2)에서는 그래프 상의 세로축 단위를 반올림하여 정수로 만들어주도록 설정되어 있다. 따라서 [그림 37]에서 보는 바와 같이 시장점유율(0~1)의 중간단위가 0.5로 나타나지 않고 1로 나타나게 된다.

152

[그림 37] 시장점유율 - 초기 설정

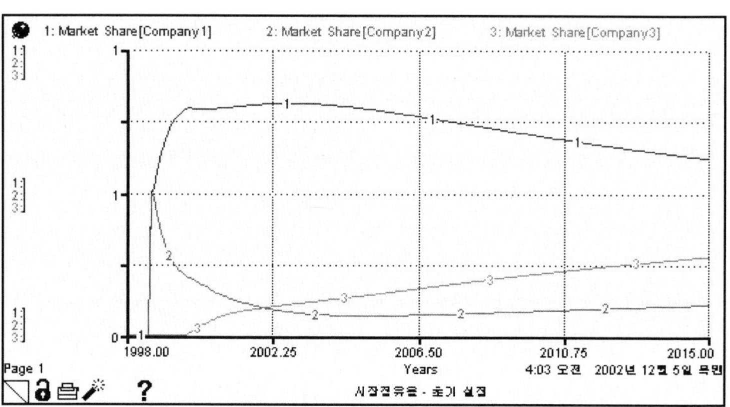

[그림 37]의 가로축은 시간(연도)을 나타내며,[195] 세로축은 시장점유율(변수명: market share)을 나타낸다.[196] 그래프에서 1번으로 표시된 것은 기업 1의 시장점유율을 나타내며, 2번은 기업 2, 3번은 기업 3의 시장점유율을 나타낸다. 시간에 따른 그래프의 추이를 보면, 향후 2015년까지 온라인 서적시장의 점유율은 시장선점기업(기업 1)과 이를 추격하는 기업(기업 3), 그리고 열등한 기업(기업 2)으로 구분되고 있음을 알 수 있다. 구체적으로, 기업 1이 75% 정도를 점유하는 독점적 체제를 유지할 것으로 예상되는데, 이러한 결과는 실제 국내 온라인 서적 시장의 상황과 상당히 유사하다. 현재 시장점유율 1위인 예스24는 최근 와우북과의 합병을 통해 전체 온라인 서적 시장의 50~70%를 점유하고 있는 것으로 알려져 있다. 향후 두 기업 간의 합병으로 인한 시너지 효과를 감안한다면 [그림 37]의 시장점유율 예측은 실제 현실을 잘 반영하고 있다고 할 수 있다.

---

195) 가로축에서 2002.25가 의미하는 것은 2002년 1사분기, 즉 2002년 3월을 의미한다.
196) 시장점유율은 0부터 1까지의 값을 가진다.

[그림 38] 주식시장가치 – 초기 설정

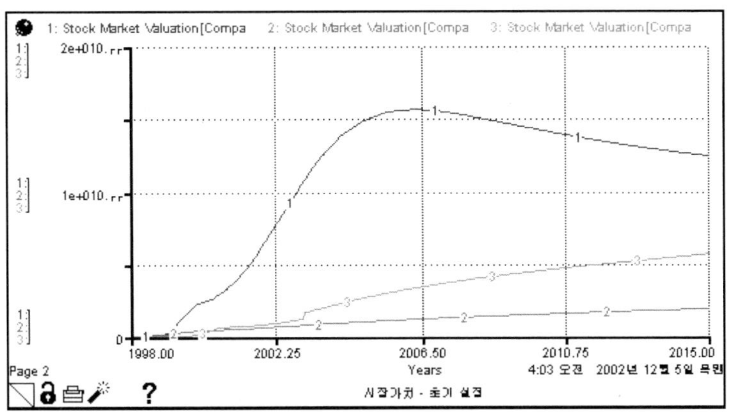

[그림 38]의 가로축은 시간(연도)을 나타내며, 세로축은 주식시장가치 (변수명: stock market valuation)를 나타낸다.197) 그래프에서 1번으로 표시된 것은 기업 1의 주식시장가치를 나타내며, 2번은 기업 2, 3번은 기업 3의 주식시장가치를 나타낸다. [그림 38]의 주식시장가치 역시 [그림 37]의 시장점유율과 유사하게 향후 2015년까지 독점적 기업(기업 1)과 이를 추격하는 기업(기업 3), 그리고 열등한 기업(기업 2)으로 구분되고 있음을 알 수 있다. 국내 온라인 서점의 경우 상장된 기업이 없기 때문에 정확한 시장가치를 비교할 수는 없으나, 향후 예스24가 코스닥 상장을 목표로 하고 있는 점에 비추어본다면 [그림 38]의 결과 역시 실제 시장가치수준과 유사할 것으로 예상된다.

한편, [그림 39] 및 [그림 40]의 시뮬레이션 결과에서 보는 바와 같이 향후 궁극적인 수익을 실현할 수 있는 기업은 시장 선점기업(기업 1)만이 유일하며, 이는 규모의 경제를 실현할 수 있는 유일한 기업이기 때문이다.

---

197) 주식시장가치에서 1e+010은 지수 표시형식으로 10,000,000,000을 의미한다.

154

[그림 39] 누적 이익잉여금－초기 설정

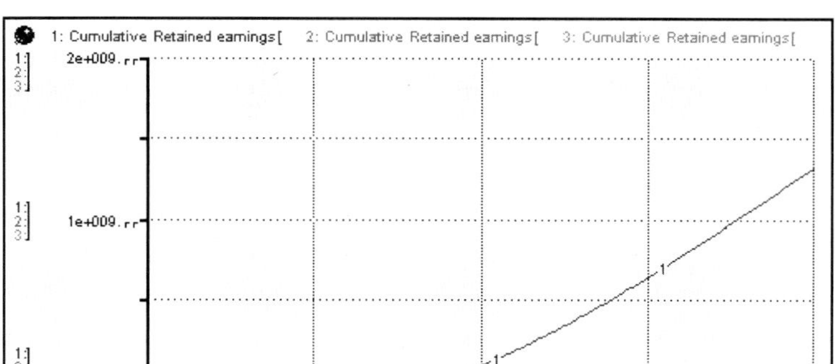

주) 그래프에서 1번은 기업 1의 누적 이익잉여금(변수명: cumulative retained earnings)을 나타내며, 2번은 기업 2, 3번은 기업 3의 누적 이익잉여금을 나타낸다.

이러한 결과는 현재 온라인 서적 시장의 구조를 분석해보면 쉽게 이해될 수 있다. 즉, 시장점유율 1위인 예스24를 포함하여 대부분의 온라인 서점들이 적자를 면치 못하고 있는데 이는 단기간의 외형적 성장전략에 따라 시장선점을 위한 기업들 간의 과열경쟁과 가격할인을 통한 출혈경영, 그리고 막대한 마케팅 투자 등이 그 원인이며, 이러한 적자기조는 시장선점기업을 제외한 나머지 기업들에서 계속 이어질 것으로 예상된다.

[그림 40] 당기순이익 - 초기 설정

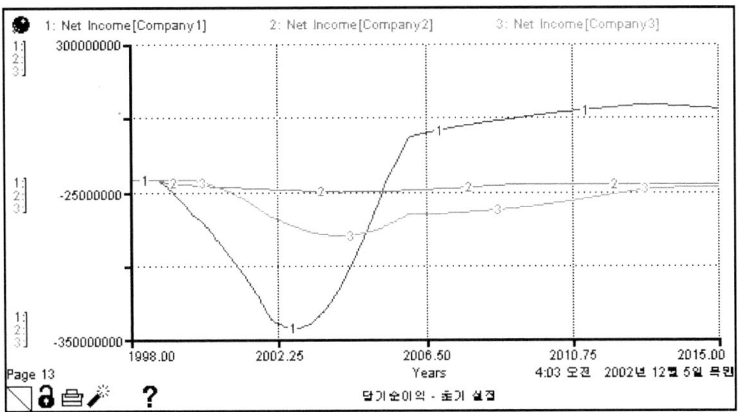

주) 그래프에서 1번은 기업 1의 당기순이익(변수명: Net income)을 나타내며,
2번은 기업 2, 3번은 기업 3의 당기순이익을 나타낸다.

  여기서 주목할 사항은 최초의 시장선점기업(기업 1)이 향후에도 계속 시장에서 경쟁우위를 가지는 것을 볼 때 시장선점효과를 지지하는 강화성장고리가 존재할 가능성이 크다는 것이다. 본 연구에서는 앞서 제Ⅲ장의 동태적 연구명제를 통해 시장선점효과를 지지하는 4가지의 강화고리를 제시한 바 있다.

2. 강화고리에 대한 동태적 검증

  성장을 이끄는 강화고리는 마케팅 강화고리, 주식시장 강화고리, 회원 제작 컨텐츠 고리, 그리고 직원충성도 고리의 4가지이며, 각 피드백 고리에서 변수 간의 동태적 인과관계를 규명하기 위한 연구명제를 설정하였다. 이러한 강화고리의 동태적 연구명제에 대한 검증은 시스템 다이내믹스를 이용하여 효과적으로 수행될 수 있다. 한편, 앞서 주요 성과지표에 대한 시뮬레이션 분석결과 기업 1(예스 24)이 선발기업으로서 시장선점효과를 가지는 것으로 나타나 시장선점효과를 지지하는 4가지 강화고리에 대한 동태적 검증은 기업 1에 대해서만 수행하였음을 밝혀둔다.

1) 마케팅 강화고리에 대한 동태적 검증

마케팅 강화고리는 단기간에 외형적 성장을 추구하는 전략을 통해 매출이 증가하고 이에 따라 마케팅 투자를 늘리게 되면 사이트의 매력도가 증가하여 추가적인 회원고객을 확보하게 된다는 시장선점효과를 나타내는 피드백 고리이다.

[그림 41] 마케팅 강화고리에 대한 동태적 변화

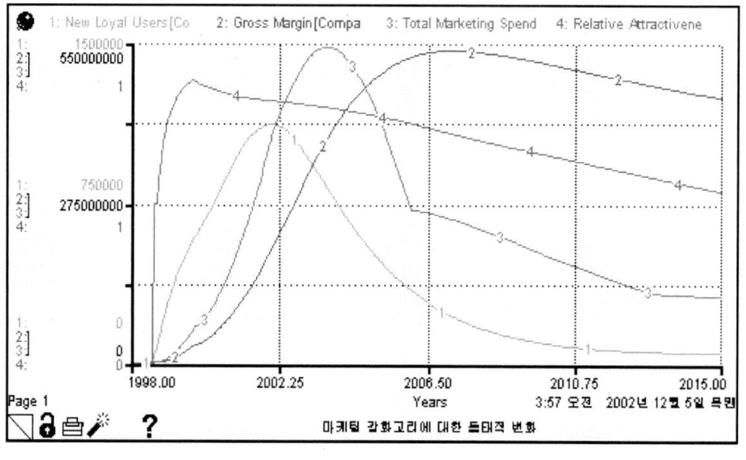

주) 그래프에서 1번은 기업 1의 신규회원고객, 2번은 매출총이익, 3번은 마케팅 투자총액, 그리고 4번은 상대적인 브랜드 가치를 나타낸다.

[그림 41]은 마케팅 강화고리를 구성하고 있는 회원고객, 매출, 마케팅 투자, 그리고 사이트 매력도에 대한 시뮬레이션 분석결과를 나타낸 것이다.[198] 구체적으로, 사업초기 단기간의 외형적 성장전략을 통해 신규회원고

객(변수명: New loyal users)이 급증하면서(1번 그래프) 매출총이익(변수명: gross margin)도 함께 상승한다(2번 그래프). 매출총이익의 증가는 기업 1의 추가적인 마케팅 투자(변수명: total marketing spending)로 이어져(3번 그래프) 경쟁기업과 비교한 상대적인 브랜드 가치(변수명: relative attractiveness of brand)를 상승시키고(4번 그래프), 이는 다시 추가적인 회원고객 확보로 이어지는 과정을 보여주고 있다.

한편, [그림 41]의 마케팅 강화고리에 대한 동태적 변화에서 눈여겨 볼 점은 사업초기 단기간의 외형적 성장전략에 의해 회원고객이 급증함에 따라 매출총이익, 마케팅 투자총액, 그리고 상대적인 브랜드 가치가 동반상승하다가 점차 감소하는 추세를 보인다는 것이다. 이러한 현상은 온라인 소매기업의 성장에 제약을 주는 부(−) 피드백 과정이 존재하고 있음을 시사하는 것으로, 이에 대한 분석은 이후 균형고리에 대한 동태적 검증에서 다루고자 한다.

2) 주식시장 강화고리에 대한 동태적 검증

주식시장 강화고리는 단기간에 외형적인 성장을 추구하는 전략을 통해 주식가치가 상승하면 시장에서 추가적인 자본조달이 가능해지고 이에 따라 마케팅 투자가 늘어나게 되면 사이트의 매력도가 증가하여 추가적인 회원고객을 확보하게 된다는 시장선점효과를 지지하는 피드백 고리이다.

[그림 42]는 주식시장 강화고리를 구성하고 있는 회원고객, 주식시장가치, 자본조달을 통한 현금확보, 마케팅 투자, 그리고 사이트 매력도에 대한 시뮬레이션 분석결과를 나타낸 것이다.[199]

---

198) 강화고리에 대한 동태적 변화 그래프를 해석할 때 주의해야 할 점은 지표 간 단위가 다르다는 것이다. [그림 41]에서 신규회원고객은 0~1.5e+006(명), 매출총이익은 0~5.5e+008(천 원), 마케팅 투자총액은 0~5.5e+008(천 원), 그리고 상대적인 브랜드 가치는 0~1(비율)의 구간을 가진다.

199) [그림 42]에서 신규회원고객은 0~1.5+006(명), 주식시장가치는 0~2e

158

[그림 42] 주식시장 강화고리에 대한 동태적 변화

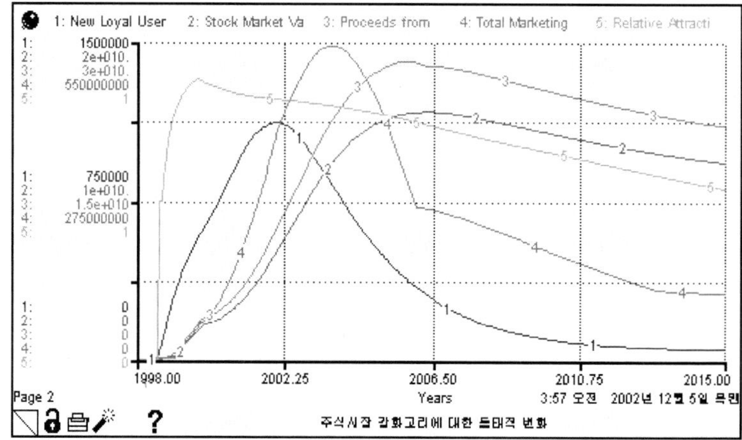

주) 그래프에서 1번은 기업 1의 신규회원고객, 2번은 주식시장가치, 3번은 지
분매각을 통한 현금수입, 4번은 마케팅 투자총액, 그리고 5번은 상대적인
브랜드 가치를 나타낸다.

구체적으로, 사업초기 단기간의 외형적 성장전략을 통해 신규회원고객(변
수명: New loyal users)이 급증하면서(1번 그래프) 주식시장가치(변수명:
stock market valuation)도 함께 상승한다(2번 그래프). 주식시장가치의 증
가는 기업 1의 지분매각을 통한 현금수입(변수명: proceeds of sale of
equity)을 증가시켜(3번 그래프) 추가적인 마케팅 투자(변수명: total
marketing spending)를 가능하게 하고(4번 그래프), 이는 경쟁기업과 비교
한 상대적인 브랜드 가치(변수명: relative attractiveness of brand)를 상승시
켜(5번 그래프) 추가적인 회원고객 확보로 이어지는 과정을 보여주고 있다.
한편, [그림 42]의 주식시장 강화고리 역시 [그림 41]의 마케팅 강화고리
와 마찬가지로 핵심 지표들이 점차 감소하는 동태적 변화추이를 가진다는

─────────────────

+010(천 원), 지분매각을 통한 현금수입은 0~3e+010(천 원), 마케팅
투자총액은 0~5.5e+008, 그리고 경쟁기업과 비교한 상대적인 브랜드
가치는 0~1(비율)의 구간을 가진다.

것을 알 수 있다. 그 이유는 사이트 매력도에 정(+)의 영향을 미치는 강화
고리 피드백 구조 이외에 부(−)의 영향을 미치는 균형 피드백 구조가 존재
하기 때문이다. 자세한 내용은 균형고리에 대한 동태적 검증에서 다룬다.

3) 회원제작 컨텐츠 강화고리에 대한 동태적 검증

회원제작 컨텐츠 강화고리는 단기간에 외형적인 성장을 추구하는 전략을
통해 회원고객이 증가하면 더 많은 컨텐츠가 회원고객들에 의해 제작되고,
이러한 컨텐츠는 사이트의 매력도를 증가시켜 추가적인 회원고객 확보로
이어진다는 시장선점효과를 지지하는 피드백 고리이다.

[그림 43] 회원제작 컨텐츠 강화고리에 대한 동태적 변화

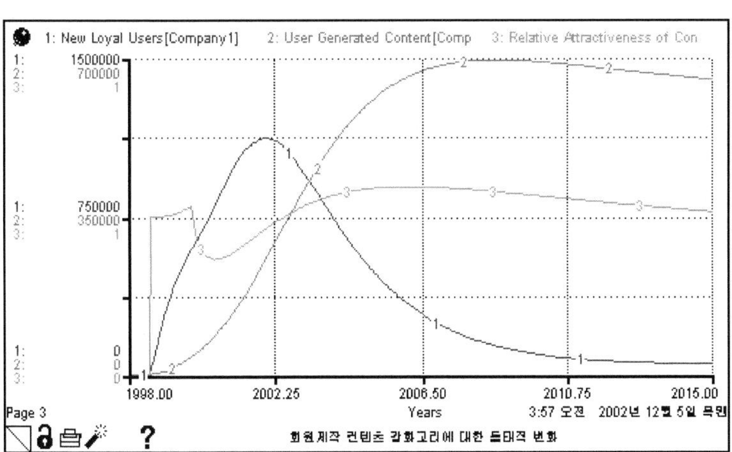

주) 그래프에서 1번은 기업 1의 신규회원고객, 2번은 회원고객에 의한 컨텐츠
제작 수, 그리고 3번은 상대적인 컨텐츠 보유량을 나타낸다.

[그림 43]은 회원제작 컨텐츠 강화고리를 구성하고 있는 회원고객, 회원
고객에 의한 컨텐츠 제작, 그리고 사이트 매력도에 대한 시뮬레이션 분석

결과를 나타낸 것이다.[200] 구체적으로, 사업초기 단기간의 외형적 성장전략을 통해 신규회원고객(변수명: New loyal users)이 급증하면서(1번 그래프) 회원고객에 의한 컨텐츠 제작 수(변수명: user generated contents)도 함께 상승한다(2번 그래프). 그리고 이는 경쟁기업과 비교한 컨텐츠 보유량을 상승시켜(3번 그래프) 추가적인 회원고객 확보로 이어지는 과정을 보여주고 있다.

한편, [그림 41] 및 [그림 42]와는 다르게 [그림 43]의 회원제작 컨텐츠 강화고리에 대한 동태적 변화의 경우 핵심 지표들 간의 변화추이가 동일한 패턴을 가지지는 않는 것으로 나타났다. 이러한 현상이 발생하는 이유에는 여러 가지가 있을 수 있으나 신규회원고객보다는 충성도가 형성된 회원고객이 주로 컨텐츠 제작에 참여하기 때문에 신규회원고객이 감소하더라도 컨텐츠 제작 수가 동일하게 감소하지는 않는 것으로 판단된다.

4) 직원충성도 강화고리에 대한 동태적 검증

직원충성도 강화고리는 단기간에 외형적인 성장을 추구하는 전략을 통해 주식가치가 상승하면 직원 이탈의 감소와 이를 통한 업무생산성 향상을 가져와 사이트의 매력도가 증가하게 되고, 이에 따라 추가적인 회원고객을 확보하게 된다는 시장선점효과를 지지하는 피드백 고리이다.

---

200) [그림 43]에서 신규회원고객은 0~1.5e+006(명), 회원고객에 의한 컨텐츠 제작 수는 0~700000(웹 페이지), 그리고 경쟁기업과 비교한 상대적인 컨텐츠 보유량은 0~1(비율)의 구간을 가진다.

[그림 44] 직원충성도 강화고리에 대한 동태적 변화

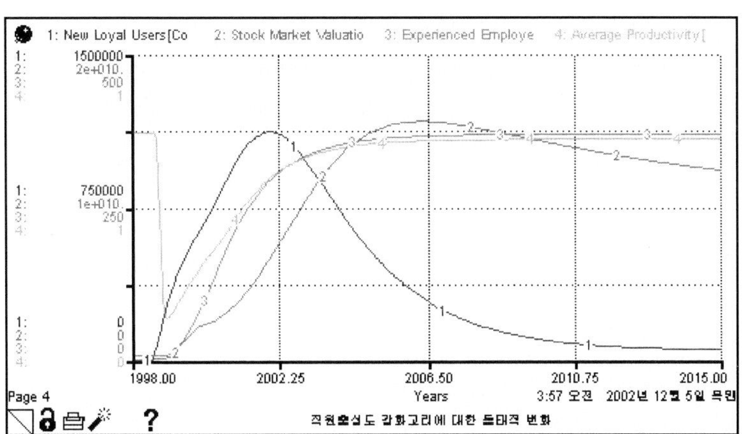

주) 그래프에서 1번은 기업 1의 신규회원고객, 2번은 주식시장가치, 3번은 경
력사원의 수, 그리고 4번은 평균생산성을 나타낸다.

[그림 44]는 직원충성도 강화고리를 구성하고 있는 회원고객, 주식시장
가치, 직원유지, 그리고 사이트 매력도에 대한 시뮬레이션 분석결과를 나타
낸 것이다.[201] 구체적으로, 사업초기 단기간의 외형적 성장전략을 통해 신
규회원고객(변수명: New loyal users)이 급증하면서(1번 그래프) 주식시장
가치(변수명: stock market valuation)가 상승하면(2번 그래프) 옵션가치도
함께 상승하게 되고, 이는 경력직원(변수명: experienced employees)의 이
탈을 막고(3번 그래프) 업무의 평균생산성(변수명: average productivity)
을 계속 유지시켜(4번 그래프) 추가적인 회원고객 확보로 이어지는 과정을
보여주고 있다.

한편, [그림 43]의 회원제작 컨텐츠 강화고리와 유사하게 [그림 44]의

---

201) [그림 44]에서 신규회원고객은 0~1.5e+006(명), 주식시장가치는 0~2e
+010(천 원), 지분매각을 통한 현금수입은 0~3e+010(천 원), 마케팅
투자총액은 0~5.5e+008, 그리고 경쟁기업과 비교한 상대적인 브랜드
가치는 0~1(비율)의 구간을 가진다.

직원충성도 강화고리에 대한 동태적 변화의 경우 신규회원고객과 다른 지표들 간의 동태적 변화추이가 동일한 패턴을 가지지는 않는 것으로 나타났다. 이는 직원충성도에 정(+)의 영향을 미치는 피드백 고리 이외에 직원이탈을 가져오는 부(−)의 피드백 고리가 존재하기 때문인데, 그 근거로 [그림 44]에서 평균 생산성(변수명: average productivity)의 경우 사업초기에 일정 기간 동안 하락하는 현상을 확인할 수 있으며, 이것은 업무생산성에 부(−)의 영향을 미치는 피드백 때문인 것으로 판단된다.

3. 균형고리에 대한 동태적 검증

자원의 희소성 관점에서 위와 같은 강화성장고리는 한계를 가질 수밖에 없는데, 이와 같이 성장 및 제약을 함께 가져오는 피드백 구조를 시스템 다이내믹스에서는 균형고리라고 한다. 성장을 제약하는 균형고리는 서버과부하 고리, 고객유지 고리, 주문이행 병목 고리, 그리고 직원이탈 고리의 4가지로 설정되어 있다. 강화고리에 대한 동태적 검증과 마찬가지로 균형고리에 대한 동태적 검증 역시 시스템 다이내믹스를 이용하여 수행되었으며, 시장선점효과를 통해 경쟁우위를 가지고 있는 기업 1에 대해서만 수행하였다.

1) 서버과부하 고리에 대한 동태적 검증

서버과부하 고리는 단기간에 외형적인 성장을 추구하는 전략에 따른 신규회원고객의 급격한 증가는 페이지뷰 회수와 거래량을 증가시키고, 이를 지원하기 위해서는 서버 인프라 확충이 필요한데, 만약 기업이 충분한 인프라를 확충하지 않는다면 사이트의 매력도를 감소시키게 된다는 피드백 고리이다. 이와 같은 서버과부하 균형고리는 강화고리에 의한 성장을 제약하는 피드백 고리로서 일정 기간이 지나면 성장과 제약 사이에서 균형을 이루게 된다.

[그림 45] 서버과부하 고리에 대한 동태적 변화

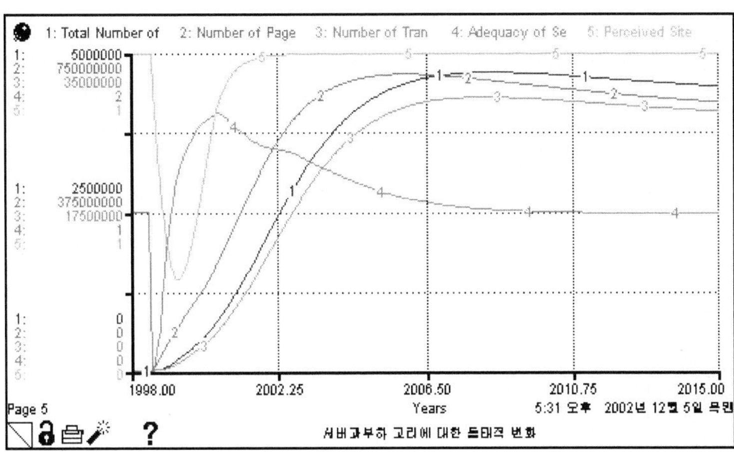

주) 그래프에서 1번은 기업 1의 총 회원고객, 2번은 페이지 뷰, 3번은 거래량, 4
번은 서버 인프라의 적정성, 그리고 5번은 인지된 사이트 성과를 나타낸다.

[그림 45]는 서버과부하 고리를 구성하고 있는 회원고객, 페이지 뷰, 거
래량, 서버 인프라, 그리고 사이트 매력도에 대한 시뮬레이션 분석결과를
나타낸 것이다.[202] 구체적으로, 단기간의 외형적 성장전략을 통해 총 회원
고객(변수명: total Number of loyal users)이 증가하면서(1번 그래프) 페
이지뷰 회수(변수명: Number of pageviews)와 거래량(변수명: Number of
transactions)이 함께 증가하는(2번, 3번 그래프) 반면, 서버 인프라의 적정
성(변수명: adequacy of server infrastructure)은 오히려 감소하게 되고(4
번 그래프) 이는 일정한 시간지연 후 인지되는 사이트 성과(변수명:
perceived site performance)[203]에 부정적인 영향을 미치다가 강화고리의

---

202) 균형고리에 대한 동태적 변화 그래프를 해석할 때 주의해야 할 점은
　　 지표 간 단위가 다르다는 것이다. [그림 45]에서 총 회원고객은 0~5e
　　 +006(명), 페이지 뷰는 0~7.5e+008(페이지 뷰), 거래량은 0~3.5e+
　　 007(거래), 서버 인프라의 적정성은 0~2(비율), 그리고 인지된 사이트
　　 성과는 0~1(비율)의 구간을 가진다.
203) 인지된 사이트 성과(변수명: perceived site performance)는 과거 사이트

영향으로 1999년부터 점차 사이트 성과가 회복되는 과정을 보여주고 있다.

2) 고객유지 고리에 대한 동태적 검증

고객유지 고리는 단기간에 외형적인 성장을 추구하는 전략을 통해 회원고객이 증가하면 거래량이 급증할 것이며, 이러한 성장전략을 모방한 기업들이 시장에 뛰어들면서 고객지원을 위한 관리직원의 수가 부족하게 되고, 관리직원의 수가 부족하게 되면 고객지원 서비스 품질이 저하되어 사이트의 매력도를 감소시키게 된다는 피드백 고리이다. 이와 같은 고객유지 균형고리는 강화고리에 의한 성장효과로 인해 일정 기간이 지나면 성장과 제약 사이에서 균형을 이루게 된다.

[그림 46]은 고객유지 고리를 구성하고 있는 회원고객, 거래량, 시장참여기업, 그리고 사이트 매력도에 대한 시뮬레이션 분석결과를 나타낸 것이다.204)

경험에 대한 고객들의 기억기간(변수명: customer memory) 동안에 인지된 당시 사이트 성과(변수명: current site performance)에 의해 결정된다. 여기서 고객들의 기억기간은 6개월로 가정하였다. 이러한 시간지연을 반영하기 위해 본 모형에서는 *ithink*에서 제공하는 1차 지연함수인 SMTH1을 이용하여 다음과 같이 수식을 설정하였다.

Perceived_Site_Performance[Company]

=SMTH1(Current_Site_Performance[Company], Customer_Memory)

204) [그림 46]에서 총 회원고객은 0~5e+006(명), 거래량은 0~3.5e+007(거래), 시장참여기업 수(개), 그리고 인지된 고객 서비스 품질은 0~1(비율)의 구간을 가진다.

[그림 46] 고객유지 고리에 대한 동태적 변화

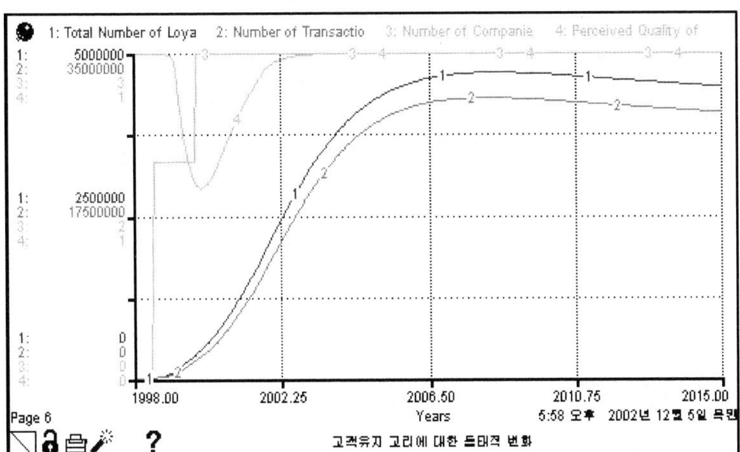

주) 그래프에서 1번은 기업 1의 총 회원고객, 2번은 거래량, 3번은 시장참여기
업 수, 그리고 4번은 인지된 고객 서비스 품질을 나타낸다.

구체적으로, 단기간의 외형적 성장전략을 통해 총 회원고객(변수명: totalNumber of loyal users)이 증가하면서(1번 그래프) 거래량(변수명: Number of transactions)도 함께 증가하게 되고(2번 그래프), 이러한 성장전략을 모방한 기업들의 시장진입도 증가하게 된다. 그러나 시장참여기업의 수(변수명: Number of companies)가 증가하게 되면 동일한 성장전략을 추구하고 있는 기업 간의 과열경쟁으로 인해 고객들이 인지하는 서비스 품질(변수명: perceived quality of customer service) 수준이 낮아져 사이트의 매력도는 감소된다는 것을 확인할 수 있다. 한편, [그림 46]에서 보는 바와 같이 2000년도부터는 강화고리의 영향으로 인지된 고객 서비스 품질이 점차 이전 수준으로 회복되고 있음을 알 수 있다.

3) 주문이행 병목 고리에 대한 동태적 검증

주문이행 병목 고리는 회원고객이 증가하면 거래량이 늘어나게 되고, 이에 따라 주문이행시간(변수명: time required for fulfillment)도 늘어나 사이트의 매력도를 반감시키게 된다는 피드백 고리이다. 이와 같은 주문이행 병목 균형고리는 앞서 강화고리에 의한 성장을 제약하는 피드백 고리로서 일정 기간이 지나면 성장과 제약 사이에서 균형을 이루게 된다.

[그림 47] 주문이행 병목 고리에 대한 동태적 변화

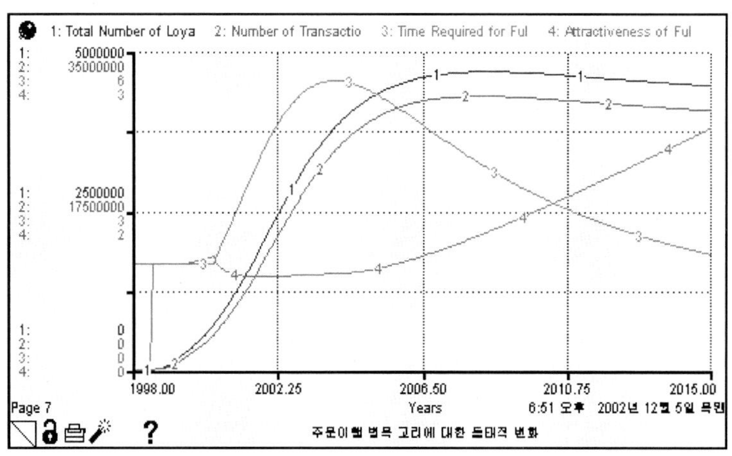

주) 그래프에서 1번은 기업 1의 총 회원고객, 2번은 거래량, 3번은 주문이행시간, 그리고 4번은 주문이행속도의 상대적인 매력도를 나타낸다.

[그림 47]은 주문이행 병목 고리를 구성하고 있는 회원고객, 거래량, 주문이행시간, 그리고 사이트 매력도에 대한 시뮬레이션 분석결과를 나타낸 것이다.[205] 구체적으로, 단기간의 외형적 성장전략을 통해 총 회원고객(변

---

205) [그림 47]에서 총 회원고객은 0~5e+006(명), 거래량은 0~3.5e+007(거래), 주문이행시간은 0~6(일), 그리고 주문이행시간의 상대적인 매력도는 0~3(비율)의 구간을 가진다.

수명: total Number of loyal users)이 증가하면(1번 그래프) 거래량(변수명: Number of transactions)도 함께 증가하게 되고(2번 그래프), 이에 따라 주문이행시간(변수명: time required for fulfillment)도 점차 늘어나게 되므로(3번 그래프) 경쟁기업과 비교한 주문이행시간의 상대적인 매력도(변수명: attractiveness of fulfillment)는 감소하게 되는 과정을 보여주고 있다. 한편, [그림 47]에서 보는 바와 같이 2010년 3분기부터는 주문이행시간이 점차 줄어들면서 주문이행시간에 대한 상대적인 매력도도 다시 증가하게 될 것으로 예상된다.

4) 직원이탈 고리에 대한 동태적 검증

직원이탈 고리는 단기간에 외형적인 성장을 추구하는 전략을 통해 회원고객이 증가하게 되면 기술부서와 고객지원부서 경력사원들의 작업량과 작업시간이 늘어나게 되고, 이러한 초과근무는 직업매력도에 부정적인 영향을 미쳐 직원 이탈이 증가하고, 이탈한 경력사원을 대체하기 위해 채용한 신입사원의 경우 업무생산성이 경력사원에 비해 상대적으로 떨어지기 때문에 사이트의 매력도를 감소시키게 된다는 피드백 고리이다. 이와 같은 직원이탈 균형고리는 앞서 제시한 강화고리, 특히 직원충성도 고리에 의한 성장을 제약하는 피드백 고리로서 일정 기간이 지나면 성장과 제약 사이에서 균형을 이루게 된다.

[그림 48] 직원이탈 고리에 대한 동태적 변화

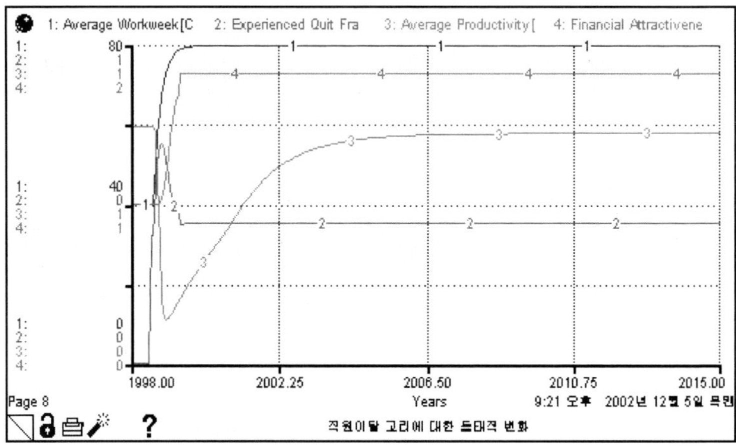

주) 그래프에서 1번은 기업 1의 기술부서 직원의 주당 평균근무시간, 2번은 기술부서 경력사원의 이탈률, 3번은 기술부서 직원의 평균 생산성, 그리고 4번은 기술부서 직업에 대한 재무적 매력도를 나타낸다.

[그림 48]은 기업 1의 기술부서 직원을 대상으로 직원이탈 고리를 구성하고 있는 근무시간, 경력사원의 이탈률, 평균 생산성, 그리고 직업에 대한 재무적 매력도에 대한 시뮬레이션 분석결과를 나타낸 것이다.[206] 구체적으로, 단기간의 외형적 성장전략을 통해 평균 근무시간(변수명: average workweek)이 급격하게 증가하면(1번 그래프) 경력사원의 이탈률(변수명: experienced quit fraction)이 높아지게 되고(2번 그래프), 경력사원을 대체하기 위해 채용한 신입사원의 생산성이 상대적으로 낮기 때문에 평균 생산성(변수명: average productivity)이 낮아지는(3번 그래프) 과정을 보여주고 있다. 한편, [그림 48]에서 경력사원의 이탈률과 평균 생산성의 그래프를 보면 사업초기에 각각 일시적인 상승과 하락을 보이다가 1999년도부터

---

206) [그림 48]에서 근무시간은 0~80(시간), 경력사원의 이탈률은 0~1(비율), 평균 생산성은 0~1(비율), 그리고 직업에 대한 재무적 매력도는 0~2(비율)의 구간을 가진다.

점차 이전 수준으로 회복되고 있는 것을 확인할 수가 있는데, 이는 앞서 살펴본 직원충성도 강화고리와 직원이탈 고리가 서로 상충작용을 하기 때문이다. 즉, 직원충성도 고리에서 회원증가에 의한 성장은 주식가치의 증가를 가져오기 때문에 직업에 대한 재무적 매력도(변수명: financial attractiveness of job)를 상승시켜[207] 초과근무시간으로 인한 직업매력도의 하락효과를 상쇄시키게 된다. 따라서 [그림 48]과 같이 급격한 직원이탈 및 생산성 하락은 일시적으로만 나타나게 된다.

제4절 연구모형의 타당성 평가

1. 모형의 강건성(robustness) 및 민감도 분석

본 연구에서는 여러 가지 입력 자료와 정책에 대한 극단값 분석을 수행하고, 이를 통해 모형의 강건성(robustness)을 확인하였다. 예를 들어, 인터넷 스타일 가치평가에서 마케팅 투자규모에 대한 다양한 실험을 해본 결과 마케팅 투자규모를 과도하게 늘리더라도(영업비용의 과도한 증가) 주식가치에는 긍정적인 영향을 미침으로써 시장에서의 추가적인 자본조달을 가능하게 하고, 이는 과도하게 늘어난 영업비용을 상쇄하는 효과를 가져왔다. 따라서 본 모형은 잠재적으로 공격적인 마케팅 활동을 수행하는 기업에 대해 유리한 구조를 가지고 있다고 할 수 있다. 이러한 문제는 가치평가를 통해 수익이 상승하는 데 걸리는 시간지연을 늘림으로써 해결할 수 있도록 하였다.

한편, 본 모형은 단일 제품시장(온라인 서점)만을 대상으로 하고 있기 때문에 시뮬레이션 대상 기업이 손익분기점에 도달하거나 수익을 창출하는

---

207) [그림 48]의 4번 그래프 참조.

170

데 상당한 제약이 있다. 또한 마케팅 투자가 브랜드 가치라는 하나의 변수에 집중되어 사용되도록 설계되어 있기 때문에 후발기업이 브랜드 이외의 다양한 부문에 대한 혁신적인 투자를 통해 시장선점기업을 따라잡기 힘든 구조로 설계되어 있다.

모형의 강건성을 검증하기 위한 하나의 방법으로 오프라인 기반 온라인 진출기업이 오프라인 모기업에 의한 마케팅 투자로 얼마나 무임승차 효과를 보고 있는지 살펴보는 것도 흥미로운 분석일 것이다. 반즈앤노블닷컴 사례208)에 따르면, 반즈앤노블 경영자들은 매년 약 1,500만 달러씩 지출해 온 마케팅 투자가 시장점유율 제고에 상당히 기여할 것으로 가정하고 있다. 즉, 경영자들은 오프라인 본사의 시장점유율 제고를 위한 마케팅 투자가 온라인 사업부의 브랜드 파워에도 긍정적인 영향을 미쳐 경쟁상대인 아마존을 빠른 시간 안에 따라잡을 수 있을 것으로 기대하였다. 본 모형에서도 이러한 오프라인 기반 온라인 진출기업의 무임승차효과를 고려할 수 있도록 사이트 운영 영역에 [그림 49]와 같은 구조를 추가하였다.

[그림 49]에서 보는 바와 같이 전체적인 브랜드 자산가치(변수명: brand equity)를 상승시키는 유량으로 마케팅 투자(변수명: total marketing spending)와 초기 브랜드 자산가치(변수명: brand equity at beginning of operations) 이외에 오프라인 기반 온라인 진출기업이 오프라인 모기업의 마케팅 투자에 의해 누릴 수 있는 무임승차 광고효과(변수명: free riding bricks and mortar advertising)를 추가하였다. 단, 오프라인 모기업에 의한 마케팅 투자는 온라인 사업부의 대차대조표 상에 나타나는 재무지표에는 영향을 미치는 않는 것으로 가정한다.

---

208) Louie, D. L., "BarnesandNoble.com (A)", Harvard Business School Case, N9-898-082, revised April 7, 1998.

[그림 49] 강건성 검증을 위한 구조

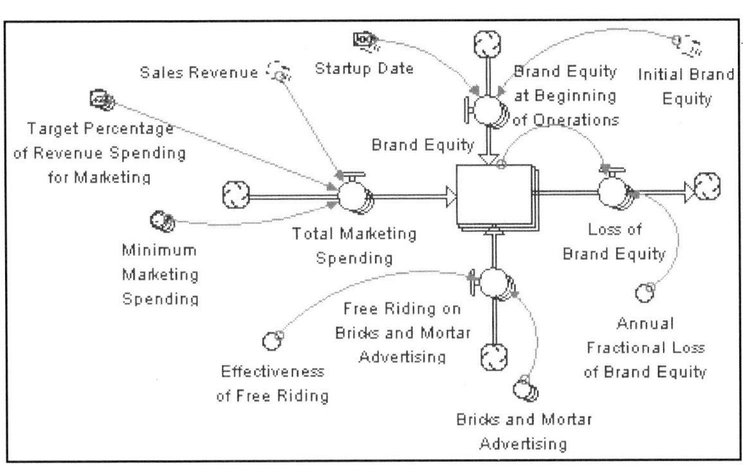

[그림 49]의 구조를 이용하여 분석을 수행한 결과 본 연구의 사례대상 기업 중 하나인 인터넷 교보문고(기업 3)의 오프라인 모기업인 교보문고의 마케팅 투자는 인터넷 교보문고의 시장점유율에 거의 영향을 미치지 못하고 있는 것으로 나타났다.

또한 [그림 50]에서 보는 바와 같이 교보문고의 마케팅 투자효과가 온라인 사업부와 무관한 경우(0%, 1번 그래프), 절반의 효과를 가지는 경우(50%, 2번 그래프), 그리고 동일한 효과를 가지는 경우(100%, 3번 그래프)의 세 가지 상황 모두에서 온라인 사업부(인터넷 교보문고)의 시장점유율 변화는 매우 미미하다는 것을 알 수 있으며, 이를 구체적인 수치로 정리하면 〈표 7〉과 같다.

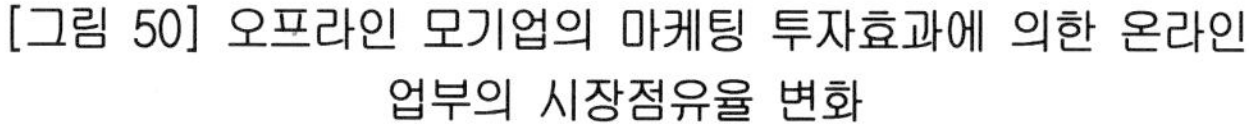

[그림 50] 오프라인 모기업의 마케팅 투자효과에 의한 온라인
업부의 시장점유율 변화

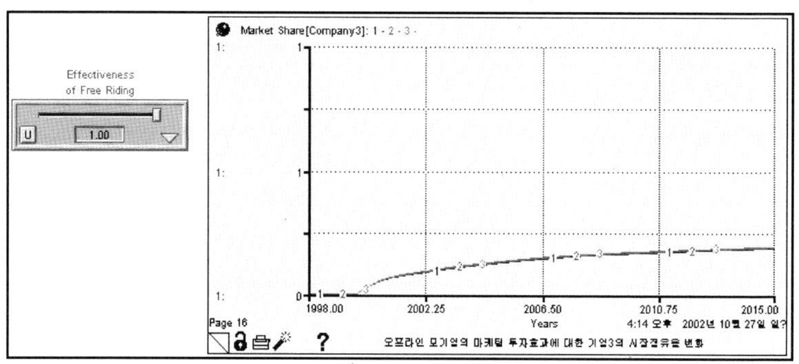

주) 1번 그래프는 교보문고의 마케팅 투자효과가 인터넷 교보문고와 무관한
경우, 2번 그래프는 50%의 효과를 가지는 경우, 그리고 3번 그래프는 동
일한 효과를 가지는 경우에 있어 인터넷 교보문고의 시장점유율을 나타냄.

<표 7> 오프라인 모기업의 마케팅 투자효과별 시장점유율 변화

연 도	효과없음	50% 효과	100% 효과
1999	0.018870	0.019182	0.019494
2000	0.064005	0.065971	0.067907
2001	0.082168	0.084855	0.08751
2002	0.098791	0.101871	0.104911
2003	0.112279	0.115547	0.11877
2004	0.124533	0.127872	0.131164
2005	0.135535	0.138892	0.142199

이상의 분석을 통해 오프라인 모기업의 마케팅 투자로부터 온라인 사업
부가 기대하는 '무임승차 광고효과'는 존재하지 않으며, 이는 결국 시장을
선점하고 있는 기업이 진입 초기에 브랜드 인지도 제고를 위해 어느 정도
의 마케팅 투자를 했는지에 따라 상당한 영향을 받는다고 할 수 있다.

한편, 앞서 <표 6>에 기술한 사례기업별 초기 조건 및 기업전략은 시뮬

레이션 모형의 초기값 설정 및 제5절의 시나리오 분석을 위한 매개변수로서의 역할을 수행하는데, 여기서는 초기 브랜드 자산가치에 대한 주요 성과변수의 민감도 분석을 통해 시뮬레이션 모형의 강건성을 진단해 보고자 한다.209) 여기서 주요 성과변수로는 시장점유율(변수명: market share)과 매출총이익(변수명: gross margin)을 사용하였다.

본 연구에서는 사례기업별 브랜드 자산을 각각 5,000(천 원), 5,000(천 원), 그리고 250,000(천 원)으로 설정하였다. 브랜드 자산가치에 대한 구체적인 자료가 현재 가용하지 않아 대형 오프라인 서점인 교보문고를 기반으로 하는 인터넷 교보문고에 비해 상대적으로 인지도가 낮은 순수 온라인 서점(예스24, BOOKS4U)의 사업초기 브랜드 자산 가치를 연구자의 주관적인 판단에 근거하여 설정하고, 인터넷 교보문고가 순수 온라인 서점의 브랜드 자산 가치보다 50배 정도는 클 것으로 판단하였다. 민감도 분석과정에서는 이러한 브랜드 자산가치의 차이(50배)를 줄여가면서(순수 온라인 서점 간에는 동일한 브랜드 자산 가치를 가지는 것으로 가정) 민감도 분석을 수행하였다.210) 먼저 초기 조건 하에서 시뮬레이션 분석을 수행한 결과는 [그림 51], [그림 52]와 같다.

---

209) 〈표 6〉의 초기 조건 중에서 초기 브랜드 자산 가치를 제외한 대부분의 변수들은 온라인 서점의 현황분석과 한국기업평가(주)의 기업보고서 자료를 근거로 설정한 값이기 때문에 별도의 민감도 분석을 수행하지 않았다. 한편, 기업전략과 관련한 변수들은 시나리오 분석과정에서 다루어지므로 민감도 분석에서 제외하였다.

210) 순수 온라인 기업과 오프라인 기반 온라인 진출기업 간의 브랜드 자산 가치의 차이(50배)를 그대로 유지한 상태에서 초기값만을 변화시켰을 때의 민감도 분석은 유용한 정보를 제공하지 못한다. 왜냐하면 시뮬레이션 실행 시 저량변수의 초기값만 다르게 설정하고 기업별 차이는 그대로 유지한다면 성과변수들의 값 자체에는 변화가 있을 수 있지만 전체적인 추세나 경향은 그대로 유지되도록 설계되었기 때문이다.

174

[그림 51] 시장점유율-초기 설정

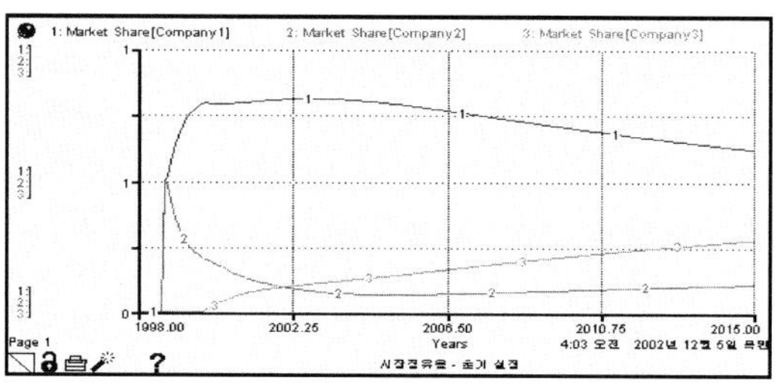

[그림 52] 매출총이익-초기 설정

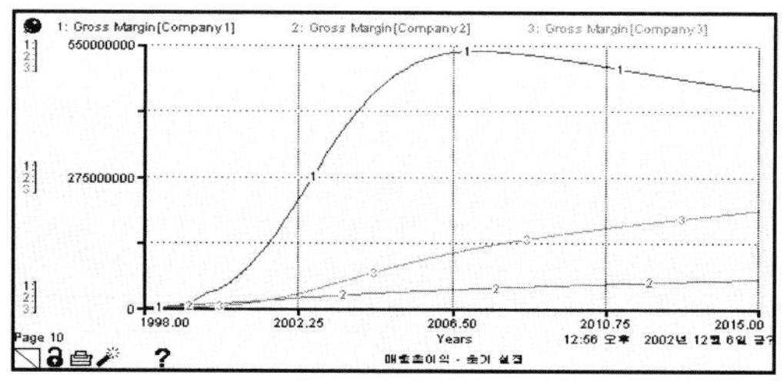

주) 그래프에서 1번은 기업 1, 2번은 기업 2, 3번은 기업 3의 시장점유율 및 매
출총이익을 나타낸다.

[그림 51]과 [그림 52]에서 보는 바와 같이 기업 1(예스24)이 시장을 선
점하고 있는 상황에서 미래의 성장가능성을 나타내는 매출총이익(변수명:
gross margin) 역시 기업 1이 가장 높고, 이러한 추세는 향후에도 계속 이
어질 것으로 예측되었다. 다음으로 초기 브랜드 자산 가치의 차이를 25배
로 줄였을 때, 즉 기업 3의 초기 브랜드 자산 가치를 125,000(천 원)으로
하였을 때의 시뮬레이션 결과를 나타내면 [그림 53], [그림 54]와 같다.

[그림 53] 시장점유율 변화 1

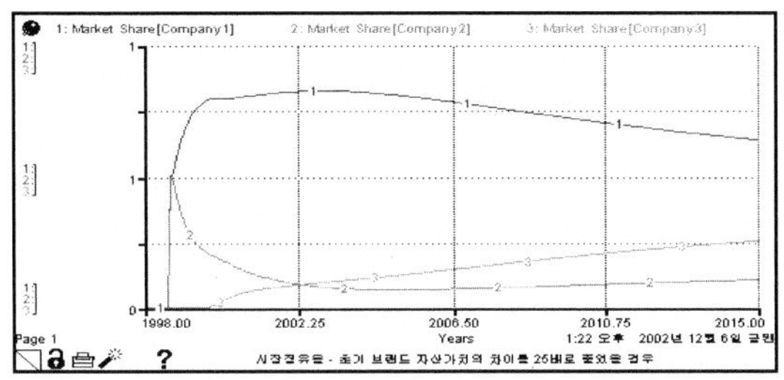

[그림 54] 매출총이익 변화 1

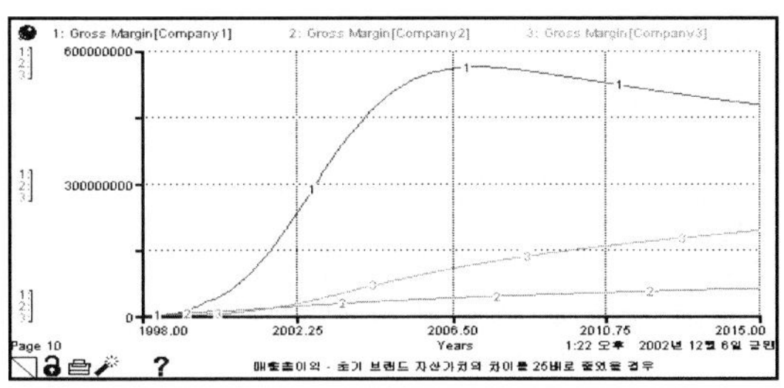

[그림 53]과 [그림 54]에서 보는 바와 같이 순수 온라인 기업과 오프라인 기반 온라인 진출기업의 초기 브랜드 자산 가치의 차이를 25배로 줄였을 경우 기업 3의 시장점유율이 약간 하락하였으나 전체적으로 시장점유율과 매출총이익의 차이는 크게 나타나지 않았다.[211] 마지막으로 초기 브랜드 자산 가치의 차이를 10배로 줄였을 때, 즉 기업 3의 초기 브랜드 자산 가치를 50,000(천 원)으로 하였을 때의 시뮬레이션 결과를 나타내면 [그림 55], [그림 56]과 같다.

---

211) 매출총이익(변수명: gross margin)의 경우 [그림 52]에서는 구간이 0~5.5e+008이었으나 [그림 54]에서는 전체적으로 값이 상승하여 구간을 0~6e+008로 조정하였으므로 해석에 주의를 요함.

[그림 55] 시장점유율 변화 2

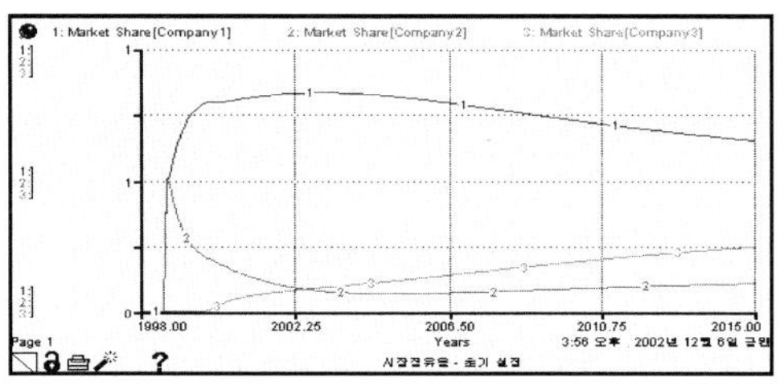

[그림 56] 매출총이익 변화 2

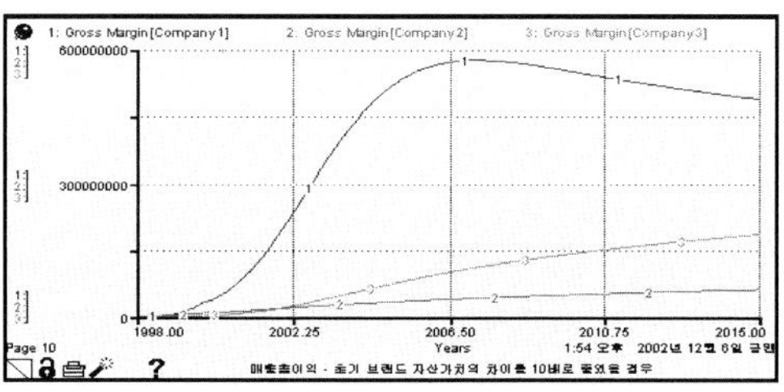

[그림 55]와 [그림 56]에서 보는 바와 같이 순수 온라인 기업과 오프라인 기반 온라인 진출기업의 초기 브랜드 자산 가치의 차이를 10배로 줄였을 경우 25배인 경우보다 기업 3의 시장점유율이 좀더 하락하였으나 그 차이는 미미한 수준이며, 매출총이익의 차이도 거의 없는 것으로 나타났다.

이상의 민감도 분석을 통해 사례기업의 브랜드 자산 가치에 대한 초기값 설정은 주요 성과변수에 큰 영향을 미치지 않으며, 이는 시뮬레이션 모형이 초기 브랜드 자산 가치와 같은 초기 설정값에 대해 강건성을 가지고 있기 때문인 것으로 해석된다. 한편, 브랜드 자산가치 이외에 초기 현금, 초기 제품 보유, 초기 창고 크기와 같은 변수들 역시 초기값을 어떻게 설정하느냐보다는 이러한 변수들이 다른 변수들과 어떠한 인과관계와 피드백 구조를 가지고 유입 및 유출과정을 거쳐 축적(저량변수의 값)되는지에 따라 결정된다는 것을 알 수 있다.

2. 실제 성과자료와 시뮬레이션 예측치의 비교

앞서 온라인 서점의 성장과 제약을 이끄는 강화성장고리와 균형고리를 파악하고 이를 통해 온라인 서적 시장의 전반적인 동태적 경쟁구조를 파악할 수 있었다. 여기서는 이러한 시뮬레이션 결과가 실제 온라인 서점의 영업성과를 얼마나 잘 나타내주고 있는지 파악하기 위해 시장선점기업인 예스24의 재무제표 자료와 시뮬레이션 결과를 비교하였다. 재무제표 자료의 비교분석을 수행하기에 앞서 회원고객수에 대한 실제 자료와 시뮬레이션 결과를 비교하면 [그림 57]과 같다.212)

[그림 57]에서 보는 바와 같이 회원고객에 대한 시뮬레이션 결과는 예스24의 실제 회원고객수(1999년부터 2002년 현재까지)를 비교적 정확하게 예측하고 있는 것으로 나타났다. 회원고객의 증가추세를 보면 2007년도까지 예스24의 회원고객은 가파른 상승곡선을 이룰 것으로 예상되는데, 이는 국내 온라인 서적 시장이 앞으로 계속 성장할 산업임을 의미하는 것이며, 이에 따라 온라인 서점 기업들도 외형적인 성장세를 당분간 계속 유지할 것으로 예상된다.

[그림 57] 실제 회원고객수와 시뮬레이션 예측 결과

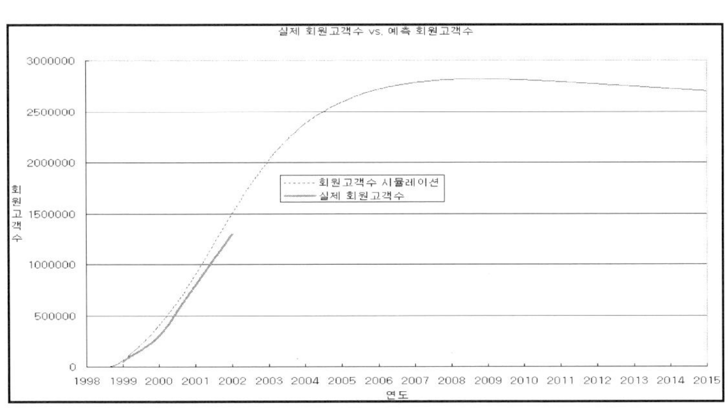

---

212) 예스24의 발표결과에 따르면 예스24는 1999년 15만 명, 2000년 30만 명, 2001년 80만 명, 그리고 2002년 현재 130만 명의 회원을 확보하고 있다고 한다.

매출액(변수명: sales revenue)에 대한 시뮬레이션 결과와 실제값을 그래프로 비교하면 [그림 58]과 같다.

[그림 58] 실제 매출액과 시뮬레이션 예측 결과

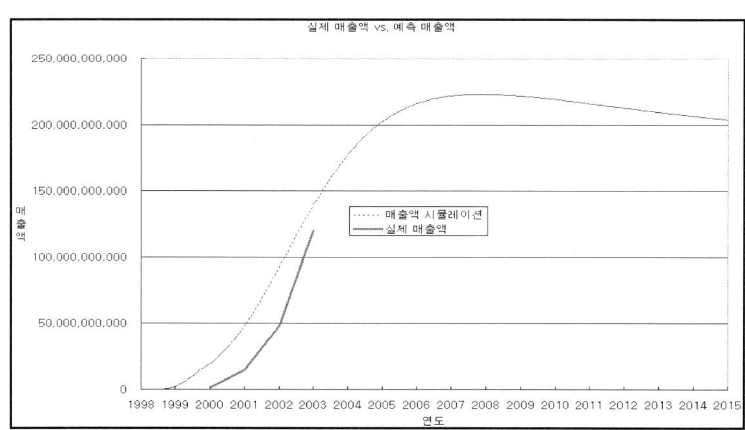

[그림 58]에서 보는 바와 같이 매출액에 대한 시뮬레이션 결과도 예스24의 실제 매출액(1999년부터 2002년 예상 매출액)을 비교적 정확하게 예측하고 있는 것으로 나타났다. 회원고객수와 마찬가지로 매출액도 향후 2007년도까지 대폭 늘어날 것으로 예상된다.

한편, 매출총이익(변수명: gross margin), 영업이익(변수명: operating income), 그리고 당기순이익(변수명: Net income)에 대한 시뮬레이션 결과와 실제값을 그래프로 비교하면 [그림 59], [그림 60], 그리고 [그림 61]과 같다. 여기서 매출액 자료의 경우에는 2002년도 예상 매출액 자료가 발표되어 있어 이를 이용할 수 있었으나 매출총이익, 영업이익, 당기순이익의 경우에는 2002년 12월 결산자료가 나와 있지 않아 부득이 1999년부터 2001년 12월 결산자료만을 사용하였음을 밝혀둔다.

[그림 59] 실제 매출총이익과 시뮬레이션 예측 결과

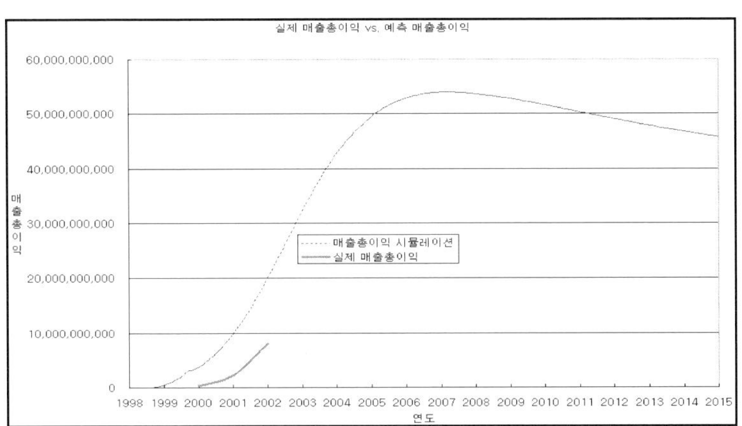

[그림 60]의 영업이익213)에 대한 실제값과 시뮬레이션 예측값을 비교한 결과를 보면 2001년도 영업이익에서는 시뮬레이션 예측값이 실제 영업이익의 감소분보다는 작을 것으로 예측하였으며, 2001년 결산 영업이익의 경우에는 거의 정확한 값을 예측하였다.

영업이익에 대한 시뮬레이션 결과에 의하면 예스24는 2005년 상반기부터 실질적인 영업이익을 실현할 것으로 예측되는데, 최근 온라인 서점기업의 영업실적 향상과 [그림 60]의 실제 영업이익의 추세를 고려해 볼 때 그 시기가 좀더 빨라질 것으로 예상된다. [그림 61]의 당기순이익 비교결과도 영업이익과 거의 동일한 양상을 보이고 있다.

---

213) 매출총이익에서 영업비용을 차감하여 계산함.

180

[그림 60] 실제 영업이익과 시뮬레이션 예측 결과

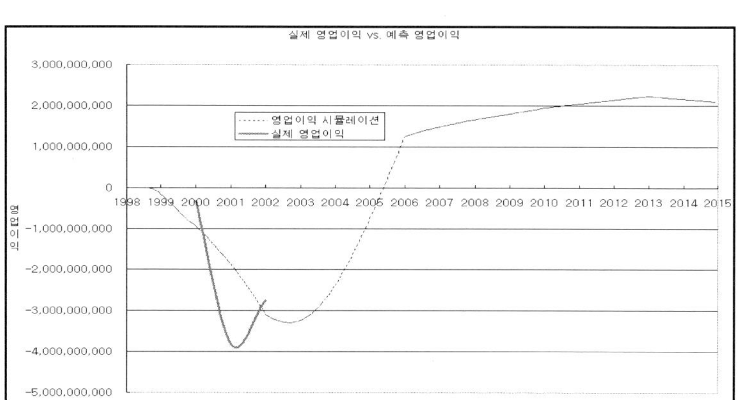

[그림 61] 실제 당기순이익과 시뮬레이션 예측 결과

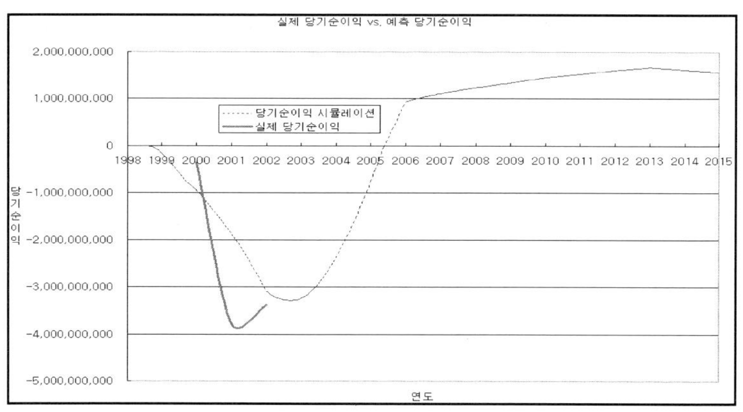

한편, [그림 62]의 영업비용214)에 대한 실제값과 시뮬레이션 예측값을 비교한 결과 실제 영업비용이 시뮬레이션 예측값보다 상당히 크며, 상승폭 도 매우 큰 것으로 나타났다. 본 모형에서 고려하지 않은 일반관리비 항목 을 고려하더라도 이는 매우 큰 수치인데, 이러한 현상은 국내 온라인 서점

---

214) 판매비 및 일반관리비를 나타내는 것으로 본 모형에서는 급여, 재고비 용, 서버 감가상각비, 마케팅 비용의 합계로 계산하였다.

기업 간의 과도한 경쟁체제와 단기간의 외형적 성장전략에 따른 공격적 마케팅 활동을 지나치게 강화한 데서 그 원인을 찾을 수 있다. 그러나 예스24의 경우 향후에는 시장선점과 최근 와우북과의 합병으로 인한 규모의 경제를 실현할 수 있을 것으로 기대되고, 공격적 마케팅보다는 서비스 강화를 통한 차별화 전략을 추구할 것으로 예상되기 때문에 [그림 62]의 시뮬레이션 결과와 같이 영업비용은 점차 줄어들 것으로 예측된다.

[그림 62] 실제 영업비용과 시뮬레이션 예측 결과

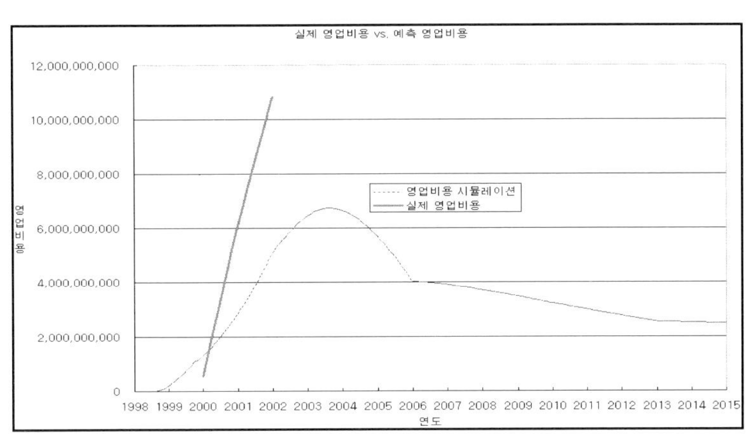

제5절 온라인 소매기업의 전략

1. 시장선점 순수 온라인 기업의 전략

〈표 6〉에서 기술한 분석대상 기업들의 초기조건과 기업전략을 토대로 시뮬레이션 모형을 구축한 후 주요 성과지표에 대한 시뮬레이션 분석을 수행한 결과 기업 1(예스24)이 향후 지속적인 경쟁우위를 가지는 것으로 나타

났는데([그림 37]~[그림 40 참조), 그 이유는 일정한 마진율(〈표 6〉에서 초기 시장진입 기업의 매출총이익률은 20%로 가정하였음)하에서 규모의 경제를 실현할 수 있는 유일한 기업이기 때문이다. 이러한 결과를 토대로 본 연구에서는 시장선점기업인 기업 1(예스24)이 단기간의 외형적 성장전략을 통해 기대할 수 있는 정(+)의 피드백 고리와 이를 제약하는 부(−)의 피드백 고리를 파악해 내기 위해 강화고리 및 균형고리에 대한 동태적 검증을 앞서 수행한 바 있다.

〈표 6〉에 기술한 기업 1의 초기조건 및 기업전략 내용과 동태적 검증 결과를 토대로 기업 1이 수행하고 있는 성장전략의 구체적인 내용을 요약하면 다음과 같다.

첫째, 마케팅 강화고리에 대한 동태적 변화를 분석한 결과 공격적인 마케팅 투자를 단행하고 이를 2003년 이후부터 점차 줄여나가면215), 2006년부터 순이익을 실현할 수 있을 것으로 예상되었다([그림 39], [그림 40], [그림 41] 참조).

둘째, 회원제작 컨텐츠 강화고리에 대한 동태적 변화를 분석한 결과 회원고객의 자발적인 컨텐츠 제작을 허용함으로써 시장진입 초기에 회원고객을 확보하는 데 도움을 준다([그림 43] 참조).

셋째, 주식시장 강화고리, 직원충성도 강화고리, 서버과부하 고리, 주문이행 병목 고리, 그리고 직원이탈 고리에 대한 동태적 변화를 분석한 결과 시장진입 초기에 회원고객의 급격한 증가로 인해 주문량이 늘어나게 되면 서버과부하, 배송지연, 초과근무로 인한 직원이탈 등으로 인해 일시적인 서비스 품질저하와 사이트의 성과감소로 이어지게 된다. 그러나 시장선점효과를 극대화하기 위한 성장전략을 수행함으로써 주식시장가치가 상승하기 때문에 서버 및 창고확충을 위한 투자재원을 자본시장에서 조달할 수 있고, 주식가치가 상승하면 직업에 대한 재무적 매력도가 증가하여 직원충성

---

215) 〈표 6〉에서 기업 1은 목표 마케팅 투자액을 수익의 40%로 설정하고, 이를 2003년부터 줄여나가는 전략을 취하고 있다.

도를 증가시켜 지속적인 경쟁우위를 가질 수 있게 된다([그림 42], [그림 44], [그림 45], [그림 47], [그림 48] 참조).

넷째, 동태적 가설검증 과정에서는 구체적으로 기술하지 않았지만 회원제작 컨텐츠 강화고리와 더불어 자체 편집진에 의한 풍부한 도서 컨텐츠 확보는 사이트의 매력도를 상승시켜 기업 1의 경쟁우위를 가져오는 데 중요한 역할을 수행한다.

다섯째, 〈표 6〉에서 기업 1(예스24)은 중저가 전략을 추구하는 기업으로 설정되어 있는데, 이는 수익과 가치 그리고 자본조달능력에 긍정적인 영향을 미쳐 회원확보에 미칠 부정적인 영향을 상쇄시킨다.

여섯째, 직원이탈 고리, 고객유지 고리에 대한 동태적 변화를 분석한 결과 향후 성장추세를 고려하여 사이트 유지 및 고객지원에 필요한 직원규모를 예측하여 충분한 인력을 채용해 두어야 한다.

구체적으로, 직원이탈 고리에 대한 동태적 검증에서 사업초기에 회원고객의 급격한 증가는 초과근무를 가져오고 이는 직업에 대한 매력도에 부정적인 영향을 미쳐 직원이탈이 증가하게 되는데, 이탈한 경력사원을 대체하기 위해 채용한 신입사원은 생산성이 상대적으로 낮고, 경력사원 수준으로 되기까지 일정한 시간지연이 존재하므로 사이트의 매력도를 저하시키는 요인으로 작용하게 된다. 따라서 향후 급격한 성장이 예상될 경우 필요로 하는 규모의 직원을 미리 채용하고, 학습을 시켜야 하며, 성장 조정기간에는 채용규모를 서서히 줄여 나가야 한다.

그러나 위와 같은 전략을 실행하기 위해서는 수익실현 이전에 막대한 자본지출을 요구하기 때문에 단기적인 수익성 악화를 감수해야 하는 단점이 있다. 따라서 기업은 전략의 실행과 의사결정에 있어 어떤 지표를 성과지표로 활용할 것인지를 결정해야 하며, 이러한 성과지표의 활용은 기업가치에 상당한 영향을 미치게 된다. 예를 들어, 매출총이익과 같이 미래의 성장가능성을 측정하는 지표를 성과지표로 활용할 것인지 아니면 당기순이익과 같은 전통적인 성과지표를 활용할 것인지에 따라 인터넷 기업가치평가와 전통적인 기업가치로 구분되며, 기업가치평가를 성장성과 수익성 중에서 어디에 중점을 두느냐에 따라 자본시장에서의 주식가치는 크게 달라진다.

앞서 제Ⅲ장의 자본시장 영역에 대한 모형구축 과정에서 기술한 바와 같이 본 연구모형은 이러한 성과평가 및 기업가치 평가와 관련한 분석을 수행할 수 있도록 설계되어 있는데, 인터넷 거품(1999년으로 가정)이 발생하기 이전에는 인터넷 기업가치 평가를, 그 이후에는 전통적인 기업가치 평가를 수행하도록 구조화 되어 있다.

2. 오프라인 기반 온라인 후발기업의 전략

온라인 소매시장에서는 시장선점효과를 극대화시키는 강화성장고리가 존재하기 때문에 후발기업이 선발기업을 따라잡기란 매우 힘들다. 여기서는 마케팅 투자와 사업시작 시점의 변화에 따른 기업 3의 시장점유율 변화를 예측하고, 이로부터 기업 3이 시장점유율을 증가시킬 수 있는 전략을 살펴보고자 한다. 〈표 8〉은 이에 대한 분석결과를 요약한 것이다.

<표 8> 오프라인 기반 온라인 후발기업의 전략과 영향

시나리오	구분번호	2003년도 시장점유율(기업 3)
최초 시나리오	1	12.46%
마케팅 투자 10억 원 추가	2	12.55%
사업시작 시점을 1년 앞당김	3	86.96%
마케팅 투자 10억 원 추가+ 사업시작 시점 1년 앞당김	4	87.23%

〈표 8〉에서 보는 바와 같이 우선 초기 시나리오하에서 2003년도 기업 3의 시장점유율은 자원보유 측면에서의 절대적 유리함에도 불구하고 12.46%에 머물렀으며, 마케팅 투자를 10억 원 추가하더라도 시장점유율에는 큰 변

화가 없었다(12.55%). 그러나 사업시작 시점을 1년 앞당겼을 경우 기업 3의 2003년도 시장점유율은 86.96%로 시장점유율 1위로 부상하게 되며([그림 63] 참조), 시장가치에서도 유사한 결과가 나타났다([그림 64] 참조).

[그림 63] 마케팅 투자와 사업시작 시점에 따른 기업 3의
시장점유율 변화

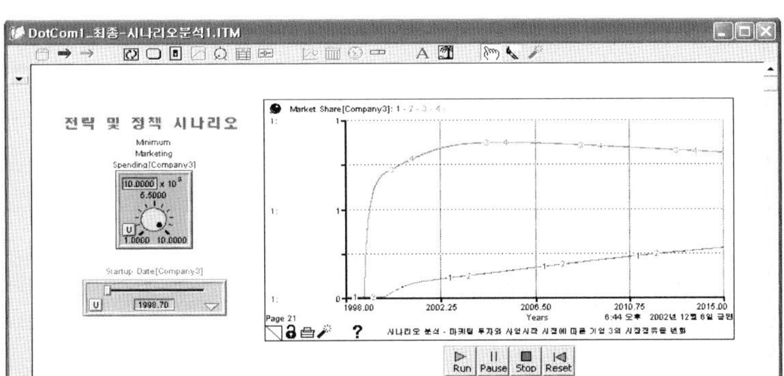

주) 1번 그래프는 〈표 8〉의 시나리오 1에서의 시장점유율을 나타내고, 2번은 시나리오 2, 3번은 시나리오 3, 그리고 4번 그래프는 시나리오 4에서의 시장점유율을 나타낸다. 시나리오 분석을 위한 매개변수로는 최소 마케팅 투자와 사업시작 시점을 설정하였다.

이러한 결과는 온라인 소매업의 경우 초기 시장진입에 따른 시장선점효과가 매우 크다는 것을 의미한다. 따라서 선점효과를 기대할 수 없는 후발기업의 입장에서는 선발기업이 수행하는 단기간의 외형적 성장전략을 그대로 모방해서는 선발기업을 따라잡을 수 없으며, 본 연구에서는 다루지 않았으나 포털 사이트와의 제휴 마케팅, M&A 등을 통한 새로운 성장전략을 모색해야 할 것이다.216)

---

216) 본 연구에서는 선발기업을 중심으로 한 시장선점효과의 검증에 초점을 맞추었기 때문에 후발기업의 새로운 성장전략에 따른 성과변화는 분석하지 않았다.

[그림 64] 마케팅 투자와 사업시작 시점에 따른 기업 3의
주식시장가치 변화

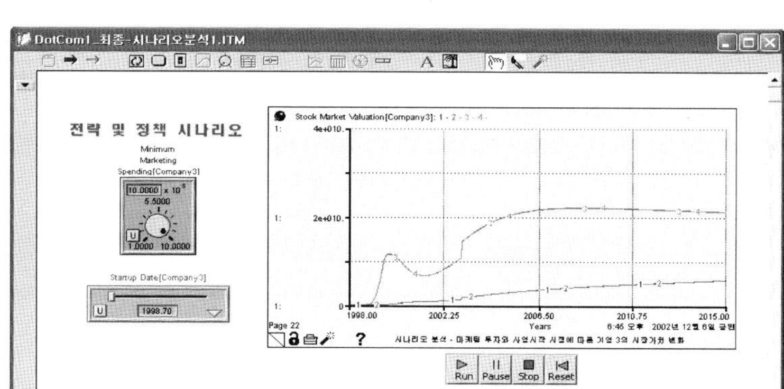

주) 1번 그래프는 〈표 8〉의 시나리오 1에서의 주식시장가치를 나타내고, 2번
은 시나리오 2, 3번은 시나리오 3, 그리고 4번 그래프는 시나리오 4에서
의 주식시장가치를 나타낸다. 시나리오 분석을 위한 매개변수는 [그림
63]과 동일하다.

앞서 [그림 63]과 [그림 64]는 최소 마케팅 투자(변수명: minimum
marketing spending)와 사업시작 시점(변수명: startup date)에 따른 시장
점유율과 주식시장가치 변화를 다각도로 파악할 수 있도록 하기 위해 시스
템 다이내믹스 전용 프로그램인 *ithink*(ver. 7.0.2)를 이용하여 만든 시나리
오 분석용 템플릿이다.

[그림 63]과 [그림 64]에서 마케팅 투자와 사업시작 시점이라는 두 가지
정책지표들은 각각 '손잡이 입력도구'(knob input device)와 '슬라이드 입력도
구'(slide input device)를 이용하여 조정할 수 있도록 하였고, 시뮬레이션 실
행버튼을 누르면 그래프에서 시장점유율과 주식시장가치의 변화를 파악할 수
있도록 구성하였다. 구체적으로, 마케팅 비용을 10억 원 추가할 경우(시나리
오 2)에는 초기 시나리오(시나리오 1)에 비해 시장점유율과 주식시장가치의
변화가 거의 없으나 사업시작 시점을 1년 앞당길 경우(시나리오 3) 시장점유
율과 주식시장가치는 가파른 상승곡선을 그리게 된다. 그리고 두 가지 정책을

조합한 경우(시나리오 4)에는 시나리오 3의 결과와 차이가 거의 없었다.

3. 경영실패 시나리오 분석

앞서 수행한 시나리오 분석들은 단기적인 외형적 성장을 추구하는 전략에 기반한 성공전략에 관한 것이다. 여기서는 온라인 서점기업의 마케팅 활동과 투자, 인프라 투자, 인적자원관리 등과 같은 정책 및 전략변수들에 대한 시나리오를 설정하고 이에 대한 분석을 통해 온라인 서점기업의 경영실패 가능성을 예측해 보고자 한다.

1) 시나리오 1: 서비스의 질적 저하에 따른 성과변화

시나리오 1에서는 온라인 서점기업의 대대적인 마케팅 투자에 따른 회원고객 증가와 회원고객에 대한 서비스의 질적 저하로 인한 부작용을 함께 고려함으로써 경영실패의 가능성을 예측해 보고자 한다.

구체적으로, 대대적인 마케팅 투자는 회원고객 증가로 이어지게 되지만 폭발적으로 늘어나는 주문에 대응하기 위한 물류센터 확보와 서버관리를 위한 기술직 종업원의 채용과 원활한 사이트 운영이 뒷받침되지 않는다면 이는 경영실패로 이어질 수밖에 없다. 이러한 시나리오 하에서는 회원고객 이탈로 인해 초기 시장선점기업의 높은 점유율이 더 이상 장기적인 이익실현을 보장할 수 없게 된다. 여기서 온라인 서점기업의 딜레마를 엿볼 수 있다. 즉, 기존고객 유지를 위한 서비스를 강화하되 이에 따른 비용을 감수할 것인지, 아니면 신규회원고객 확보를 위한 마케팅 투자규모를 계속 늘려나갈 것인지에 대한 전략적 의사결정이 필요하다.

이와 같은 시나리오하에서는 초기 회원고객 확보율이 50%를 넘어서는 효과를 기대할 수 있지만 서비스의 질적 저하로 인해 사이트 경험 측면에서 고객의 나쁜 평판을 얻게 되고 이에 따라 기업 간의 고객이탈 현상이 가속화될 수밖에 없다.

시나리오 1에 대한 시뮬레이션 수행을 위해 온라인 서점기업들의 주문이행 목표(fulfillment goal)에 관련된 매개변수의 값을 조정하고 이에 따른 시장점유율과 당기순이익의 변화를 살펴보았다.

구체적으로, 초기 시나리오(〈표 6〉 참조)에서 기업 1, 기업 2, 그리고 기업 3의 목표배송기간(변수명: desired time for fulfillment)은 각각 2일, 4일, 3일이며, 최소배송기간(변수명: minimum time for fulfillment)[217]은 2일로 동일하게 설정되어 있다. 따라서 초기 조건하에서는 기업 1이 배송시스템을 완벽하게 운영하고 있으므로 경쟁기업들에 비해 서비스의 질이 상대적으로 높다고 할 수 있다. 반면, 시나리오 1에서는 온라인 서점의 배송시스템이 완벽하게 운영될 때의 최소배송기간을 1일로 가정하고 기업 1의 목표배송기간을 4일로 설정하였다. 이와 같은 배송서비스의 질적 저하는 즉시 고객의 구매경험에 좋지 않은 영향을 미치게 되며, 장기적으로는 시장점유율과 재무성과를 하락시키는 요인으로 작용할 것이다. 본 시나리오에 대한 시뮬레이션 결과는 [그림 65], [그림 66]과 같다.

[그림 65]에서 보는 바와 같이 초기 시장진입 시기에는 대대적인 마케팅 투자로 인해 일시적인 시장점유율 상승이 있기는 하나 결국 기업 1의 배송 관련 서비스의 질적 저하는 장기적인 관점에서 고객이탈과 시장점유율의 하락을 가져오게 됨을 알 수 있다.

한편, 물류센터의 확보나 대규모 확장은 영업비용을 상승시켜 단기적으로 당기순이익 감소로 이어질 수 있다. 배송 관련 서비스의 질적 하락은 결국 이러한 부문에 대한 투자에 소홀했다는 것을 의미하며, 따라서 [그림 66]에서 보는 바와 같이 단기적으로는 약간의 당기순이익 상승을 가져오지만 장기적인 관점에서는 오히려 당기순이익의 감소를 가져온다는 것을 알 수 있다.

---

217) 모든 온라인 서점에서 배송시스템이 완벽하게 운영될 때의 배송기간을 의미함.

[그림 65] 서비스의 질적 저하에 따른 기업 1의 시장점유율 변화

주) 1번 그래프는 목표배송기간(변수명: desired time for fulfillment)과 최소
배송기간(변수명: minimum time for fulfillment)이 2일로 동일할 때의
시장점유율을 나타내며, 2번 그래프는 목표배송시간은 1일, 최소배송기간
은 4일로 설정하였을 경우 시장점유율을 나타낸다.

[그림 66] 서비스의 질적 저하에 따른 기업 1의 당기순이익 변화

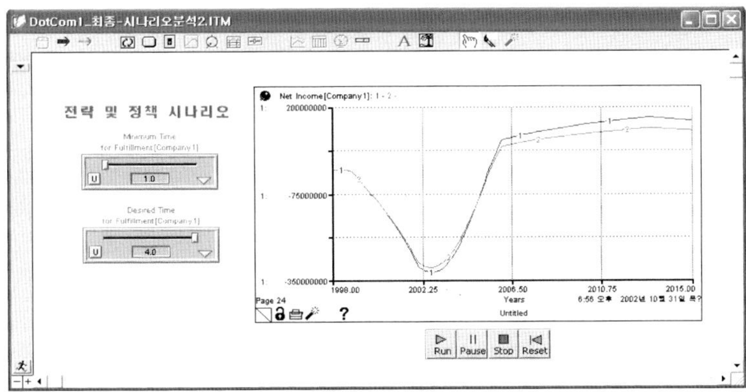

주) 1번 그래프는 목표배송기간(변수명: desired time for fulfillment)과 최소
배송기간(변수명: minimum time for fulfillment)이 2일로 동일할 때의
당기순이익을 나타내며, 2번 그래프는 목표배송시간은 1일, 최소배송기간
은 4일로 설정하였을 경우 당기순이익을 나타낸다.

2) 시나리오 2: 마케팅 투자 감소에 따른 성과변화

시나리오 2에서는 온라인 서점기업들이 물류센터 및 서버 인프라 투자확대를 통한 서비스 강화보다는 신규회원고객 확보를 위한 마케팅 투자규모는 줄여나가는 정책을 펼쳤을 때 발생할 수 있는 경영실패 상황을 분석하고자 한다. 시나리오 2에 대한 시뮬레이션을 수행하기 위해 온라인 서점기업들의 목표 마케팅 투자액(변수명: target percentage of revenue spending for marketing)을 조정하고 이에 따른 시장점유율과 당기순이익의 변화를 살펴보았다.

구체적으로, 시뮬레이션 초기 설정(〈표 6〉 참조)에서 기업 1은 목표 마케팅 투자액을 수익의 40%로 설정하고 2003년도부터 점차 줄여나가는 정책을 사용하고 있다. 시나리오 2에서는 기업 1이 2000년도까지는 초기 시장선점을 위해 수익의 40%를 마케팅 투자로 사용하도록 하되, 2001년도부터 2004년도까지는 수익의 20%를 마케팅 투자로 사용하고 그 이후부터 투자를 줄여나가도록 설정하였다.[218] 이와 같은 마케팅 투자의 감소는 신규

---

218) 목표 마케팅 투자액(변수명: target percentage of revenue spending for marketing)은 그래프 함수를 이용한 '그래프 입력도구'(graphical input device)를 사용하여 표현된다. 그래프 함수에 대해서는 앞서 시스템 다이내믹스에 대한 고찰에서 설명한 바 있다. 다음의 그림은 *ithink*(ver. 7.0.2)에서 기업 1의 목표 마케팅 투자액의 그래프 함수 사용 예를 나타낸 것이다.

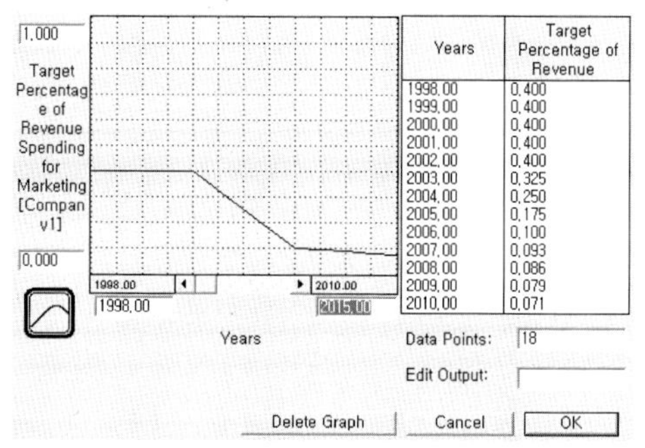

Years	Target Percentage of Revenue
1998.00	0.400
1999.00	0.400
2000.00	0.400
2001.00	0.400
2002.00	0.400
2003.00	0.325
2004.00	0.250
2005.00	0.175
2006.00	0.100
2007.00	0.093
2008.00	0.086
2009.00	0.079
2010.00	0.071

회원고객 확보를 위한 브랜드 인지도 제고에 부정적인 영향을 미침으로써 결과적으로 시장점유율과 재무성과를 하락시키는 요인으로 작용할 것이다. 본 시나리오에 대한 시뮬레이션 결과는 [그림 67], [그림 68], 그리고 [그림 69]와 같다.

[그림 67] 마케팅 투자 감소에 따른 기업 1의 시장점유율 변화

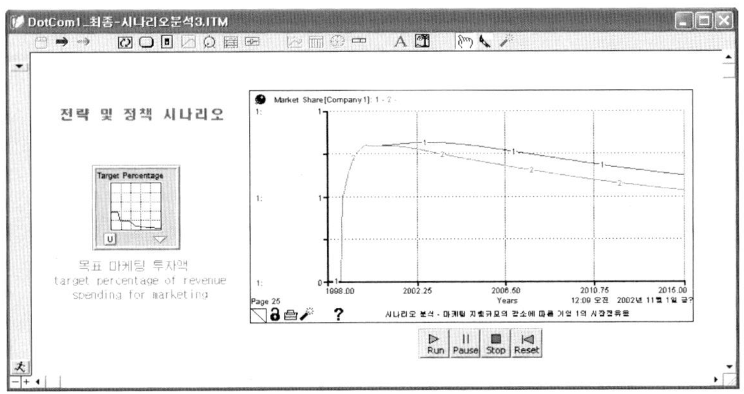

주) 1번 그래프는 마케팅 투자를 초기 설정 상태로 했을 때의 시장점유율을 나타내며, 2번 그래프는 마케팅 투자를 줄였을 경우 시장점유율을 나타낸다. 시나리오 분석을 위한 매개변수로는 목표 마케팅 투자액(변수명: target percentage of revenue spending for marketing)을 설정하였다.

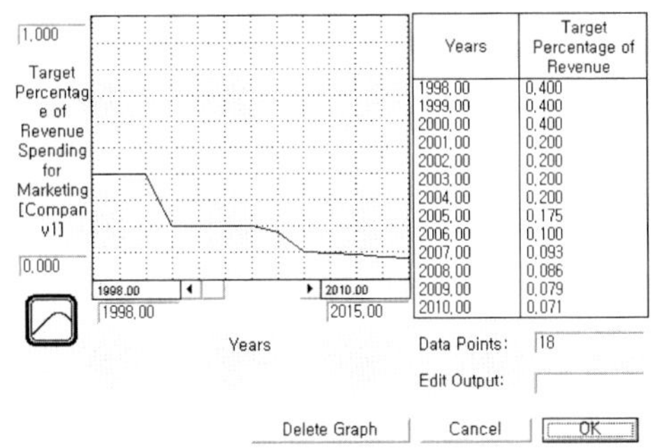

Years	Target Percentage of Revenue
1998.00	0.400
1999.00	0.400
2000.00	0.400
2001.00	0.200
2002.00	0.200
2003.00	0.200
2004.00	0.200
2005.00	0.175
2006.00	0.100
2007.00	0.093
2008.00	0.086
2009.00	0.079
2010.00	0.071

Data Points: 18

Edit Output:

[그림 68] 마케팅 투자 감소에 따른 기업 1의 주식시장가치 변화

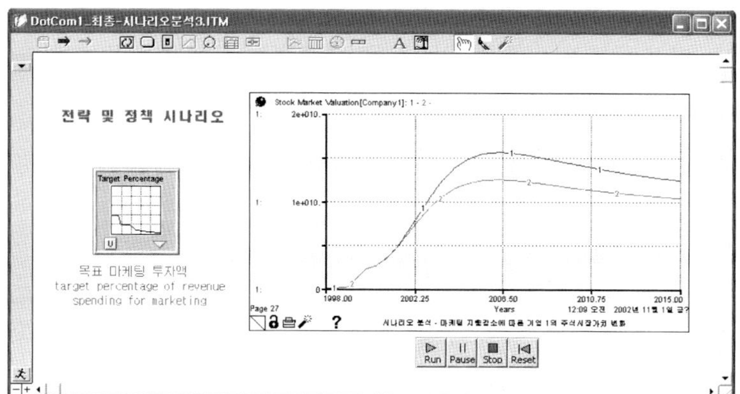

주) 1번 그래프는 마케팅 투자를 초기 설정 상태로 했을 때의 주식시장가치
    를 나타내며, 2번 그래프는 마케팅 투자를 줄였을 경우 주식시장가치를
    나타낸다.

[그림 67]에서 보는 바와 같이 마케팅 투자를 줄이기 시작한 2001년도부터
시장점유율이 지속적으로 하락하게 된다는 것을 알 수 있으며, [그림 68]
의 주식시장가치도 시장점유율과 유사한 결과를 나타내고 있다.

한편, [그림 69]의 당기순이익에 대한 시나리오 분석결과도 앞서 시장점
유율과 주식시장가치 결과와 유사하다. 단, 2001년도부터 2004년도까지 수
익대비 마케팅 투자를 줄였기 때문에 영업비용의 감소로 당기순이익의 한
시적인 증가가 있지만 이후에는 계속 감소하고 있음을 알 수 있다.

[그림 69] 마케팅 투자 감소에 따른 기업 1의 당기순이익 변화

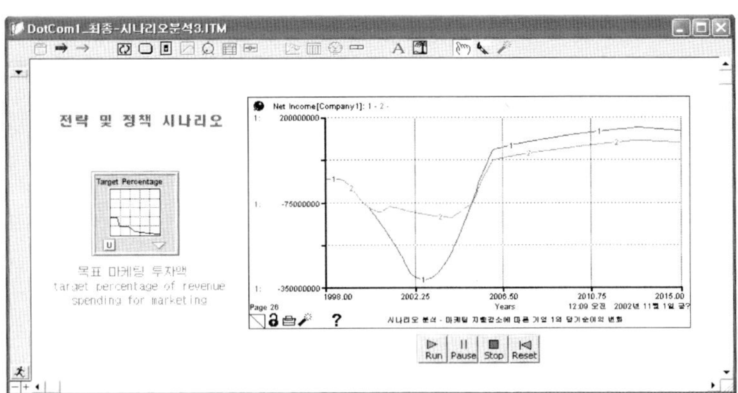

주) 1번 그래프는 마케팅 투자를 초기 설정 상태로 했을 때의 당기순이익을 나
타내며, 2번 그래프는 마케팅 투자를 줄였을 경우 당기순이익을 나타낸다.

3) 시나리오 3: 인적자원관리에 따른 성과변화

바람직한 고용정책을 유지하기 위해서는 고용정책으로 인한 종업원 평균
생산성(변수명: average productivity)의 동태적 변화를 충분히 이해하고
있어야 한다. 예를 들어, 대규모 신규채용은 곧 신입사원(변수명: rookie
employees)의 증가를 의미하며, 이는 경력사원(변수명: experienced
employees)들로 하여금 신입사원 채용과 교육훈련에 대한 많은 시간할애를
요구하기 때문에 당연히 업무생산성은 급격하게 감소하게 된다. 반면, 신규
채용을 하지 않는 동안에는 평균 생산성이 급격하게 증가하게 되는데, 이
는 신입사원이 어느 정도 업무에 익숙해져감에 따라 신입사원에 대한 경력
사원의 교육훈련 시간도 줄어들기 때문이다. 이와 같이 신규채용을 하지
않아도 종업원 생산성 향상과 같은 정(+)의 피드백 효과를 기대할 수 있
기 때문에 신규채용을 2-3년 하지 않는 기업이라 하더라도 성장세를 유지
할 수 있는 것이다.

시나리오 3에서는 종업원 채용을 억제하는 정책이 성과변화에 미치는 부

정적인 영향을 파악하고 이러한 부정적인 영향으로부터 발생할 수 있는 경영실패 상황을 분석하고자 한다. 구체적으로, 시뮬레이션 초기 설정에서 시장선점기업(기업 1)의 고용정책 중 희망 신규채용수(변수명: desired Number of New hires)를 구성하고 있는 공식에서 목표 종업원 채용수준(변수명: staffing target)을 현재 수준의 80%, 50%, 30%, 그리고 10%로 줄임으로써 신규 종업원 채용을 억제하는 정책이 성과에 어떠한 영향을 미치는가를 분석하였다.219) 여기서 성과변수로는 시장점유율 및 재무성과 그리고 기타 운영성과에 어떠한 영향을 미치는지 파악하였다([그림 70]~[그림 73] 참조).

[그림 70]은 목표 채용수준(변수명: staffing target)의 감소에 따른 시장점유율(변수명: market share) 변화를 나타낸 것이다. 여기서 1번 그래프는 초기 목표 채용수준에서의 시장점유율을 나타내고, 2번 그래프는 80%로 줄인 경우의 시장점유율을, 3번 그래프는 50%, 4번 그래프는 30%, 그리고 5번 그래프는 10%로 줄였을 때의 시장점유율을 나타낸다. [그림 70]에서 보는 바와 같이 신규채용을 억제하는 정책은 시장점유율의 급격한 하락을 가져온다는 것을 확인할 수 있다. 특히 목표 채용수준을 50% 이하로 줄였을 때 기업 1의 시장점유율이 급격히 하락하는 것을 확인할 수 있으며, 이러한 시나리오 분석결과는 향후 고용정책 수립과 관련한 의사결정에 유용한 정보로 사용될 수 있다.

---

219) Desired__Number__of__New__Hires[Company,Department]＝
(((**Staffing__Target**[Company,Department]-Employees__per__department[Company, Department])/Hiring__Delay[Company, Department])*Company__Entering__into__Market[Company].

[그림 70] 신규채용 억제에 따른 기업 1의 시장점유율 변화

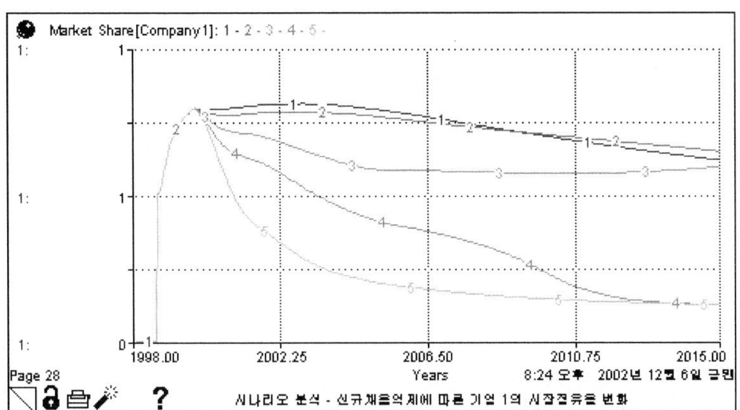

주) 1번 그래프는 초기 목표 채용수준에서의 시장점유율을 나타내고, 2번 그래
프는 80%로 줄인 경우의 시장점유율을, 3번 그래프는 50%, 4번 그래프는
30%, 그리고 5번 그래프는 10%로 줄였을 때의 시장점유율을 나타낸다.

채용규모의 감소는 이외에도 채용규모의 적정성(변수명: adequacy of staffing)[220], 인지된 사이트 성과(변수명: perceived site performance), 당기순이익(변수명: Net income) 등과 같은 지표들의 전반적인 하락을 이끌게 된다.

[그림 71]은 목표 채용수준의 감소에 따른 채용규모의 적정성 변화를 나타낸 것이다. 여기서 1번 그래프는 초기 목표 채용수준에서의 채용규모 적정성을 나타내고, 2번 그래프는 80%로 줄인 경우의 채용규모 적정성을, 3번 그래프는 50%, 4번 그래프는 30%, 그리고 4번 그래프는 10%로 줄였을 때의 채용규모 적정성을 나타낸다. [그림 71]에서 보는 바와 같이 적정수준의 채용이 이루어지지 않으면 채용규모의 적정성이 하락하게 되며, 이는 [그림 72]에서 보는 바와 같이 사이트의 성과(변수명: perceived site performance)를 급격하게 하락시킨다.

---

220) 신규채용의 억제는 기술직(변수명: engin) 사원의 지속적인 인력부족으로 이어지게 된다.

196

[그림 71] 신규채용 억제에 따른 기업 1의 채용규모의
적정성(기술직) 변화

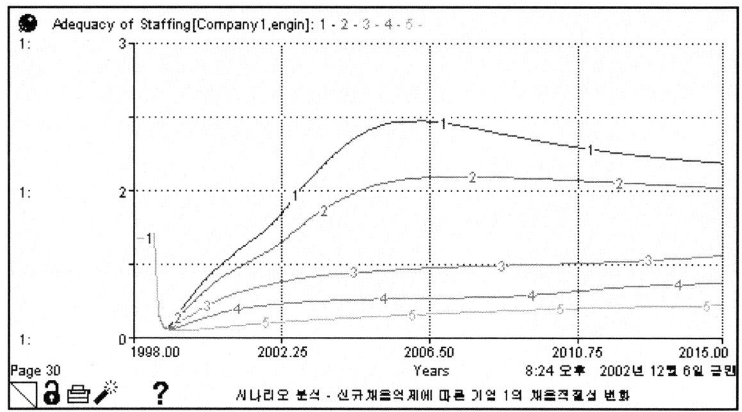

주) 1번 그래프는 초기 목표 채용수준에서의 채용규모 적정성을 나타내고, 2번
그래프는 80%로 줄인 경우의 채용규모 적정성을, 3번 그래프는 50%, 4번
그래프는 30%, 그리고 5번 그래프는 10%로 줄였을 때의 채용규모 적정성
을 나타낸다.

[그림 72] 신규채용 억제에 따른 기업 1의 사이트 성과 변화

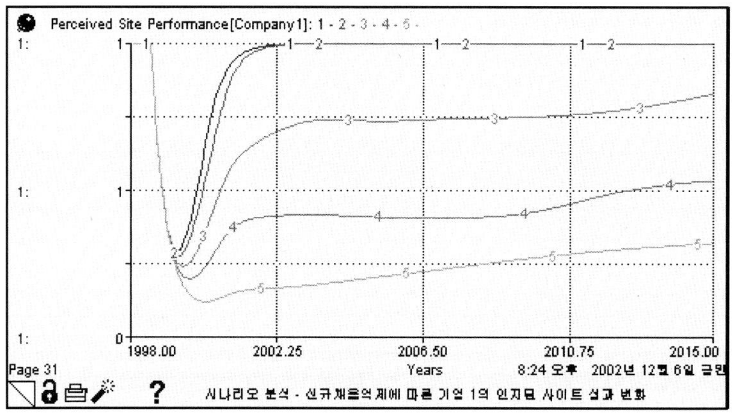

주) 1번 그래프는 초기 목표 채용수준에서의 인지된 사이트 성과를 나타내고,
2번 그래프는 80%로 줄인 경우의 사이트 성과를, 3번 그래프는 50%, 4번
그래프는 30%, 그리고 5번 그래프는 10%로 줄였을 때의 사이트 성과를
나타낸다.

[그림 72]에서 보는 바와 같이 적정수준의 채용이 이루어지지 않으면 사이트의 성과가 급격하게 하락하며, [그림 73]에서 보는 바와 같이 단기적으로는 신규채용을 억제함으로써 당기순이익(변수명: Net income)이 증가되는 정(+)의 피드백 효과가 더 크지만 장기적으로는 이익을 실현하지 못하게 된다.

[그림 73] 신규채용 억제에 따른 당기순이익 성과 변화

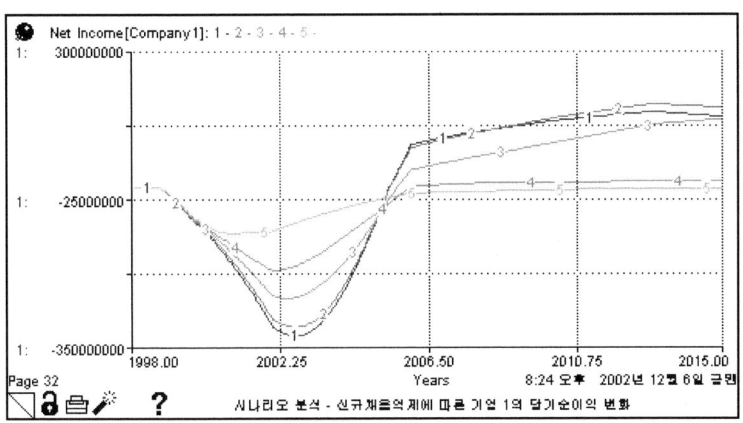

주) 1번 그래프는 초기 목표 채용수준에서의 당기순이익을 나타내고, 2번 그래프는 80%로 줄인 경우의 당기순이익을, 3번 그래프는 50%, 4번 그래프는 30%, 그리고 5번 그래프는 10%로 줄였을 때의 당기순이익을 나타낸다.

인적자원관리에 따른 성과변화의 시뮬레이션 결과로부터 다음과 같은 시사점을 얻을 수 있었다. 첫째, 사이트 운영을 위한 인력과 고객지원 인력이 부족하면 [그림 70]부터 [그림 73]과 같이 성과 관련 지표들의 하락을 가져오게 된다. 따라서 대규모 마케팅 투자로 인한 신규회원고객의 유치 이외에 기존 회원고객을 유지하기 위해 필요한 인력의 채용과 확보는 기업에게 있어 중요한 전략적 의사결정의 하나이다. 둘째, 신규채용 억제는 단기적으로는 급여와 관련한 영업비용 감소를 가져와 당기순이익에 긍정적인 영향을 미치지

198

만 장기적으로 볼 때 당기순이익 감소로 작용하게 된다([그림 73] 참조).

4) 시나리오 4: 가격할인 경쟁에 따른 성과변화

대부분의 온라인 소매기업들은 수익성보다는 단기적인 외형적 성장에 초점을 맞추는 전략을 수행하기 때문에 항상 가격할인 경쟁과 같은 공멸의 위험에 직면해 있는 것이 사실이다. 가격할인 경쟁의 특징은 일단 특정 기업이 가격할인 경쟁을 시작하면 경쟁기업은 그보다 더 낮은 가격으로 고객을 유인하려고 하기 때문에 도미노와 같은 연쇄적인 반응을 일으키게 된다. [그림 74]는 온라인 서점기업들이 가격할인 경쟁을 시작했을 때 나타나는 현상을 보여주고 있다.

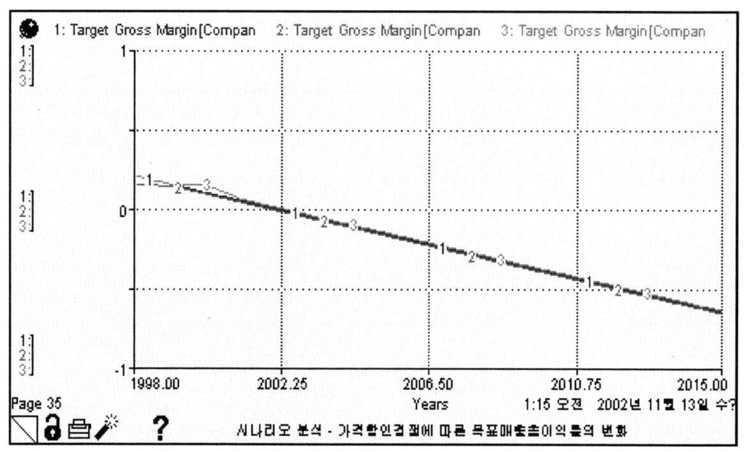

[그림 74] 목표 매출총이익율의 감소를 통한 가격할인 경쟁

주) 1번 그래프는 기업 1의 목표 매출총이익율을 나타내고, 2번 그래프는 기업 2, 그리고 3번 그래프는 기업 3의 목표 매출총이익율을 나타낸다.

[그림 74]는 다른 매개변수들을 고정시킨 상태에서 온라인 서점기업들이 목표 매출총이익율(변수명: target gross margin)을 경쟁적으로 낮추는 상

황을 나타내고 있다. 매출총이익율은 본 연구모형에서 사용하고 있는 인터넷 기업가치 평가의 핵심적인 요소로서 미래의 성장가능성을 나타내는 지표이기 때문에 매출총이익율을 낮추게 되면 기업가치에 악영향을 미치게 된다.

[그림 75] 목표 매출총이익율 감소에 따른 주식시장가치의 하락

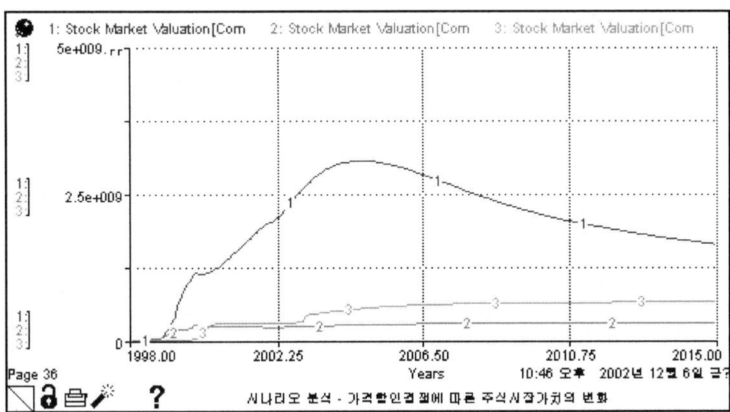

주) 1번 그래프는 기업 1의 주식시장가치를 나타내고, 2번 그래프는 기업 2, 그리고 3번 그래프는 기업 3의 주식시장가치를 나타낸다.

[그림 75]는 매출총이익율을 경쟁적으로 낮추었을 때 나타나는 주식시장가치(변수명: stock market valuation)의 변화를 나타낸 것이다. [그림 75]에서 보는 바와 같이 주식시장가치가 하락하면 종업원이 보유하고 있는 스톡옵션 가치에 부(−)의 영향을 미치게 된다.

구체적으로, [그림 76]은 매출총이익율 감소에 따른 기업 1(예스24)의 주가 대비 스톡옵션 가치의 변화를 나타낸 것으로, 1998년도에 사업을 시작한 후 주식가치(변수명: stock price)가 처음에는 상승하다가 매출총이익율을 감소시키기 시작하면서부터 점차 하락하기 시작하고, 이에 따라 옵션가치(변수명: average strike price of Nen vested options)도 점차 하락하

다가 2002년도를 기점으로 옵션 행사가격이 주식가격을 앞지르게 되는 과
정을 보여주고 있다. 이러한 옵션가치의 하락은 직업에 대한 재무적인 매
력도를 낮추게 되어 궁극적으로 경력직원의 이탈이나 노동시장에서의 신규
직원 채용이 힘들어지는 상황이 발생할 수도 있다.

[그림 76] 목표 매출총이익율 감소에 따른 주가 vs. 스톡옵션

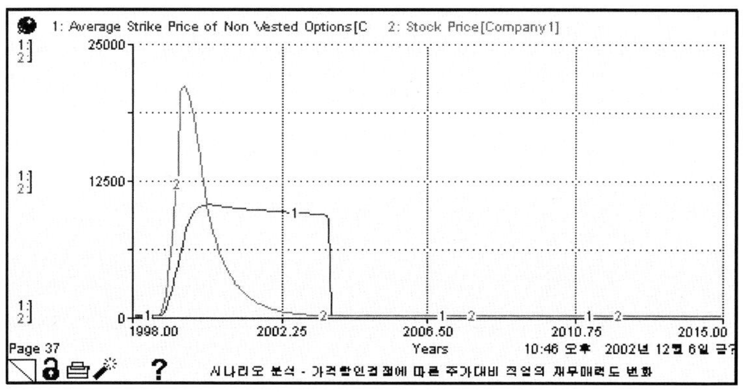

주) 1번 그래프는 기업 1의 옵션가치를 나타내고, 2번 그래프는 기업 1의 주
식가치를 나타낸다.

한편, 매출총이익율을 경쟁적으로 낮추게 되면 주식가치 이외에 온라인
서점기업의 재무성과에도 악영향을 미칠 것이다. [그림 77]은 매출총이익
율 감소에 따른 온라인 서점기업들의 당기순이익(변수명: Net income)을
나타낸 것이다.

[그림 77] 가격할인 경쟁으로 인한 당기순이익의 감소

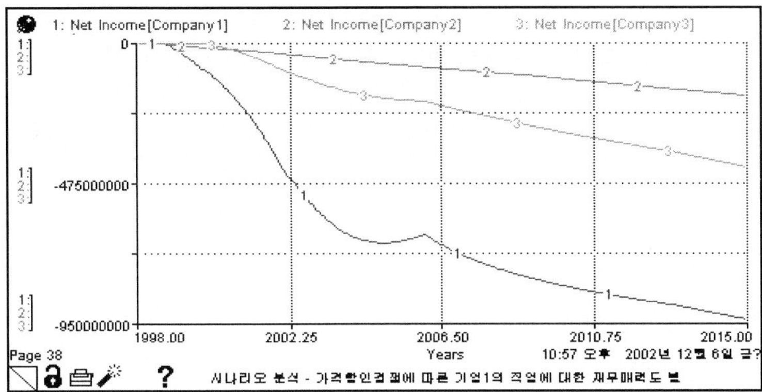

주) 1번 그래프는 기업 1의 당기순이익을 나타내고, 2번 그래프는 기업 2, 그리고 3번 그래프는 기업 3의 당기순이익을 나타낸다.

[그림 77]에서 보는 바와 같이 가격할인 경쟁으로 인한 매출총이익율의 지속적인 감소는 당기순이익에 악영향을 미쳐 궁극적으로는 경영실패로 이어질 가능성을 잘 보여주고 있다.

제6절 시뮬레이션 분석결과 요약

지금까지 수행한 시뮬레이션 분석과정을 정리하면 다음과 같다. 첫째, 〈표 6〉에 제시한 초기조건 및 기업전략에 기초하여 온라인 서점의 주요 성과지표에 대한 시뮬레이션 분석을 수행하고, 이를 통해 시장선점기업과 이를 추격하는 기업 간의 동태적 경쟁구조를 파악하였다.

둘째, 주요 성과지표에 대한 시뮬레이션 분석에서 향후 지속적인 성장을 이어갈 것으로 예측된 시장선점기업(예스24)을 대상으로, 해당 기업이 추구하고 있는 단기간의 외형적 성장전략이 기업성과 및 가치에 미칠 정(+)

의 피드백 효과와 부(−)의 피드백 효과를 검증하기 위해 앞서 제Ⅲ장에서 설정한 강화고리 및 균형고리에 대한 동태적 검증을 수행하였다.

셋째, 본 연구에서 구축한 시뮬레이션 모형이 조직의 주요 정책과 관련한 의사결정 구조를 제대로 반영하고 있는지, 물리적인 타당성은 가지고 있는지, 그리고 실제 기업성과의 변화추이를 얼마나 정확하게 예측하고 있는지를 검증하였다.

넷째, 온라인 서적시장에서 선발기업 및 후발기업의 바람직한 성장전략을 제시하고, 잘못된 정책의사결정으로 인한 경영실패 가능성을 파악하기 위해 주요 정책의사결정의 핵심 매개변수에 대한 시나리오 분석을 수행하였다.

위와 같이 크게 네 가지 범주로 수행된 시뮬레이션 분석결과를 정리하면 다음과 같다.

첫째, 주요 성과지표에 대한 시뮬레이션 분석결과는 국내 온라인 서적시장의 상황을 비교적 잘 반영하고 있는 것으로 나타났다. 구체적으로, 시장점유율과 시장가치 측면에서 온라인 서적시장은 시장선점기업(기업 1)과 이를 추격하는 기업(기업 3), 그리고 열등한 기업(기업 2)으로 구분되고 있었으며, 당기순이익 및 이익잉여금 측면에서 향후 궁극적인 수익을 실현할 수 있는 기업은 시장선점기업(기업 1)만이 유일하며, 그 이유는 규모의 경제를 실현할 수 있는 유일한 기업이기 때문이다.

둘째, 강화고리에 대한 동태적 검증 결과는 다음과 같다. 강화고리는 마케팅 강화고리, 주식시장 강화고리, 회원제작 컨텐츠 강화고리, 그리고 직원충성도 강화고리의 4가지로 설정되어 있는데, 먼저 마케팅 강화고리에 대한 검증 결과 온라인 소매기업이 추구하고 있는 단기간의 외형적 성장전략은 회원고객 증가→매출증대→마케팅 투자증가→사이트 매력도 증가→추가적인 회원고객 확보의 피드백 구조를 가진다는 시장선점효과를 지지하는 것으로 나타났다. 다음으로 주식시장 강화고리에 대한 검증의 결과 단기간의 외형적 성장전략은 회원고객 증가→주식가치 상승→추가적인 자본조달

→마케팅 투자증가→사이트 매력도 증가→추가적인 회원고객 확보의 피드백 구조를 가진다는 시장선점효과를 지지하는 것으로 나타났다. 세 번째로 회원제작 컨텐츠 강화고리에 대한 검증 결과 단기간의 외형적 성장전략은 회원고객 증가→회원고객에 의한 컨텐츠 제작 증가→사이트 매력도 증가→추가적인 회원고객 확보의 피드백 구조를 가진다는 시장선점효과를 지지하는 것으로 나타났다. 마지막으로 직원충성도 강화고리에 대한 검증 결과 단기간의 외형적 성장전략은 회원고객 증가→주식가치 상승→직원이탈 감소→업무생산성 향상→사이트 매력도 증가→추가적인 회원고객 확보의 피드백 구조를 가진다는 시장선점효과를 지지하는 것으로 나타났다.

셋째, 균형고리에 대한 동태적 검증 결과는 다음과 같다. 균형고리는 서버과부하 고리, 고객유지 고리, 주문이행 병목 고리, 그리고 직원이탈 고리의 4가지로 설정되어 있는데, 먼저 서버과부하 고리에 대한 검증 결과 온라인 소매기업이 추구하고 있는 단기간의 외형적 성장전략은 회원고객 증가→페이지뷰 횟수와 거래량 증가→서버 과부하→사이트 매력도 감소의 성장을 제약하는 피드백 구조를 가진다는 연구명제를 지지하는 것으로 나타났다. 다음으로 고객유지 고리에 대한 검증 결과 단기간의 외형적 성장전략은 회원고객 증가→거래량 급증→성장전략을 모방한 기업 등장→고객지원을 위한 관리직원 부족→고객지원 서비스 품질 저하→사이트 매력도 감소의 성장을 제약하는 피드백 구조를 가진다는 연구명제를 지지하는 것으로 나타났다. 세 번째로 주문이행 병목 고리에 대한 검증 결과 단기간의 외형적 성장전략은 회원고객 증가→거래량 증가→주문이행시간 증가→사이트 매력도 감소의 성장을 제약하는 피드백 구조를 가진다는 연구명제를 지지하는 것으로 나타났다. 마지막으로 직원이탈 고리에 대한 검증 결과 단기간의 외형적 성장전략은 회원고객 증가→기술부서와 고객지원부서 경력사원들의 작업량과 작업시간 증가→직업매력도 감소→직원이탈 증가→신입사원 채용→업무생산성 저하→사이트 매력도 감소의 성장을 제약하는 피드백 구조를 가진다는 연구명제를 지지하는 것으로 나타났다.

넷째, 모형의 강건성 검증을 위해 오프라인 기반 온라인 진출기업(인터넷 교보문고)이 오프라인 모기업에 의한 마케팅 투자로 브랜드 가치에 있어 무임승차 효과를 가지는지에 대한 민감도 분석을 수행한 결과 오프라인 모기업에 의한 마케팅 투자에 대해 본 모형은 강건성을 가진다는 것을 확인할 수 있었다. 또한 초기 브랜드 자산가치에 대한 민감도 분석을 통해 초기 브랜드 자산가치가 다르게 설정되더라도 주요 성과지표의 전체적인 동태적 추이는 큰 변화가 없는 것으로 나타나 초기 브랜드 자산가치에 대해서도 본 모형은 강건성을 가진다는 것을 확인할 수 있었다. 한편, 시뮬레이션 분석을 통한 주요성과지표에 대한 예측치가 실제 성과의 변화추이를 어느 정도로 정확하게 예측하고 있는지를 조사한 결과 약간의 과대예측이 발생하였지만 실제 회원고객수, 매출액, 매출총이익, 영업이익, 당기순이익, 그리고 영업비용의 변화추이는 비교적 정확하게 예측하고 있는 것으로 나타났다.

다섯째, 동태적 검증을 통해 시장선점기업(예스24)이 수행하고 있는 성장전략의 구체적인 내용을 요약하면 다음과 같다. 첫째, 시장진입 초기에는 공격적인 마케팅 투자를 단행하고 이후 점차 줄여나가면 향후 규모의 경제 실현으로 인해 순이익을 실현할 수 있다. 둘째, 회원고객의 자발적인 컨텐츠 제작에 대한 허용은 시장진입 초기에 회원고객을 확보하는 데 도움을 준다. 셋째, 시장진입 초기에 회원고객의 급격한 증가로 인해 주문량이 늘어나게 되면 서버과부하, 배송지연, 초과근무로 인한 직원이탈 등으로 인해 일시적인 서비스 품질저하와 사이트의 성과감소가 나타나게 된다. 그러나 시장선점효과를 극대화하기 위한 성장전략을 수행함으로써 주식시장가치가 상승하기 때문에 서버 및 창고확충을 위한 투자재원을 자본시장에서 조달할 수 있고, 주식가치가 상승하면 직업에 대한 재무적 매력도가 증가하여 직원충성도를 증가시켜 지속적인 경쟁우위를 가질 수 있게 된다. 넷째, 회원제작 컨텐츠 강화고리와 더불어 자체 편집진에 의한 풍부한 도서 컨텐츠 확보는 사이트의 매력도를 상승시켜 기업 1의 경쟁우위를 가져오는 데 중요한 역할을 수행한다. 다섯째, 중저가 전략을 수행함으로써 수익과 가치 그리고 자본조달능력에 긍정적인 영향을 미쳐 회원확보에 미칠 부정적인 영향을 상쇄시킬 수 있다. 여섯째, 향후 성장추세를 고려하여 사이트 유지 및 고객지원에 필요한 직원규모를 예측하여 충분한 인력을 채용해 두어야 한다. 마지막으로 단기적인 외형적 성장을 추구하는 전략을 실행하기 위해서는 수익실현 이전에 막대한 자본지출을 요구하기 때문에 단기적인 수익성 악화를 감수해야 한다.

여섯째, 선발기업을 따라잡기 위한 후발기업의 전략을 탐색하기 위한 시나리오 분석을 수행한 결과 시장선점효과를 기대할 수 없는 후발기업의 입장에서는 시장선점효과를 극대화하기 위해 선발기업이 수행하고 있는 성장전략을 그대로 모방해서는 선발기업을 따라잡을 수 없으며, 이에 대한 대안으로 포털 사이트와의 제휴 마케팅, M&A 등을 통한 새로운 성장전략이 모색되어야 한다.

일곱째, 경영실패를 가져올 수 있는 주요 정책의사결정의 핵심 매개변수에 대한 시나리오 분석을 수행한 결과는 다음과 같다. 먼저 서비스의 질적 저하에 대한 시나리오 분석결과 온라인 서점기업의 마케팅 투자에 따른 회원고객 증가는 배송지연과 같은 서비스의 질적 저하를 가져와 장기적인 관점에서 시장점유율 하락 및 당기순이익 감소를 가져온다는 것을 알 수 있었다. 다음으로 마케팅 투자 감소에 대한 시나리오 분석결과 온라인 서점기업들이 물류센터 및 서버 인프라 투자확대를 통한 서비스 차별화에 역점을 두고 신규회원고객 확보를 위한 마케팅 투자규모는 줄여나가는 정책을 펼쳤을 때 시장점유율과 주식시장가치는 하락하였으며, 당기순이익의 경우 초기에 일시적인 증가를 보였다가 점차 감소하게 된다는 것을 확인할 수 있었다. 세 번째로 인적자원관리에 대한 시나리오 분석결과 목표로 하는 종업원 채용 규모를 현재 목표수준의 80%, 50%, 30%, 10%로 줄여나갔을 때 시장점유율, 사이트 성과, 그리고 당기순이익 역시 점차 감소하게 된다는 것을 알 수 있었다. 마지막으로 가격할인 경쟁에 대한 시나리오 분석결과 마진율(매출총이익율)을 같은 비율로 매년 줄여 나갔을 때, 즉 출혈경영을 계속 수행하였을 때 주식시장가치와 스톡옵션 가치가 하락하고 시장선점으로 인한 규모의 경제효과를 상쇄할 만큼의 당기순손실이 발생하는 것으로 나타났다.

제 V 장 결 론

제1절 연구결과의 요약

본 연구에서 제안한 동태적 분석모형은 온라인 소매기업이 추구하고 있는 단기간의 외형적 성장전략과 시장선점효과, 후발기업의 등장으로 인한 경쟁상황 등 현실 세계에서 실제로 일어나고 있는 많은 현상들을 기술하고 있다. 구체적으로, 본 연구모형은 단기간에 외형적 성장을 추구하는 온라인 소매기업이 이러한 성장전략을 통해 시장선점효과를 가지게 하는 강화 피드백 고리들 간의 상호작용과 자본조달능력 및 고객이 요구하는 서비스 품질수준을 만족시키는 데 필요한 시간지연 등으로부터 파생되는 성장제약 요인들 간의 상호작용(균형 피드백 고리)을 포착해내고 있다.

먼저 초기조건과 기업전략에 근거하여 시뮬레이션 분석을 수행한 결과를 요약하면 다음과 같다.

첫째, 초기조건 및 기업전략에 기초하여 온라인 서점의 주요 성과지표에 대한 시뮬레이션 분석을 수행한 결과, 시장점유율과 시장가치 측면에서 온라인 서점시장은 시장선점기업과 이를 추격하는 기업, 그리고 열등한 기업으로 구분되고 있었으며, 당기순이익 및 이익잉여금 측면에서 향후 실질적인 수익을 실현할 수 있는 기업은 시장선점기업만이 유일하며, 그 이유는 규모의 경제를 실현할 수 있기 때문인 것으로 조사되었다.

둘째, 시장선점기업이 추구하고 있는 단기간의 외형적 성장전략이 기업성과 및 가치에 어떤 영향을 미치는지에 대한 분석을 수행하기 위해 강화고리 및 균형고리에 대한 동태적 검증을 수행한 결과, 시장선점기업의 성장을 이끄는 강화 피드백 고리로서 마케팅 강화고리, 주식시장 강화고리, 회원제작 컨텐츠 강화고리, 그리고 직원충성도 강화고리는 실제로 존재하며, 이러한 정(+)의 피드백 고리에 의해 시장선점기업은 향후에도 계속 경쟁우위를 달성할 것으로 예측되었다. 한편, 단기간의 외형적 성장전략은 이러한 강화 피드백 고리뿐만 아니라 성장에 제약을 주는 부(−)의 피드백 고리도 함께 가지고 있는데, 이러한 부(−)의 피드백 고리로서 서버과부하 고리, 고객유지 고리, 주문이행 병목 고리, 그리고 직원이탈 고리는 실제로 존재하며, 이러한 부(−)의 피드백 고리는 성장을 제약하는 요인으로 작용하여 향후 성장추이는 성장과 제약 사이에서 균형을 이룰 것으로 예측되었다.

셋째, 본 연구에서 구축한 시뮬레이션 모형이 외부적인 영향변수에 대해 강건성을 가지고 있는지, 모형에서 임의로 가정한 초기값 변화에 대해 시뮬레이션 결과는 어느 정도로 민감하게 반응하는지, 그리고 실제 기업성과의 변화추이를 얼마나 정확하게 예측하고 있는지를 분석한 결과 시뮬레이션 모형은 외부적인 영향변수에 대해 강건성을 가지고 있으며, 모형에서 연구자가 임의로 가정한 초기값을 변경하더라도 시뮬레이션 결과에는 큰 영향을 미치지 않았다. 그리고 시뮬레이션 분석을 통한 주요 성과지표의 예측치와 실제 성과를 비교한 결과 회원고객 수, 매출액, 매출총이익, 영업이익, 당기순이익, 그리고 영업비용의 변화추이를 시뮬레이션 모형이 비교적 정확하게 예측하고 있는 것으로 나타났다.

시뮬레이션 분석결과를 토대로 온라인 서점시장에서 선점기업이 추구하는 성장전략을 제시하면 다음과 같다.

첫째, 진입 초기에는 공격적인 마케팅 투자를 단행하고 이후 점차 줄여나가면 향후 규모의 경제 실현으로 인해 순이익을 실현할 수 있으며, 둘째, 회원고객의 자발적인 컨텐츠 제작에 대한 허용은 시장진입 초기에 회원고객을 확보하는 데 도움을 준다. 셋째, 시장진입 초기에 회원고객의 급격한 증가로 인해 주문량이 늘어나게 되면 서버과부하, 배송지연, 초과근무로 인한 직원이탈 등으로 인해 일시적인 서비스 품질저하와 사이트의 성과감소로 이어지게 되나 단기간의 외형적 성장전략을 통한 시장선점효과로 인해 주식시장가치가 상승하기 때문에 서버 및 창고확충을 위한 투자재원을 자본시장에서 조달할 수 있고, 주식가치가 상승하면 직업에 대한 재무적 매력도가 증가하고 직원충성도를 증가시켜 경쟁우위를 가질 수 있게 된다. 넷째, 자체 편집진에 의한 풍부한 도서 컨텐츠 확보는 사이트의 매력도를 상승시켜 기업 1의 경쟁우위를 가져오는 데 중요한 역할을 수행하며, 다섯째, 지나친 가격할인 경쟁을 피하고 중저가 전략을 수행함으로써 수익과 가치 그리고 자본조달능력에 긍정적인 영향을 미쳐 회원확보에 미칠 부정적인 영향을 상쇄시킬 수 있다. 여섯째, 향후 성장추세를 고려하여 사이트 유지 및 고객지원에 필요한 직원규모를 예측하여 충분한 인력을 채용해 두어야 하며, 일곱째, 단기간의 외형적 성장전략을 실행하기 위해서는 수익실현 이전에 막대한 자본지출을 요구하기 때문에 단기적인 수익성 악화를 감수해야 한다.

한편, 선발기업을 추격하기 위한 후발기업의 경우 시장선점효과를 기대할 수 없기 때문에 선발기업이 수행하고 있는 성장전략을 그대로 모방해서는 선발기업을 따라잡을 수 없다는 것을 시나리오 분석을 통해 발견할 수 있었으며, 이에 대한 대안으로 포털 사이트와의 제휴 마케팅, M&A 등을 통한 새로운 성장전략 모색 등이 제시될 수 있다.

마지막으로, 경영실패를 가져올 수 있는 주요 정책의사결정의 핵심 매개변수에 대한 시나리오 분석을 수행한 결과를 요약하면 다음과 같다.

첫째, 온라인 서점기업의 마케팅 투자에 따른 회원고객의 증가는 배송지연과 같은 서비스의 질적 저하를 가져와 장기적인 관점에서 시장점유율 하락 및 당기순이익 감소를 가져온다는 것을 시나리오 분석을 통해 알 수 있었다. 둘째, 온라인 서점기업들이 물류센터 및 서버 인프라 투자확대를 통한 서비스 차별화보다는 신규회원고객 확보를 위한 마케팅 투자규모를 줄여나가는 정책을 펼쳤을 때 시장점유율과 주식시장가치가 약간 하락하였으며, 당기순이익의 경우 초기에 일시적인 증가를 보였다가 점차 감소하게 된다는 것을 발견할 수 있었다. 셋째, 목표로 하는 종업원 채용 규모를 현재 목표수준의 80%, 50%, 30%, 10%로 줄여나갔을 때 시장점유율, 사이트 성과, 그리고 당기순이익 역시 점차 감소하게 된다는 것을 시나리오 분석을 통해 알 수 있었다. 넷째, 매출총이익율을 같은 비율로 매년 줄여 나갔을 때, 즉 출혈경영을 계속 수행하였을 때 주식시장가치와 스톡옵션 가치가 하락하고 시장선점으로 인한 규모의 경제효과를 상쇄할 만큼의 당기순손실이 발생하는 것을 발견할 수 있었다.

시나리오 분석결과로부터 다음과 같은 관리적인 시사점을 얻을 수 있었다. 첫째, 온라인 소매기업이 자사의 브랜드 가치와 매력도를 높은 상태로 계속 유지하기 위해서는 마케팅 부문뿐만 아니라 서버 및 창고 인프라, 종업원과 같은 다양한 자원에 대한 균형잡힌 투자가 이루어져야 한다. 온라인 소매기업의 성공을 위해서는 서비스 품질의 역할이 매우 중요한데, 이러한 자원에 대한 투자는 곧 서비스 품질의 결정요소로 작용하기 때문이다.

둘째, 시장선점효과를 극대화하기 위한 단기간의 외형적 성장전략은 기업으로 하여금 고객충성도를 유지할 수 있도록 서비스 품질을 제고하면서 동시에 정(+)의 피드백 효과를 극대화할 수 있도록 회원고객수를 증가시킬 것을 요구하고 있다. 예를 들어, 서비스 품질 제고를 통해 이탈하는 고객이 줄어들면 신규 고객을 추가로 확보해야 하는 부담과 비용이 줄어들게 될 것이며, 이와 같은 충성고객의 확보는 시장선점효과를 강화하여 수익의 증가를 가져오고 투자자로부터의 신뢰를 확보하여 추가적인 자본조달이 가능할 것이다. 그러나 단기간의 외형적인 성장 과정에서 서비스 품질을 계속 유지하기 위해서는 상당히 많은 종업원의 신규채용이 불가피하게 되는데, 만약 단기적으로 영업비용을 줄이기 위해 신규채용을 억제한다면 성장을 이끄는 정(+)의 피드백 연결고리가 성장둔화, 가치하락과 종업원 이직, 그리고 서비스 품질저하의 악성 순환고리로 변하면서 궁극적으로는 경영실패로 이어질 가능성이 높기 때문이다.

셋째, 온라인 소매기업은 기업의 핵심역량을 유지할 수 있는 수요창출이 가능하도록 가격정책을 수립해야 하고, 자본시장에서 요구하기에 앞서 수익을 실현할 수 있어야 한다. 그러나 단기간의 외형적 성장과 가격할인에 대한 시장의 압력은 신속한 의사결정을 내려야 하는 경영진들에게 부담으로 작용할 수밖에 없고 결국 경영의사결정의 질적 저하를 가져오게 될 것이다.

결론적으로 본 연구에서는 전자상거래, 기업성장, 그리고 경쟁우위 전략과 관련된 기존 연구들을 광범위하게 고찰하고, 이러한 연구들의 장점과 단점을 파악한 후 새로운 연구방법으로서 동태적 모델링 기법을 이용한 시스템 다이내믹스 모형을 제안하였다. 특히 본 연구는 기존에 개별적인 분야에서 연구가설로 다루어진 주제들을 종합적으로 분석할 수 있는 모형을 제시하고, 동태적인 관점에서 검증을 수행하였다는 점에서 의의를 갖는다.[221]

또한 본 연구는 온라인 소매시장에 있어서의 시장선점효과가 다른 경쟁우위 요인에 비해 가지는 영향력은 어느 정도인지, 그리고 온라인 소매기업의 경영성과에 영향을 미치는 요인으로는 어떤 것들이 있으며, 실제 영향력은 어느 정도인지를 분석하고 동태적인 관점에서 실질적인 검증을 수행할 수 있는 정교한 모형을 제시하였다는 점에서도 방법론적 기여를 갖는다.

---

[221] 기존 문헌에서 언급된 전자상거래로부터 기대하는 효익과 경쟁전략 및 가치사슬활동 간의 관계에 관한 실증연구, 전자상거래 사업진출과 전략, 그리고 성과 간의 관계에 대한 실증연구, 재무제표 자료 및 웹 트래픽 자료가 주가에 미치는 영향을 다룬 인터넷 기업가치평가 연구, 온라인 쇼핑몰의 서비스 품질측정에 관한 연구, 선발업체 및 후발업체의 경쟁우위(기존 연구에서는 시장점유율로만 측정)에 관한 실증연구 등이 모두 개별적인 영역에서 이루어져 왔으며, 사용된 변수도 한정적이고 주로 일회성 설문조사에 근거하고 있기 때문에 전자상거래와 같은 동태적 산업에서는 적합하지 않은 것으로 판단된다.

제2절 연구의 한계와 향후 연구방향

본 연구모형의 구축과 타당성 검증을 위해서는 실제 온라인 서점에 관한 자료가 필수적이라고 할 수 있으나 가용한 자료에 한계가 많았다. 모형구축 과정에서 온라인 서점의 공식 발표 자료와 통계청, 한국인터넷정보센터(KRNIC), 산업자원부 등이 제공하는 2차 자료와 한국기업평가㈜에서 제공하는 기업보고서 자료를 이용하였다. 그러나 모형구축에 필요한 참고자료가 없는 경우가 많아 Forrester Research 등과 같은 기관에서 제공하는 미국 온라인 서점기업의 자료와 NVCA, SEC Filings/Company Profile 자료를 많이 참고하였다. 따라서 본 연구모형이 국내 온라인 서점의 동태적 경쟁구조 분석모형으로 타당성을 입증받기 위해서는 향후 국내 온라인 서점에 대한 충분한 자료수집이 필요하다고 판단된다. 또한 본 연구모형의 구축과정에는 정량적 변수 이외에도 다양한 정성적 변수가 고려되고 있는데, 이와 같은 변수들에 대한 참고자료는 사실상 가용하지 않기 때문에 연구자의 주관적 판단과 대용치를 대신 사용하였으며, 실제 온라인 서점기업 종사자와의 인터뷰나 설문조사는 별도로 수행하지 않았다는 점에서 본 연구의 한계를 지적할 수 있다. 향후 후속 연구에서는 실제 온라인 서점기업 종사자에 대한 설문조사와 인터뷰를 통해 본 연구모형의 타당성을 검증하는 절차가 필요하다고 판단된다.

또한 본 연구모형에서는 협업 필터링(collaborative filtering)을 통한 추천도서 시스템이나 사이트의 개인화는 포함하고 있지 않으며, 출판사로부터의 대량구매에 따른 가격할인 등도 모형에서 제외하였다. 그 이유는 우선 이러한 변수들이 온라인 소매기업의 동태적 경쟁구조와는 관련성이 적을 것이라는 기본 가정에서 출발했기 때문이고, 다음으로 대량구매가 빈번한 온라인 서점(시장선점기업)이 가지는 강점들을 다양한 가정으로 모형에 포함했기 때문이다. 예를 들어, 시장선점기업은 사이트 운영과 고객지원에서 규모의 경제 효과를 가진다고 가정하고 있으므로 대량구매에 따른 가격할인 문제를 어느 정도 포함하고 있고, 회원고객에 의한 컨텐츠 제작을 가정함으로써 사이트의 개인화 문제를 다루고 있다. 한편, 대량구매에 따른 시장선점기업의 가격할인 혜택은 도서보유량이 많아짐에 따라 상쇄될 수 있는데, 그 이유는 희귀서적이나 재고회전율이 낮은 도서의 경우에는 조달비용을 증가시키기 때문이다. 그러나 최근 데이터 마이닝 분야에서 협업 필터링을 통한 추천도서 시스템이나 사이트의 개인화에 관한 연구가 많이 진행되고 있으며, 실제로 대다수의 온라인 서점들이 이와 같은 도서추천 시스템을 운영하고 있기 때문에 향후 후속 연구에서는 특정 시점에서 이러한 부문에 대한 투자 또는 허용여부가 성과에 어떠한 영향을 미치는가에 대한 분석이 수행되어야 할 것이다.

한편, 주요 성과지표에 대한 시뮬레이션 결과 향후 2015년까지 기업 2와 기업 3은 기업 1을 따라잡지 못할 것으로 예측되었는데, 이는 현재의 초기조건과 기업전략이 향후에도 그대로 유지된다는 가정이 전제된 것으로, 새로운 성장전략을 고려할 경우 경쟁우위 결과는 달라질 수 있다. 또한 본 연구모형은 단일 제품시장(온라인 서점)만을 대상으로 하고 있기 때문에 시장선점기업이 아닌 경우 후발기업이 손익분기점에 도달하거나 수익을 창출하는 데 상당한 제약이 있으며, 마케팅 투자가 브랜드 가치라는 하나의 변수에 집중되어 사용되도록 설계되어 있기 때문에 후발기업이 브랜드 이외의 다양한 부문에 대한 혁신적인 투자를 하더라도 시장선점기업을 따라잡기 힘든 구조로 설계되어 있다. 이는 본 연구가 선발기업과 오프라인 기반 후발기업 간의 경쟁상황에서 선발기업의 시장선점효과를 이끄는 강화고리와 성장을 제약하는 균형고리의 파악에 연구목적을 두고 있기 때문이다. 향후 후속연구에서는 마케팅 투자가 브랜드 가치에 미치는 효과에 있어 시간지연을 늘리거나 마케팅 투자로 인해 영향을 받는 변수를 다양화함으로써 후발기업의 관점에서 선발기업의 시장선점효과를 어떻게 극복할 수 있는지에 대한 연구가 수행되어야 할 것이다.

본 연구모형에서 온라인 서점의 기업가치평가는 인터넷 거품이 발생하기 전까지 성장성 지표를 중요시하는 인터넷 방식을 따르도록 설정되어 있는데, 마케팅 투자규모에 대한 다양한 실험을 수행한 결과, 시장선점기업의 마케팅 투자규모를 과도하게 늘리더라도(영업비용의 과도한 증가) 주식가치에는 긍정적인 영향을 미침으로써 시장에서의 추가적인 자본조달을 가능하게 하고, 이는 과도하게 늘어난 영업비용을 상쇄하는 효과를 가져왔다. 따라서 본 모형은 잠재적으로 공격적인 마케팅 활동을 수행하는 기업에게 유리한 구조를 가지고 있다고 할 수 있다. 향후 후속연구에서는 기업가치평가를 통해 수익이 상승하는 데 걸리는 시간지연을 늘림으로써 이러한 문제를 해결하고자 한다.

한편, 회원고객 수, 매출액, 매출총이익, 영업이익, 당기순이익, 그리고 영업비용에 대한 시뮬레이션 예측치와 실제값을 비교해본 결과 전체적인 추세는 비교적 정확하게 예측하고 있으나 실제값에 비해 예측치가 크게 나타나는 과대예측 현상이 발견되고 있다. 이는 매출액을 계산하는 데 사용된 변수인 거래량과 페이지뷰 회수의 계산, 그리고 이의 근거가 되는 회원고객의 증가추이를 실제보다 다소 크게 추정한 결과로 해석된다.

구체적으로, 회원고객 수에 대한 추정은 인구성장률, 침투율 개념을 도입한 온라인 사용자 규모, 그리고 구전효과에 의한 신규고객 확보 등에 의해 이루어지는데, 이 중 온라인 침투율과 구전효과를 실제보다 크게 가정하면 회원고객 규모를 실제보다 크게 예측하게 될 것이며, 이에 근거한 거래량과 페이지뷰 회수도 함께 커지게 될 것이다. 그리고 이는 궁극적으로 시뮬레이션 과정에서 매출액을 실제보다 크게 예측하는 결과로 이어지게 되고, 따라서 매출총이익, 영업이익, 당기순이익, 그리고 영업비용에 대한 시뮬레이션 결과도 실제값보다 크게 나타나게 될 것이다. 향후 온라인 침투율 및 구전효과와 같은 외생적 요인에 대한 민감도 분석을 통해 주요 성과지표의 동태적 변화를 추적하고, 이를 실제 자료와 비교하여 예측의 정확성을 높이는 후속연구가 진행되어야 할 것이다.

　마지막으로 본 연구에서는 현실상황을 모두 반영하는 세분화된 모형을 구축하기보다는 모형으로부터 관리적 시사점을 발견할 수 있도록 통합된 접근방식을 채택하였다. 예를 들어, 본 연구모형은 오프라인 마케팅, 온라인 마케팅, 포털 사이트와의 제휴 마케팅 등과 같은 다양한 마케팅 형태 간의 차이를 두지 않고 이를 통합한 개념을 마케팅 활동으로 간주하고 있는데, 그 이유는 우선 광고형태별 영향을 파악할 수 있는 정량적인 자료를 발견할 수 없었기 때문이다. 그리고 이러한 부분까지 모두 모형에 고려할 경우 시스템 다이내믹스 모형의 복잡도가 너무 커져 자칫 연구자체의 효용성에 의문이 제기될 수도 있고 연구결과에 대한 해석이 난해할 수 있다는 판단에 따른 것이다. 그럼에도 불구하고 온라인 시장에서 실제 발견되고 있는 이러한 동태적 피드백 고리들을 모형에서 간과한 것 역시 본 연구의 한계점으로 지적될 수 있으며, 향후 이러한 피드백 구조를 모형에 어떻게 반영할 것인가에 대한 후속연구가 진행되어야 할 것이다.

참고문헌

〈국내문헌〉

김계수, "인터넷 포털 사이트의 서비스품질전략에 관한 연구", 「경영학연구」, 제31권, 제1호, 2002, pp.191-209.

김동환, "시스템 다이내믹스 하계특강 1", 숙명여자대학교, 2000.

김정욱・정승렬・이재정, "국내 순수 인터넷 기업평가에 관한 탐색적 연구", 「경영과학」, 제17권, 제3호, 2000, pp.61-72.

김희웅, "시스템 다이나믹스를 이용한 지식 기반 의사결정", 「대한산업공학회지」, 제13권, 제1호, 2000, pp.17-28.

박용진・한주윤・정봉주, "전자상거래에서 인터넷 쇼핑몰의 비즈니스 평가 모델", 「경영과학」, 제17권, 제3호, 2000, pp.97-118.

박정훈・강기두・주희엽, "가상 상점(Cyber Shopping Mall)의 서비스품질 측정", 「경영과학」, 제17권, 제3호, 2000, pp.131-145.

배우런, "인터넷 시대의 기업전략", 「주간경제」, 제525호, 1999.

서창교・김병연・이형석, "EC 효익과 경쟁전략과의 관계에 관한 실증분석", 「경영정보학연구」, 제12권, 제2호, 2002, pp.1-24.

LG경제연구원, 「국내 e-Retailing의 현황과 활로」, 연구보고서, 제22호, 2001.

이문규, "e-SERVQUAL: 인터넷 서비스 품질의 소비자 평가 측정 도구", 「마케팅연구」, 제17권, 제1호, 2002, pp.73-95.

이윤철・이동현, "인터넷 비즈니스에서 후발기업 전략에 관한 탐색적 연구", 2000년도 하계 경영학 관련 통합학술대회 발표논문집, 2000, pp.527-540.

이윤철・이동현, "첨단 기술 산업에서 후발기업의 catch-up 전략에 관한 연구", 「전략경영연구」, 제2권, 제1호, 1999, pp.24-47.

장시영・이정섭, "전자상거래를 통한 국내 인터넷 쇼핑몰 기업들의 기대 이득과 경쟁전략", 「경영과학」, 제17권, 제3호, 2000, pp.31-48.

장영, 「국내외 인터넷 비즈니스 선도기업의 전략 및 시사점」, SERI 연구보고서, 1999.

주영혁, "시장선도전략의 효과에 관한 연구", 서울대학교 석사학위논문, 1994.

주재훈, "e-비즈니스 모델의 전략적 요인 분석", 「경영정보학연구」, 제12권, 제2호, 2002, pp.69-97.

최진아, "진입순서와 성과의 관계", 서울대학교 박사학위논문, 1998.

통계청, "전자상거래 통계조사 결과", 2002년 5월~10월.

〈외국문헌〉

Alavi, M. and P. Carlson, "A Review of MIS Research and Disciplinary Development", *Journal of Management Information Systems*, Vol.8, No.4, 1992, pp.45-62.

Allen, L., *Cashing In On Community*, Forrester Research: Cambridge, MA, September 1999

Amit, R. and C. Zott, "Value Creation in E-business", *Strategic Management Journal*, Vol.22, 2001, pp.493-520.

Arthur, B .W., "Competing Technologies, Increasing Returns, and Lock-in by Historical Events", *Economic Journal*, Vol.99, 1989, pp.116-131.

Arthur, B. W., *Increasing Returns and Path Dependence in the Economy*, University of Michigan Press: Ann Arbor, MI, 1994.

(http://www.mckinseyquarterly.com/retail/bure00.asp

Baily, J. P., M. D. Smith, and E. Brynjolfsson, "Understanding Digital Markets: Review and Assessment", Draft Comments, 1999.

(http://ecommerce.mit.edu/forum/papers/ERF140.pdf)

Bakos, J. Y., "A Strategic Analysis of Electronic Marketplace", *MIS Quarterly*, Vol.15, No.3, 1991, pp.295-310.

Bakos, J. Y., "Reducing Buyer Search Costs: Implications for Electronic Marketplace", *Management Science*, Vol.43, No.12, 1997, pp.1676-1692.

Bakos, J. Y. and E. Brynjolfsson, "Bundling Information Goods: Pricing, Profits, and Efficiency", *Management Science*, Vol.45, No.12, 1999, pp.1613-1630.

Balter, G., A. Raskin, and F. Evans, *Traditional Retailing Meets the Internet*, Donaldson, Lufkin & Jenrette, May 15, 2000.

Barabba, V., C. Huber, F. Cooke, N. Pudar, J. Smith, and M. Paich, "A Multimethod Approach for Creating New Business Models: the General Motors OnStar Project", *Interfaces*, Vol.32, No.1, 2002, pp.20-34.

Barki, H., S. Rivard, and J. Talbot, "A Keyword Classification Scheme for IS Research Literature: An Update", *MIS Quarterly*, Vol.17, No.2, 1993, pp.226-309.

Barney, J. B., "Firm Resources and Sustained Competitive Advantage", *Journal of Management*, Vol.17, 1991, pp.99-120.

Barney, J. B., "Strategic Factor Markets: Expectation, Luck, and Business Strategy", *Management Science*, Vol.42, 1986, pp.1231-1241.

Bartov, E., R. Mohanram, and C. Seethamraju, "Valuation of Internet Stocks-An IPO Perspective", *Journal of Accounting Research*, Vol.40, No.2, May 2002, pp.321-346.

Bloch, M., Y. Pigneur, and A. Segev, *On the Road of Electronic Commerce-A Business Value Framework, Gaining Competitive Advantage and Some Research Issues*, The Fisher Center for Information Technology & Management, University of California, Berkeley, 1996.

Bond, R. S. and D. F. Lean, *Sales Promotion and Product Differentiation in Two Prescription Drug Markets*, Washington, D. C.: Economic Report, U. S. Federal Trade Commission, 1977.

Bradley, S. P. and R. L. Nolan, *Sense & Respond: Capturing Value in the Network Era*, Harvard Business School Press: Boston, MA, 1998.

Brown, C. and J. M. Lattin, "Investigating the Relationship between Time in Market and Pioneering Advantage", *Management Science*, Vol.40, October 1994, pp.1361-1369.

Byrne, J. A., "The Fall of a Dot-Com", *Business Week*, May 1,2000, pp.150-160.

Cappel, J. and M. A. Myerscough, "Using the World Wide Web to Gain a Competitive Advantage", *The Executive's Journal*, Vol.13, No.1, 1997, pp.6-13.

Carpenter, G. S. and K. Nakamoto, "Competitive Strategic for Late Entry into a Market with a Dominant Brand", *Management Science*, Vol.36, October 1990, pp.1268-1278.

Chang, K-C., J. Jackson, and V. Grover, "e-Commerce and Corporate Strategy: An Executive Perspective", *Information & Management*, Article in Press, 2002, pp.1-13.

Charron, C., *The Content-Commerce Collision*, Forrester Research: Cambridge, MA, March 1999.

Cho, D. S., D. J. Kim, and D. K. Rhee, "Latecomer Strategies: Evidence form the Semiconductor Industries in Japan and Korea", *Organization Science*, Vol.9, July-August 1998, pp.489-505.

Choi, D. and L. Valikangas, "Patterns of Strategy Innovation", *European Management Journal*, Vol.19, No.4, 2001, pp.424-429.

Cohen, W. M. and D. A. Levinthal, "Absorptive Capacity: A New Perspective on Learning and Innovation", *Administrative Science Quarterly*, Vol.35, 1990, pp.128-152.

Collins, J., "Built to Flip", *Fast Company*, March, 2000.

Colony, G. F., *My View: Hollow.com*, Forrester Research: Cambridge, MA, 2000(http://www.forrester.com/ER/Marketing/0,1503,183,FF.html).

Cooper, R. G., "The Dimensions of Industrial New Product Success and Failure", *Journal of Marketing*, Vol.43, Summer 1979, pp.93-103.

Cooperstein, D. M., *Making Net Shoppers Loyal*, Forrester Research: Cambridge, MA, 1999.

Cowles, D. L., P. Kiecker, and M. W. Little, "Using Key Informant Insights as a Foundation for e-Retailing Theory of Development", *Journal of Business Research*, Vol.55, 2002, pp.629-636.

Cronin, M., *Doing More Business on the Internet*, 2nd ed., Van Nostrand Reinhold: New York, 1995.

Cusumano, M. and D. Yoffie, *Competing on Internet Time: Lessons from Netscape and is Battle with Microsoft*, The Free Press: New York, 1998.

D'Aveni, R., *Hypercompetition: Managing the Dynamics of Strategic Maneuvering*, The Free Press: New York, 1994.

Dabholkar, P. A., D. I. Thorpe, and J. O. Rentz, "A Measure of Service Quality for Retail Stores: Scale Development and Validation", *Journal of the Academy of Marketing Science*, Vol.24, No.1, 1996, pp.3-16.

Dess, G. G., A. Gupta, J.-F. Hennart, and C. W. L. Hill, "Conducting and Integrating Strategy Research at the International Corporate and Business Levels: Issues and Directions", *Journal of Management*, Vol.21, 1995, pp.372-383.

Dierikx, I. and K. Cool, "Asset Stock Accumulation and Sustainability of Competitive Advantage", *Management Science*, Vol.35, 1989, pp.1504-1511.

Doyle, B., B. Bass, B. Abbot, and M. H. Chen, *Syndicated Selling*, Forrester Research: Cambridge, MA, December 1997

Dyer, J. and H. Singh, "The Relational View: Cooperative Strategy and Sources of International Competitive Advantage", *Academy of Management Review*, Vol.23, 1998, pp.660-679.

Dykema, E. B., *Ringing Up Web Store Costs*, Forrester Research: Cambridge, MA, August 1999.

Feng, H., J. Froud, S. Johal, C. Haslam, and K. Williams, "A New Business Model? The Capital Market and the New Economy", *Economy and Society*, Vol.30, No.4, 2001, pp.467-503.

Flaherty, M., "Market Share, Technology, Leadership, and Competition in International Semiconductor Markets", *Research on Technological Innovation, Management and Policy*, Vol.1, 1983, pp.69-102.

Forrester, J. W., "Modeling the Dynamic Processes of Corporate Growth", *Proceedings of the IBM Scientific Computing Symposium on Simulation Models and Gaming*, Yorktown Heights, NY, 1966.

Forrester, J. W., "Market Growth as Influenced by Capital Investment", *Industrial Management Review* (MIT), Vol.9, No.2, 1968, pp.83-105.

Forrester, J. W., *Industrial Dynamics*, The MIT Press: Cambridge, 1963.

Frank, R., *The Winner-Take-All Society: How More and More Americans Compete for ever Fewer and Bigger Prizes, Encouraging Economic Waste, Income Inequality, and an Impoverished Cultural Life*, The Free Press: New York, 1995.

Fudenberg, D. and J. J. Tirole, "Learning by Doing and Market Performance", *Bell Journal of Economics*, Vol.14, 1983, pp.522-530.

Fudenberg, D. and J. J. Tirole, *Dynamic Models of Oligopoly*, Harwood: London, 1986.

Giaglis, G. M., R. J. Paul, and G. I. Doukidis, "Dynamic Modeling to Assess the Business Value of Electronic Commerce", *International Journal of Electronic Commerce*, Vol.3, No.3, 1999, pp.35-51.

Giese, M., "Managing Hyper-Growth: A System Dynamics Analysis of Competitive Dynamics in Business-to-Customer Electronic Commerce", Master Thesis, MIT, June 2000.

Giese, M. and R. Oliva, "Limits to Growth in the New Economy: An Exploration of the "Get Big Fast" Strategy in Dot.Com's", *Proceedings of the 2000 International System Dynamics Conference*, August, 2000, Bergen,

Norway.

Glazer, A., "The Advantage of Being First", *American Economic Review*, Vol.75, June 1985, pp.62-75.

Golder, P. and G. Tellis, "Pioneer Advantage: Marketing Logic or Marketing Legend?", *Journal of Marketing Research*, Vol.30, May 1993, pp.158-170.

Green, D. H., D. W. Barclay, and A. B. Ryans, "Entry Strategy and Long-Term Performance: Conceptualization and Empirical Examination", *Journal of Marketing*, Vol.69, October 1995, pp.1-16.

Grönoos, C., *Service Management and Marketing: Managing the Truth in Service Competition*, Lexington Book Co., 1990.

Hagel, J. and A. Armstrong, N*et Gain: Expanding markets through virtual communities*, Harvard Business School Press: Boston, 1997.

Hagen, P. R., *Smart Personalization*, Forrester Research: Cambridge, MA, July 1999.

Hallowell, R., ""Scalability": The Paradox of Human Resources in E-Commerce", *International Journal of Service Industry Management*, Vol.12, No.1, 2001, pp.34-43.

Haltiwanger, J. and R. S. Jarmin, "Measuring the Digital Economy", Conference Draft, Washington, D. C., 1999(http://www.ecommerce.gov).

Hand, J. R. M., "Profit, Losses, and the Non-linear Pricing of Internet Stock", *Working Paper*, UNC Chapel Hill, 2000.

Hand, J. R. M., "The Role of Economic Fundamentals, Web Traffic, and Supply Demand in the Pricing of U. S. Internet Stock", *Working Paper*, UNC Chapel Hill, 2000.

Hardie, R. D., "The Relationship Between Proxies for Functional Excellence and Stock Price in High Technology, Communications Firms and Internet Firms", Ph. D. Dissertation, The University of Virginia, 1999.

Hartman, A., J. G. Sifonis, and J. Kador, N*et Ready*, McGraw-Hill, 1999.

224

Heinen, J., "Internet Marketing Practices", *Information Management & Computer Security*, Vol.4, No.5, 1996, pp.7-14.

Henderson, T. A. and E. A. Mihas, "Building Retail Brands", *The McKinsey Quarterly*, No.3, 2000.

Hill, G., Q. Hardy, and D. Clark, "Behind the Plunge: Bloody Price Wars and Strategic Errors Hammer High Tech", *Wall Street Journal*, July 12, 1996.

Hitt, M. A., R. D. Ireland, and R. E. Hoskisson, *Strategic Management: Competitiveness and Globalization (Concepts and Cases)*, Thomson: South-Western, 2002.

Hoffman, D. L., T. P. Novak, and P. Chatterjee, "Commercial Scenario for the Web: Opportunities and Challenges", *Journal of Computer Mediated Communication*, Vol.1, No.3, 1995.

(http://www.usc.edu/dept/annenberg/vol1/issue3/hoffman.html).

Jin, L. and D. Robey, "Explaining Cybermediation: An Organizational Analysis of Electronic Retailing", *International Journal of Electronic Commerce*, Vol.3, No.4, 1999, pp.47-65.

Kadison, M. L., D. E. Weisman, M. Modahl, K. C. Lieu, and K. Levin, *On-line Retail Strategies: The Look-To-Buy Imperative*, Forrester Research: Cambridge, MA, April 1998.

Kalakota, R. and A. B. Whinston, *Electronic Commerce: A Manager's Guide*, Addison-Wesley, 1996.

Kalakota, R. and A. B. Whinston, *Frontiers of the Electronic Commerce*, Addison-Wesley, Reading, MA, 1996.

Kaplan, P., *F'd Companies: Spectacular Dot Com Flameouts*, Simon and Schuster: New York, 2002.

Kary, T., "Ouch! Baron's Story Bites Net Stocks", *Red Herring*, March 20, 2000.

Keen, P. G., T. Torregrossa, and W. Mougayar, *Business Internet & Intranets-A Manager's Guide to Key Terms & Concepts*, Harvard Business School Press, 1998.

Keeney, R. L., "The Value of Internet Commerce to the Customer", *Management Science*, Vol.45, No.4, 1999, pp.533-542.

Kerin, R. A., P. R. Varadarajan, and R. A. Peterson, "First-Mover Advantages: A Synthesis, Conceptual Framework, and Research Propositions", *Journal of Marketing*, Vol.56, October 1992, pp.33-52.

Kim, L., *Imitation to Innovation: The Dynamics of Korea's Technological Learning*, Harvard Business School Press: Boston, 1997.

Kirkwood, C. W., *System Dynamics Methods: A Quick Introduction*, System Dynamics Resource Page, Arizona State University, 1998.

(http://www.public.asu.edu/~kirkwood/sysdyn/SDRes.htm)

Kogut, B. and U. Zander, "Knowledge of the Firm, Combinative Capabilities, and the Replication of Technology, *Organization Science*, Vol.3, 1992, pp.383-397.

Krades, F., G. Kalyanaram, M. Chandrashekaran, and R. Dornoff, "Brand Retrieval, Consideration Set Composition, Consumer Choice, and the Pioneering Advantage", *Journal of Marketing Research*, Vol.20, June 1993, pp.62-75.

Lambkin, M., "Order of Entry and Performance in New Markets", *Strategic Management Journal*, Vol.9, Summer 1988, pp.127-140.

Larson, E., "Free Money", *The New Yorker*, October 11, 1999, pp.76-85.

Lawrence, E., B. Corbitt, A. Tidwell, J. Fisher, and J. R. Lawrence, *Internet Commerce*, John Wiley & Sons, 1998.

Lederer, A. L., D. A. Mirchandani, and K. Sims, "The Link between Information Strategy and Electronic Commerce", *Journal of Organizational Computing and Electronic Commerce*, Vol.7, No.1, 1997, pp.17-34.

Lee, H. G., D. H. Cho, and S. C. Lee, "Impact of e-Business Initiatives on

Firm Value", *Electronic Commerce Research and Applications*, Vol.1, 2002, pp.41-56.

Levitt, T., "The Globalization of Markets", *Harvard Business Review*, May-June 1983, pp.92-102.

Lewis, M., *The New New Thing*, W. W. Norton: New York, 2000.

Li, C., *Internet-Advertising Skyrockets*, Forrester Research: Cambridge, MA, August 1999.

Lieberman, M. B. and D. B. Montgomery, "First-Mover Advantage", *Strategic Management Journal*, Vol.9, Summer 1988, pp.41-58.

Lilien, G. L. and E. Yoon, "The Timing of Competitive Market Entry", *Management Science*, Vol.36, May 1990, pp.568-585.

Lindemann, M. A. and B. F. Schmid, "Framework for Specifying Building, and Operating Electronic Markets", *International Journal of Electronic Commerce*, Vol.3, No.2, 1999, pp.7-22.

Lu, H. and C.-C. Lin, "Predicting Customer Behavior in the Market-Space: A Study of Rayport and Sviokla's Framework", *Information & Management*, Vol.40, 2002, pp.1-10.

Lyneis, J., *Corporate Planning and Policy Design: A System Dynamics Approach*, The MIT Press: Cambridge, MA., 1980.

Mahoney, J. and J. R. Pandian, "The Resource-based View within the Conversation of Strategic Management", *Strategic Management Journal*, Vol.13, 1992, pp.363-380.

Margaret, T. and S. H. Thompson, "Factors Influencing the Adoption of the Internet", *International Journal of Electronic Commerce*, Vol.2, No.3, 1998, pp.5-18.

Mariotti, S. and F. Sgobbi, "Alternative Paths for the Growth of E-commerce", *Futures*, Vol.33, 2001, pp.109-125.

Mascarenhas, B., "First-mover Effects in Multiple Dynamic Markets", *Strategic Management Journal*, Vol.13, 1992, pp.237-243.

Masotto, T., *Understanding the Effectiveness Your WWW Site: Measurement Methods and Technology*, Commerce Net, 1995.

Meadows, D. H., *Elements of the System Dynamics Method*, The MIT Press: Massachusetts, 1980.

Mitchell, W., "Dual Clocks: Entry Order Influences on Incumbent and New Comer Market Share and Survival When Specialized Assets Retain Their Value", *Strategic Management Journal*, Vol.11, 1991, pp.85-100.

Morecroft, J. and J. D. Sterman, *Modeling for Learning Organizations*, Productivity Press: Portland, Oregon, 2000.

Morecroft, J., "Rationality in the Analysis of Behavioral Simulation Models", *Management Science*, Vol.31, No.7, 1985, pp.900-916.

Nail, J., *Driving Site Traffic*, Forrester Research: Cambridge, MA, April 1999.

Ngai, E. W. T. and F. K. T. Wat, "A Literature Review and Classification of Electronic Commerce Research", *Information & Management*, Vol.39, 2002, pp.415-429.

Nord, O., *Growth of a New Product: Effects of Capacity Acquisition policies*, The MIT Press: Cambridge, MA, 1963.

NVCA, "Venture Capital Investments Increase 266% to 22.7B in Q1 2000: Internet-related Companies Capture the Most Investments", National Venture Capital Association and Venture Economics, Press Release, May 4, 2000a.

NVCA, "Venture-Backed IPOs Accounts for Majority of US IPOS", National Venture Capital Association and Venture Economics, Press Release, April 10, 2000b.

O'Brien, J., *Management Information System: Managing Information Technology in the E-Business Enterprise*, 5th ed., McGraw-Hill, 2002.

Oliva, R., J. D. Sterman and M. Giese, "Limits to Growth in the New Economy: Exploring the 'Get Big Fast' Strategy in E-commerce", *System Dynamics Review*, forthcoming.

Packer, D., *Resource Acquisition in Corporate Growth*, The MIT Press: Cambridge, MA, 1964.

Paich, M. and J. D. Sterman, "Boom, Bust, and Failure to Learn in Experimental Markets", *Management Science*, Vol.39, No.12, 1993, pp.1439-1458.

Pan, Y. and D. R. Lehmann, "The Influence of New Brand Entry on Subjective Brand Judgements", *Journal of Consumer Research*, Vol.20, June 1993, pp.76-86.

Parasuraman, A., V. A. Zeithaml, and L. L. Berry, "SERVQUAL: A Multiple-Item Scale for Measuring Consumer Perception of Service Quality", *Journal of Retailing*, Vol.64, No.1, 1988, pp.12-40.

Perkins, A. and M. Perkins, *The Internet Bubble*, Harper Business: New York, 1999.

Perlow, L., G. Okhuysen, and N. Repenning, "The Speed Trap: Toward a New Understanding of the Causes and Consequences of Fast Decision Making", *Academy of Management Journal*, forthcoming.

Peteraf, M., "The Cornerstones of Competitive Advantage: A Resource-based View", *Strategic Management Journal*, Vol.14, 1993, pp.179-191.

Phan, D. D., "E-business Development for Competitive Advantages: A Case Study", *Information & Management*, Article in Press, 2002, pp.1-10.

Porter, M. E., "Strategy and the Internet", *Harvard Business Review*, Vol.79, No.3, 2001, pp.62-78.

Porter, M. E., *Competitive Advantage*, The Free Press: New York, 1985.

Rajgopal, S., S. Kotha, and M. Venkatchalam, "The Relevance of Web Traffic for Internet Stock Price", *Working Paper*, University of Washington, 2000.

Rander, J., "Guidelines for Model Conceptualization", in *Elements of the System Dynamics Method*, The MIT Press, 1980.

Rayport, J. F. and J. J. Sviokla, "Managing in the Marketplace", *Harvard Business Review*, November-December 1994, pp.141-150.

Rayport, J. F. and J. J. Sviokla, "The Truth about Internet Business Models", *Strategy+Business*, 3rd quarter, Vol.6, 1999, pp.1-3.

Reddy, S., S. Holak, and S. Bhat, "To Extend or Not to Extend: Success Determinants of Line Extensions", *Journal of Marketing Research*, Vol.31, May 1994, pp.243-262.

Repenning, N. and J. D. Sterman, "Unanticipated Side Effects of Successful Quality Programs: Technical Documentation", 1994.

Reuters, "Shakeout Looming for Many Net Firms(Special to CNET News.com), April 1, 2000.

Richardson, G., "Problems with Causal-Loop Diagrams", *System Dynamics Review*, Vol.2, No.2, 1986, pp.158-170.

Richmond, B., "System Think: Critical Thinking Skills for the 1990s and Beyond", *System Dynamics Review*, Vol.11, No.2, 1993, pp.113-133.

Riggins, F. J., "A Framework for Identifying Web-Based Electronic Commerce Opportunities", *Journal of Organizational Computing and Electronic Commerce*, Vol.9, No.4, 1999, pp.297-310.

Robinson, W. T. and C. Fornell, "Sources of Market Pioneer Advantages in Consumer Goods Industries", *Journal of Marketing Research*, Vol.22, August 1985, pp.305-317.

Robinson, W. T., "Sources of Market Pioneer Advantages: the Case of Industrial Goods Industries", *Journal of Marketing Research*, Vol.25, February 1988, pp.87-94.

Robinson, W. T., "Product Innovation and Start-up Business Market Share Performance", *Management Science*, Vol.36, October 1990, pp.1279-1289.

Robinson, W., C. Fornell, and M. Sullivan, "Are Market Pioneers Intrinsically Stronger than Later Entrants?", *Strategic Management Journal*, Vol.13, 1992, pp.609-624.

230

Rothschild, M., *Bionomics*, Henry Holt: New York, 1990.

Rowley, J., "Retailing and Shopping on the Internet", *Internet Research*, Vol.6, No.1, 1996, pp.81-91.

Sawyer, J., D. M. Cooperstein, and J. C. Lee, *The Demise of Dot Com Retailers*, Forrester Research: Cambridge, MA, April 2000.

Schlueter, C. and M. J. Shaw, "A Strategic Framework for Development Electronic Commerce", *IEEE Internet Computing*, Vol.1, No.6, 1997, pp.20-28.

Schnaars, S., "When Entering Growth Markets, Are Pioneers Better than Poachers?", *Business Horizons*, March-April 1986, pp.27-36.

Schumpeter, J. A., *Business Cycles: A Theoretical Historical and Statistical Analysis of the Capitalist Process*, Porcupine Pr, 1989.

Senge, P., *The Fifth Discipline: The Art & Practice of The Learning Organization*, Currency Doubleday: New York, 1990.

Sherve, J., "The Paper Padlock", *The Standard*, March 20, 2000.

Simon, H. A., *Models of Bounded Rationality*, The MIT Press: Cambridge, MA, 1982.

Sood, R., J. Friedman, and D. Degan, *Goldman Sachs, Issues & Outlook 2000, emarkets: B2B and B2C*, Goldman Sachs, December 1999.

Spctor, R., *Amazon. com-Get Big Fast: Inside the Revolutionary Business Model That Changed the World*, Harper Business, 2000.

Spence, A. M., "The Learning Curve and Competition", *Bell Journal of Economics*, Vol.12, 1981, pp.49-70.

Spital, F. C., "Gaining Market Share Advantage in the Semiconductor Industry by Lead Time in Innovation", in *Research on Technological Innovation, Management and Policy*, R. Rosenbloom, Editor, Greenwich, CT: JAI Press Inc., 1983, pp.55-67.

Steinfield, C., H. Bouwman, and T. Adelaar, "The Dynamics of Click-and-Mortar Electronic Commerce: Opportunities and Management

Strategies", *International Journal of Electronic Commerce*, Vol.7, No.1, 2002, pp.93-120.

Sterman, J. D., "Misperceptions of Feedback in Dynamic Decision Making", *Organizational Behavior and Human Decision Processes*, Vol.43, No.3, 1989a, pp.301-335.

Sterman, J. D., "Modeling Managerial Behavior: Misperceptions of Feedback in a Dynamic Decision Making Experiment", *Management Science*, Vol.35, No.3, 1989b, pp.321-339.

Sterman, J. D., N. Repenning, and F. Kofman, "Unanticipated Side Effects of Successful Quality Programs: Exploring a Paradox of Organizational Improvement", *Management Science*, Vol.43, No.4, 1997, pp.495-510.

Sterman, J. D., *People Express Management Flight Simulator: Simulation Game*, Briefing Book and Simulator Guide, 1988.

Sterman. J. D., *Business Dynamics-Systems Thinking and Modeling for a Complex World*, Irwin McGraw-Hil, 2000l.

Stewart, T. A., "Customer Learning is a Two-Way Street", *Fortune*, May 10, 1999, pp.158-160.

Stroud, D., *Internet Strategic-A Corporate Guide to Exploiting the Internet*, St. Martin's Press: New York, 1998.

Sullivan, M. W., "Brand Extensions: When to Use Them", *Management Science*, Vol.38, June 1992, pp.793-806.

Teece, D. J., "Profiting from Technological Innovation: Implications for Integration, Collaboration, Licensing and Public Policy", in *The Competitive Challenge: Strategic for Industrial Innovation and Renewal*, D. J. Teece (ed.), Cambridge, MA: Ballinger, 1987, pp.185-219.

Teece, D. J., G. Pisano, and A. Shuen, "Dynamic Capabilities and Strategic Management", *Strategic Management Journal*, Vol.18, No.7, 1997, pp.509-533.

Teo, T. S. H. and B. L. Too, "Information Systems Orientation and Business Use of the Internet: An Empirical Study", *International Journal of Electronic*

Commerce, Vol.4, No.4, 2000, pp.105-130.

Teo, T. S. H. and J. S. Tan, "Senior Executives' Perceptions of Business-to-Consumer(B2C) Online Marketing Strategies: The Case of Singapore", *Internet Research*, Vol.12, No.3, 2002, pp.258-275.

Timmerce, P., "Business Models for Electronic Markets", *Electronic Markets*, Vol.8, No.2, 1998, pp.3-8.

Tirole, J. J., *The Theory of Industrial Organization*, The MIT Press: Cambridge, MA, 2002.

Trueman, B., F. Wong, and Xiao-Jun Zhang, "The Eyeballs Have It: Searching for the Value in Internet Stocks", *Journal of Accounting Research*, forthcoming.

Turban, E., J. Lee, D. King, and H. M. Chung, *Electronic Commerce: A Managerial Perspective*, Prentice Hall: Upper Saddle River, NJ, 2000.

Urban, G., T. Carter, S. Gaskin, and Z. Mucha, "Market Share Rewards to Pioneering Brands: An Empirical Analysis and Strategic Implications", *Management Science*, Vol.32, June 1986, pp.645-659.

Webb, J. and C. Gile, "Reversing the Value Chain", *Journal of Business Strategy*, Vol.22, No.2, 2001, pp.13-17.

Wernerfelt, B., "A Resource-based View of the Firm", *Strategic Management Journal*, Vol.5, 1984, pp.171-180.

Williams, S., *Post-Web Retail*, Forrester Research: Cambridge, MA, September 1999.

Williamson, O. E., *Markets and Hierarchies, Analysis and Antitrust of Implications: A Study in the Economics of Internal Organization*, The Free Press: New York, 1975.

Wolff, M., *Burn Rate*, Touchstone: New York, 1999.

Yang, H.-D., R. M. Mason, and A. Chaudhury, "The Internet, Value Chain Visibility, and Learning", *International Journal of Electronic Commerce*, Vol.6, No.1, 2001, pp.101-111.

〈부록〉 동태적 분석모형의 수식

****

배열(Array)

****

[Company]

Company1, Company2, Company3

동태적 경쟁구조 분석모형은 기업 1, 기업 2, 기업 3의 세 개 온라인 소매 기업 간의 경쟁구조를 다루고 있다.

[Department]

Engin, Cussupport

동태적 경쟁구조 분석모형은 기술부서(engin)와 고객지원부서(cussupport)의 두 가지 부서를 가정하고 있다. 기술부서 종업원은 일반관리직, 프로그래밍, 그리고 사이트 운영 요원들을 모두 포함한다. 반면 고객지원부서 종업원은 고객서비스와 주문 및 배송처리 요원을 포함한다.

동태적 경쟁구조 분석모형은 위와 같이 배열을 이용하여 구축하였기 때문에 새로운 경쟁기업의 출현에 따른 모형수정이 용이하다. 즉, 새로운 기업의 초기 시나리오에 따라 매개변수의 값만 추가로 입력하면 다양한 시나리오에 대한 분석이 가능하다.

****

초기 조건(Starting Conditions)

****

Company_Entering_into_Market[Company]=
IF(TIME>=Startup_Date[Company]) THEN(1) ELSE(0)

단위: dimensionless
온라인 사업시작 여부를 나타낸다.
　연결변수:
　Adequacy__of__Server__Infrastructure(서버 인프라의 적정성)
　Adequacy__of__Staffing(종업원 수의 적정성)
　Assimilation__Rate(동화율)
　Change__in__Average__Workweek(평균 근무시간의 변화)
　Change__in__Minimum__Margin__Conceivable(최소 마진율 변화)
　Change__in__Product__Selection(제품보유량의 변화)
　Customer__Support__Salary__Cost(고객지원부서 종업원 급여)
　Desired__Number__of__New__Hires(희망 신규채용인원)
　Desired__Warehouse__Space(희망 창고크기)
　Editorial__Production(편집진에 의한 컨텐츠 제작)
　Engineering__Salary__Costs(기술부서 종업원 급여)
　Experienced__Buyers__Recapture__Fraction(구매경험이 있는
고객의 회원확보 비율)
　Experienced__Quit__Fraction(경력사원의 이직비율)
　Fraction__of__Sales__Lost__Due__to__Non__Availability__of__Produ
ct(상품의 비가용성으로 인한 판매기회상실 비율)
　Free__Riding__on__Bricks__and__Mortar__Advertising(오프라인 모
기업의 광고에 의한 공짜광고 효과)
　General__and__Administrative(일반관리비)
　Inventory__Costs(재고비용)
　Option__Vesting__Rate(옵션 권리행사 비율)
　Price(가격)
　Relative__Attractiveness__of__Price(가격의 상대적인 매력도)
　Required__Manpower__for__Customer__Support(고객지원부서의
필요인력)
　Required__Manpower__for__Site__Operation(사이트 운영을 위한
필요인력)
　Required__Server__Infrastructure(필요 서버 인프라)

Rookie__Quit__Fraction(신입사원 이직비율)
Surfing__for__Retail__Sites(온라인 소매사이트의 서핑)
Time__Required__for__Fulfillment(주문이행을 위한 필요 시간)
Total__Editorial__Cost(편집비용총계)
Total__Marketing__Spending(마케팅 투자총계)
User__Generated__Content(회원고객의 신규 컨텐츠 제작)

Fraction__of__Equity__reserved__for__Employees[Company1, engin]=0.1333
Fraction__of__Equity__reserved__for__Employees[Company1, cussupport]
=0.0667
Fraction__of__Equity__reserved__for__Employees[Company2, engin]=0.1333
Fraction__of__Equity__reserved__for__Employees[Company2, cussupport]
=0.0667
Fraction__of__Equity__reserved__for__Employees[Company3, engin]=0.1333
Fraction__of__Equity__reserved__for__Employees[Company3, cussupport]
=0.0667
　　단위: dimensionless
　　미래의 종업원에게 주기 위해 예약해놓은 지분비율을 설정한다.
　　　연결변수:
　　Employee Stock Option Pool(종업원 스톡옵션 풀)

Initial__Brand__Equity[Company1]=5000
Initial__Brand__Equity[Company2]=5000
Initial__Brand__Equity[Company3]=250000
　　단위: 천 원
　　초기 브랜드 자산가치를 설정한다.
　　　연결변수:
　　Brand Equity at Beginning of Operations(사업시작시점에서의
　　브랜드 자산가치)

Initial__Cash[Company1]=200000

Initial__Cash[Company2]=200000

Initial__Cash[Company3]=1000000

단위: 천 원

사업시작 초기에 마련한 현금보유액을 설정한다.

연결변수:

Initial Funding(사업시작시점에 가용한 현금조달액)

Initial__Experienced__Employees[Company1, engin]=5

Initial__Experienced__Employees[Company1, cussupport]=5

Initial__Experienced__Employees[Company2, engin]=5

Initial__Experienced__Employees[Company2, cussupport]=5

Initial__Experienced__Employees[Company3, engin]=5

Initial__Experienced__Employees[Company3, cussupport]=5

단위: 종업원

사업시작시점의 경력사원 수를 설정한다.

연결변수:

Experienced Employees(경력사원)

Initial__Fraction__of__Founder__Ownership[Company1]=0.4

Initial__Fraction__of__Founder__Ownership[Company2]=0.4

Initial__Fraction__of__Founder__Ownership[Company3]=0.4

단위: dimensionless

사업시작시점에 소유주가 보유한 지분비율을 설정한다.

연결변수:

Number of Shares Held by Founders(소유주가 보유한 주식수)

Initial__Number__of__Shares__Outstanding[Company1]=20000

Initial__Number__of__Shares__Outstanding[Company2]=20000

Initial__Number__of__Shares__Outstanding[Company3]=20000

단위: 주(shares)

사업시작시점에 발행한 주식수를 설정한다.

연결변수:

Employee_Stock_Option_Pool(종업원 스톡옵션 풀)

Shares_Outstanding(발행주식수)

Number_of_Shares_Held_by_Founders(소유주가 보유한 주식수)

Initial_Product_Selection[Company1]=200000

Initial_Product_Selection[Company2]=200000

Initial_Product_Selection[Company3]=600000

단위: SKUs

사업시작시점에 보유한 제품(도서)의 수를 설정한다.

연결변수:

Product Selection(제품보유)

Initial_Server_Infrastructure[Company1]=10000

Initial_Server_Infrastructure[Company2]=10000

Initial_Server_Infrastructure[Company3]=10000

단위: 천 원

사업시작시점의 서버 인프라 투자비를 설정한다.

연결변수:

Server Infrastructure at Beginning of Operations(사업시작시점의 서버 인프라)

Initial_Warehouse_Space[Company1]=100

Initial_Warehouse_Space[Company2]=10

Initial_Warehouse_Space[Company3]=1000

단위: 평

사업시작시점에 기업이 확보한 창고크기를 설정한다.

연결변수:

Warehouse Space at Start of Operations(사업시작시점의 창고크기)

IPO_Date[Company1]=1999.3

238

IPO__Date[Company2]=1999.8
IPO__Date[Company3]=2003
　　단위: 년
　　최초공모(IPO)일을 설정한다.
　　　연결변수:
　　　IPO Shares(최초공모 시 발행한 주식수)
　　　Pre IPO Discount(최초공모 이전 할인)

Minimum__Fraction__sold__at__IPO=0.1
　　단위: dimensionless
　　최초공모(IPO)시 주식매매 최소 비율을 설정한다.
　　　연결변수:
　　　Shares Issued at IPO(최초공모 시 발행한 주식수)

Number__of__Companies__in__the__Market=
ARRAYSUM(Company__Entering__into__Market[*])
　　단위: dimensionless
　　사업을 시작한 기업의 수를 계산한다.
　　　연결변수:

Startup__Date[Company1]=1998.5
Startup__Date[Company2]=1998.5
Startup__Date[Company3]=1999.7
　　단위: 년
　　사업시작시점을 설정한다.
　　　연결변수:
　　　Brand_Equity__at__Beginning__of__Operations(사업시작시점의
　　　브랜드 자산가치)
　　　Company__Entering__into__Market(사업을 시작한 기업의 수)
　　　Initial__Funding(초기 현금조달액)
　　　Server__Infrastructure__at__Beginning__of__Operations(사업시작

시점의 서버 인프라)

****
온라인 시장(Market)
****

Population(t)=Population(t-dt)+(Net_Population_Growth)*dt
INIT Population=40000000
    단위: 명
    누적 인구수를 계산하는 것으로, 초기값은 40,000,000명으로 가정하였다.
        연결변수:
        Contacts Between Potential Users and Actual Users(잠재사용자와
        실제사용자 간의 접촉)
        Indicated Potential Internet User(잠재인터넷사용자의 선행지표)
        Net Population Growth(순인구증가)
        Percentage of Population Online(전체 인구에서 온라인 사용자가
        되는 비율)

INFLOWS:
Net_Population_Growth=Population*Net_Population_Growth_Rate

Potential_Internet_Penetration(t)=Potential_Internet_Penetration(t-dt)
+(Change_in_Penetration)*dt
INIT Potential_Internet_Penetration=Initial_Internet_Penetration
    위: 명/년
    매년 인구증가수를 계산한다.
        연결변수:
        Population(인구)

INFLOWS:
Change_in_Penetration=(Maximum_Internet_Penetration-Potential_

Internet__Penetration)/Penetration__Adjustment__Time
　단위: 1/년
　침투율(Penetration) 개념을 도입하여 초기 인터넷 성장패턴을 도출한
　다. 이는 추후 회원고객 확보 및 이탈의 배경으로 작용한다.
　　연결변수:
　Potential Internet Penetration(잠재인터넷침투율)

Potential__Internet__User(t)=Potential__Internet__User(t-dt)+
(Entering__Potential__Users-New__Internet__Users__from__Market)*dt
INIT Potential__Internet__User=Initial__Pontetial__Internet__User
　단위: 명
　잠재적 인터넷 사용자 수의 누적값을 계산한다.
　　연결변수:
　　Contacts Between Potential Users and Actual Users(잠재사용자와
　실제사용자 간의 접촉)
　　Sum of Potential and Actual Users(잠재사용자와 실제사용자의 합)

INFLOWS:
Entering__Potential__Users=
(MAX(Indicated__Potential__Internet__Users-Sum__of__Potential__and__
Actual__Users,0))/Time__to__Enter
　단위: 명/년
　사람들은 실제 온라인 사용자가 되기 전에 잠재적 사용자가 먼저
　된다고 가정한다.
　　연결변수:
　　Potential Internet User(잠재인터넷사용자)

OUTFLOWS:
New__Internet__Users__from__Market=
Conversion__through__Word__of__Mouth
　단위: 명/년

온라인 시장 영역의 핵심적인 부분으로, 사람들이 구전효과에 의해 온
라인 사용자가 되는 비율을 계산한다(1995-2004년도 Forrester
Research 자료 참조).

연결변수:

Non Shopping Internet Users(인터넷 쇼핑을 하지 않는 사용자)

Potential Internet User(잠재인터넷사용자)

Total Internet Users(총인터넷사용자)

Total_Internet_Users(t)=Total_Internet_Users(t-dt)+
(New_Internet_Users_from_Market)*dt
INIT Total_Internet_Users=2000000

단위: 명

총 인터넷 사용자의 누계를 계산한다. 초기값은 2,000,000명으로 가정한다.

연결변수:

Non Shopping Internet Users(인터넷 쇼핑을 하지 않는 사용자)

Potential Internet User(잠재인터넷사용자)

Contacts Between Potential Users and Actual Users(잠재사용자와
실제 사용자 간의 접촉)

Percentage of Population Online(온라인 사용자가 되는 비율)

Size of Relevant Online Segment(특정 제품 카테고리 시장규모)

Sum of Potential and Actual Users(잠재사용자와 실제사용자 합계)

Surfing for Retail Sites(온라인 소매기업 사이트를 서핑만 하는
사용자)

INFLOWS:
New_Internet_Users_from_Market=Conversion_through_Word_
of_Mouth Contacts_Between_Potential_Users_and_Actual_Users=
Potential_Internet_User*Sociability_of_Potential_Users*(Total_
Internet_Users/Population)

단위: 명/년

온라인 시장 영역의 핵심적인 부분으로, 사람들이 구전효과에 의해 온

라인 사용자가 되는 비율을 계산한다. 1995-2004년도 Forrester Research 자료 참조.

　연결변수:

　Non Shopping Internet Users(인터넷 쇼핑을 하지 않는 사용자)

　Potential Internet User(잠재인터넷사용자)

　Total Internet Users(총인터넷사용자)

Conversion__through__Word__of__Mouth=Contacts__Between__Potential__ Users__and__Actual__Users*Effectiveness__of__Contacts

　단위: 명/년

　구전효과에 기초한 잠재사용자의 실제사용자 전환을 계산한다.

　연결변수:

　New Internet Users from Market(구전효과에 의한 온라인 사용자)

Effectiveness__of__Contacts=0.003

　단위: 명/접촉

　인터넷 채택(Internet Adoption)을 이끄는 구전효과 고리에서 접촉의 효과를 설정한다. Forrester Research의 자료를 참고.

　연결변수:

　Conversion through Word of Mouth(구전효과를 통한 전환)

Expected__Fraction__of__High__Volume__Purchasers__in__Online__ Segment=0.4

　단위: dimensionless

　온라인에서 구매하는 사용자 중에 어느 정도의 비율이 대량구매를 하 게 되는지 비율을 설정한다. 본 모형에서는 40%를 가정한다.

　연결변수:

　Size of Relevant High Volume Segment(대량구매가 이루어지는 특 정 제품 카테고리 시장규모)

Indicated__Potential__Internet__Users=
Population*Potential__Internet__Penetration
　　단위: 명
　　잠재사용자의 선행지표를 계산한다.
　　　연결변수:
　　　Potential Internet User(잠재인터넷사용자)
　　　Entering Potential Users(잠재사용자가 되는 수)

Initial__Internet__Penetration=0.2
　　단위: dimensionless
　　잠재사용자의 초기 인터넷 침투율(Penetration)을 설정한다. 본 모형에
서는 20%로 가정한다.
　　　연결변수:
　　　Potential Internet Penetration(잠재사용자의 인터넷 침투율)

Initial__Potential__Internet__User=
Indicated__Potential__Internet__Users-Total__Internet__Users
　　단위: 명
　　잠재인터넷사용자의 초기값을 계산한다.

Maximum__Internet__Penetration=0.65
　　단위: dimensionless
　　잠재사용자의 인터넷 침투율의 최대값을 65%로 설정한다.
　　　연결변수:
　　　Change in Penetration(침투율 변화)

Net__Population__Growth__Rate=0.01
　　단위: 1/년
　　순인구성장률을 설정한다. 통계청 자료 참조.

Penetration__Adjustment__Time=2

단위: 년
침투율 상승은 2년 내에 이루어진다.
    연결변수:
    Change in Penetration(침투율 변화)

Percentage_of_Population_Online=Total_Internet_Users/Population
    단위: dimensionless
    인구 중에서 온라인 사용자가 되는 비율을 계산한다.
    연결변수:
    Size of Relevant Online Segment(특정 제품 카테고리 시장규모)

Relative_Attractiveness_of_Online_Shopping_vs_Brick_and_Mortar=1
    단위: dimensionless
    오프라인 쇼핑에 비해 온라인 쇼핑이 가져다주는 상대적인 매력도를 설정한다. 1은 매력도가 동등하다는 것을 나타내며, 1보다 크면 온라인 쇼핑을 상대적으로 더 선호하고, 1보다 작으면 오프라인 쇼핑을 상대적으로 더 선호한다.
    연결변수:
    Size of Relevant Online Segment(특정 제품 카테고리 시장규모)
    Time to Abandon(인터넷 쇼핑 포기하는데 걸리는 시간)
    Turnover Fraction(회원고객 이탈비율)

Size_of_Relevant_High_Volume_Segment=Expected_Fraction_of_High_Volume_Purchasers_in_Online_Segment*Size_of_Relevant_Online_Segment
    단위: 명
    대량구매가 이루어지는 특정 제품 카테고리 시장규모를 계산한다.
    연결변수:
    Repeat Purchases(반복구매)

Size_of_Relevant_Online_Segment=Total_Internet_Users*Expected_

Penetration__of__Online__Audience__for__Product__Category*Relative__Att
ractiveness__of__Online__Shopping__vs_Brick__and__Mortar
단위: 명
특정 제품 카테고리 시장규모를 계산한다.
연결변수:
Size of Relevant High Volume Segment(대량구매가 이루어지는
특정 제품 카테고리 시장규모)
Surfing for Retail Sites(온라인 소매기업을 서핑만 하는 사용자 수)

Sociability__of__Potential__Users=1000
단위: 접촉/사람/년
구전효과를 나타내는 본 구조는 인터넷 채택자(Internet Adopters)의
수를 S자 곡선으로 만드는데 사용된다.
연결변수:
Contacts Between Potential Users and Actual Users(잠재사용자와
실제사용자 간의 접촉)

Sum__of__Potential__and__Actual__Users=Potential__Internet__User+
Total__Internet__Users
단위: 명
잠재사용자와 실제사용자의 합을 계산한다.
연결변수:
Entering Potential Users(잠재사용자가 되는 수)

Time__to__Enter=0.5
단위: 년
온라인 사용자가 되는데 6개월이 소요된다고 가정한다.
연결변수:
Entering Potential Users(잠재사용자가 되는 수)

Expected__Penetration__of__Online__Audience__for__Product__Category=
GRAPH(Percentage__of__Population__Online)
(0.00, 0.5), (0.2, 0.4), (0.4, 0.325), (0.6, 0.275), (0.8, 0.225), (1.00, 0.2)
단위: dimensionless
특정 제품 카테고리에서 온라인 사용자의 침투율(Penetration)은 일반
사용자가 온라인 사용자가 되는 비율과 반비례 관계에 있다고 가정하
고 이를 그래프 함수를 이용하여 표현한다. 즉, 초기 온라인 사용자가
특정 제품 카테고리에 침투하는 비율보다 나중에 온라인 사용자가 된
사람들이 특정 제품 카테고리에 침투하는 비율이 낮다고 가정한다.
연결변수:
Size of Relevant Online Segment(특정 제품 카테고리 시장규모)

****

사용자(Users)
****

Independent__High__Volume__Buyer(t)=Independent__High__Volume__
Buyer(t-dt)+(Loss__of__High__Volume__Buyers[Company]+Loss__of__
High__Volume__Buyers[Company1]+Loss__of__High__Volume__Buyers
[Company2]+Loss__of__High__Volume__Buyers[Company3]-High__
Volume__Buyer__Abandon__Rate-Capture__of__High__Volume__Buyers
[Company]-Capture__of__High__Volume__Buyers[Company1]-Capture__
of__High__Volume__Buyers[Company2]-Capture__of__High__Volume__Bu
yers[Company3])*dt INIT Independent__High__Volume__Buyer=0
단위: 명
특정 온라인 기업에 얽매이지 않는 독립적인 대량구매자의 수를 구한다.
연결변수:
Capture__of__High__Volume__Buyers(독립 대량구매자의 회원확보)
High__Volume__Buyer__Abandon__Rate(대량구매자가 온라인 쇼핑
을 그만두는 비율)
Number__of__Pageviews(페이지뷰)

Number__of__Transactions(거래량)
Total__High__Volume__Buyers(전체 대량구매자)

INFLOWS:
Lss__of__High__Volume__Buyers[Company]=
Loyal__High__Volume__Buyer[Company]*Turnover__Fraction[Company]
　단위: 명/년
　충성도가 확보된 대량구매자의 이탈수를 계산한다.
　　연결변수:
　　Independent High Volume Buyer(독립 대량구매자)
　　Loyal High Volume Buyer(충성 대량구매자)

OUTFLOWS:
High__Volume__Buyer__Abandon__Rate=
Independent__High__Volume__Buyer/Time__to__Abandon
　단위: 명/년
　대량구매자 중에서 온라인 쇼핑을 그만두는 비율을 계산한다.
　　연결변수:
　　Independent High Volume Buyer(독립 대량구매자)
　　Non Shopping Internet Users(온라인 쇼핑을 하지 않는 인터넷 사
　　용자)

Capture__of__High__Volume__Buyers[Company]=Independent__High__
Volume__Buyer*Experienced__Buyers__Recapture__Fraction[Company]
　단위: 명/년
　대량구매자 중에서 온라인 쇼핑을 그만두는 비율을 계산한다.
　　연결변수:
　　Independent High Volume Buyer(독립 대량구매자)
　　Non Shopping Internet Users(온라인 쇼핑을 하지 않는 인터넷
　　사용자)

Independent__Occasional__Buyer(t)＝Independent__Occasional__Buyer(t-dt)＋
(Loss__of__Occasional__Buyers[Company]＋Loss__of__Occasional__Buyers
[Company1]＋Loss__of__Occasional__Buyers[Company2]＋Loss__of__
Occasional__Buyers[Company3]-Occasional__Buyer__Abandon__Rate-Capture__
of__Occasional__Buyers[Company]-Capture__of__Occasional__Buyers
[Company1]-Capture__of__Occasional__Buyers[Company2]-Capture__of__
Occasional__Buyers[Company3])*dt INIT Independent__Occasional__Buyer＝0

   단위: 명

   특정 온라인 기업에 얽매이지 않는 독립적인 일반구매자의 수를 구한다.

     연결변수:

      Capture__of__Occasional__Buyers(일반구매자의 회원확보)

      Number__of__Pageviews(페이지뷰)

      Number__of__Transactions(거래량)

      Occasional Buyer Abandon Rate(일반구매자의 온라인 쇼핑 포기율)

INFLOWS:

Loss__of__Occasional__Buyers[Company]＝

Loyal__Occasional__Buyer[Company]*Turnover__Fraction[Company]

   단위: 명/년

   충성도가 확보된 일반구매자의 이탈수를 계산한다.

     연결변수:

      Independent Occasional Buyer(독립 일반구매자)

      Loyal Occasional Buyer(충성 일반구매자)

OUTFLOWS:

Occasional__Buyer__Abandon__Rate＝

Independent__Occasional__Buyer/Time__to__abandon

   단위: 명/년

   일반구매자 중에서 온라인 쇼핑을 그만두는 비율을 계산한다.

     연결변수:

      Independent Occasional Buyer(독립 일반구매자)

Non Shopping Internet Users(온라인 쇼핑을 하지 않는 인터넷
사용자)

Capture_of_Occasional_Buyers[Company]=Independent_Occasional_
Buyer*Experienced_Buyers_Recapture_Fraction[Company]
　단위: 명/년
　독립 일반구매자의 회원고객 확보수를 계산한다.
　　연결변수:
　　Independent Occasional Buyer(독립 일반구매자)
　　Loyal Occasional Buyer(충성 일반구매자)
　　New Loyal Users(신규 회원고객)

Loyal_High_Volume_Buyer[Company](t)=Loyal_High_Volume_Buyer
[Company](t-dt)+(Repeat_Purchases[Company]+Capture_of_High_
Volume_Buyers[Company]-Loss_of_High_Volume_Buyers[Company])*dt
INIT Loyal_High_Volume_Buyer[Company]=0
　단위: 명
　충성도가 확보된 대량구매자의 수를 계산한다.
　　연결변수:
　　Loss of High Volume Buyers(대량구매자의 이탈)
　　Number of Pageviews(페이지뷰)
　　Number of Transactions(거래량)
　　Repeat Purchases(반복구매)
　　Total Number of Loyal Users(충성고객의 전체 수)

INFLOWS:
Repeat_Purchases[Company]=MAX(0,(Loyal_Occasional_Buyer
[Company]/Time_to_Reach_High_Volumes*(Size_of_Relevant_
High_Volume_Segment-Total_High_Volume_Buyer)/Size_of_Releva
nt_High_Volume_Segment))
　단위: 명/년

대량으로 구매하는 사용자의 수를 계산한다. 대량구매자(High Volume Buyer)로 될 가능성이 높다.

연결변수:

Loyal High Volume Buyer(충성 대량구매자)

Loyal Occasional Buyer(충성 일반구매자)

Capture_of_High_Volume_Buyers[Company]=Independent_High_Volume_Buyer*Experienced_Buyers_Recapture_Fraction[Company]

단위: 명/년

독립적인 대량구매자의 회원고객 확보수를 계산한다.

연결변수:

Independent High Volume Buyer(독립 대량구매자)

Loyal High Volume Buyer(충성 대량구매자)

New Loyal Users(신규 회원고객)

OUTFLOWS:

Loss_of_High_Volume_Buyers[Company]=Loyal_High_Volume_Buyer[Company]*Turnover_Fraction[Company]Loyal_Occasional_Buyer[Company](t)=Loyal_Occasional_Buyer[Company](t-dt)+(First_Time_Buying[Company]+Capture_of_Occasional_Buyers[Company]-Repeat_Purchases[Company]-Loss_of_Occasional_Buyers[Company])*dt INIT Loyal_Occasional_Buyer[Company]=0

단위: 명/년

충성도가 확보된 대량구매자의 이탈수를 계산한다.

연결변수:

Independent High Volume Buyer(독립 대량구매자)

Loyal High Volume Buyer(충성 대량구매자)

INFLOWS:

First_Time_Buying[Company]=(Potential_Category_Shoppers/Time_to_Become_Comfortable_Buying_Online)*First_Time_Acquisition_Fraction[Company]

단위: 명/년

온라인 쇼핑을 시작하는 사용자의 수를 계산한다.

연결변수:

Loyal Occasional Buyer(충성 일반구매자)

Potential Category Shoppers(잠재구매자)

New Loyal Users(신규 회원고객)

Capture_of_Occasional_Buyers[Company]=Independent_Occasional_
Buyer*Experienced_Buyers_Recapture_Fraction[Company]

단위: 명/년

독립 일반구매자의 회원고객 확보수를 계산한다.

연결변수:

Independent Occasional Buyer(독립 일반구매자)

Loyal Occasional Buyer(충성 일반구매자)

New Loyal Users(신규 회원고객)

OUTFLOWS:

Repeat_Purchases[Company]=MAX(0,(Loyal_Occasional_Buyer
[Company]/Time_to_Reach_High_Volumes*(Size_of_Relevant_
High_Volume_Segment-Total_High_Volume_Buyer)/Size_of_Releva
nt_High_Volume_Segment))

단위: 명/년

대량으로 구매하는 사용자의 수를 계산한다. 대량구매자(High Volume
Buyer)로 될 가능성이 높다.

연결변수:

Loyal High Volume Buyer(충성 대량구매자)

Loyal Occasional Buyer(충성 일반구매자)

Loss_of_Occasional_Buyers[Company]=
Loyal_Occasional_Buyer[Company]*Turnover_Fraction[Company]

단위: 명/년

충성도가 확보된 일반구매자의 이탈수를 계산한다.
　　연결변수:
　　Independent Occasional Buyer(독립 일반구매자)
　　Loyal Occasional Buyer(충성 일반구매자)

Non_Shopping_Internet_Users(t)=Non_Shopping_Internet_Users(t-dt)+
(High_Volume_Buyer_Abandon_Rate+Occasional_Buyer_Abandon_
Rate+New_Internet_Users-Surfing_for_Retail_Sites)*dt
INIT Non_Shopping_Internet_Users=Total_Internet_Users
　　단위: 명/년
　　충성도가 확보된 일반구매자의 이탈수를 계산한다.
　　연결변수:
　　Independent Occasional Buyer(독립 일반구매자)
　　Loyal Occasional Buyer(충성 일반구매자)

INFLOWS:
High_Volume_Buyer_Abandon_Rate=
Independent_High_Volume_Buyer/Time_to_Abandon
　　단위: 명/년
　　대량구매자 중에서 온라인 쇼핑을 그만두는 비율을 계산한다.
　　연결변수:
　　Independent High Volume Buyer(독립 대량구매자)
　　Non Shopping Internet Users(온라인 쇼핑을 하지 않는 인터넷
　　사용자)

Occasional_Buyer_Abandon_Rate=
Independent_Occasional_Buyer/Time_to_Abandon
　　단위: 명/년
　　일반구매자 중에서 온라인 쇼핑을 그만두는 비율을 계산한다.
　　연결변수:
　　Independent Occasional Buyer(독립 일반구매자)

Non Shopping Internet Users(온라인 쇼핑을 하지 않는 인터넷 사용자)

New_Internet_Users=New_Internet_Users_from_Market
　　단위: 명/년
　　구전효과로 인한 신규 인터넷 사용자 수를 계산한다.
　　　　연결변수:
　　　　Non Shopping Internet Users(인터넷 쇼핑을 하지 않는 사용자 수)

OUTFLOWS:
Surfing_for_Retail_Sites=
IF(ARRAYSUM(Company_Entering_into_Market[*])>0)
THEN((Size_of_Relevant_Online_Segment-(Total_Internet_Users-Non_Shopping_Internet_Users))/Delay_to_Consider_Shopping_Online) ELSE(0)
　　단위: 명/년
　　온라인 소매기업 사이트를 서핑만 하는 사용자의 수를 계산한다.
　　　　연결변수:
　　　　Non Shopping Internet Users(온라인 쇼핑을 하지 않는 인터넷 사용자의 수)
　　　　Potential Category Shoppers(잠재구매자)

Potential_Category_Shoppers(t)=Potential_Category_Shoppers(t-dt)+(Surfing_for_retail_sites-First_Time_Buying[Company]-First_Time_Buying[Company1]-First_Time_Buying[Company2]-First_Time_Buying[Company3])*dt INIT Potential_Category_Shoppers=0
　　단위: 명
　　온라인 쇼핑에 관심을 가지고 여러 온라인 소매기업을 서핑하는 사용자의 수를 구한다.
　　　　연결변수:
　　　　First Time Buying(온라인 쇼핑을 시작하는 비율)
　　　　Number of Pageviews(페이지뷰)

INFLOWS:
Surfing__for__Retail__Sites=
IF(ARRAYSUM(Company__Entering__into__Market[*])〉0)
THEN((Size__of__Relevant__Online__Segment-(Total__Internet__Users-Non__Shopping__Internet__Users))/Delay__to__Consider__Shopping__Online)
ELSE(0)
    단위: 명/년
    온라인 소매기업 사이트를 서핑만 하는 사용자의 수를 계산한다.
        연결변수:
        Non Shopping Internet Users(온라인 쇼핑을 하지 않는 인터넷
        사용자의 수)
        Potential Category Shoppers(잠재구매자)

OUTFLOWS:
First__Time__Buying[Company]=
(Potential__Category__Shoppers/Time__to__Become__Comfortable__Buying__Online)*First__Time__Acquisition__Fraction[Company]
    단위: 명/년
    온라인 쇼핑을 시작하는 사용자 수를 계산한다.
        연결변수:
        Loyal Occasional Buyer(충성 일반구매자)
        Potential Category Shoppers(잠재구매자)
        New Loyal Users(신규 회원고객)

Annual__Transactions__per__High__Volume__Buyer=10
    단위: 거래/(명*년)
    대량구매자는 일년에 10번의 거래를 한다고 가정한다.
        연결변수:
        Number of Transactions(거래량)

Annual__Transactions__per__Occasional__Buyer=4

단위: 거래/(명*년)

일반구매자는 일년에 4번의 거래를 한다고 가정한다.

　　연결변수:

　　Number of Transactions(거래량)

Default__Time__to__Abandon=1

　　단위: 년

독립구매자가 특정 사이트에 충성도가 형성되지 않고 온라인 쇼핑을
그만두는데 평균 1년이 걸린다고 가정한다.

　　연결변수:

　　Time to Abandon(독립구매자가 온라인 쇼핑을 그만두고 오프라인
으로 가는데 걸리는 시간)

Delay__to__Consider__Shopping__Online=0.5

　　단위: 년

대부분의 사람들은 온라인 쇼핑을 하기 전에 웹과 친숙해져야 한다고
가정하고, 그 기간을 6개월로 가정한다.

　　연결변수:

　　Surfing for Retail Sites(온라인 소매기업을 서핑만 하는 사용자 수)

High__Volume__Buyer__Pageviews=200

　　단위: 페이지뷰/년/명

대량구매자는 일년에 200번의 페이지뷰를 하는 것으로 가정한다.

　　연결변수:

　　Number of Pageviews(페이지뷰)

Independent__Shopper__Pageviews[Company]=

Total__Independent__Pageviews*Percentage__of__Independent__Business__

Captured__by__Company[Company]

　　단위: 페이지뷰/(년*명)

독립구매자의 페이지뷰를 계산한다.

연결변수:
Number of Pageview(페이지뷰)

Number__of__Pageviews[Company]＝Loyal__Occasional__Buyer[Company]*
Occasional__Buyer__Pageviews＋Loyal__High__Volume__Buyer[Company]*
High__Volume__Buyer__Pageviews＋Independent__Shopper__Pageviews
[Company]*(Independent__High__Volume__Buyer＋Independent__Occasional__
Buyer＋Potential__Category__Shoppers)
　　단위: 페이지뷰/년
　　전체 사용자들의 페이지뷰를 계산한다.
　　　연결변수:
　　　Cost per Pageview(페이지뷰당 비용)
　　　Required Manpower for Site Operations(사이트 운영을 위한
　　　필용 인력)
　　　Required Server Infrastructure(필요 서버 인프라)

Number__of__Transactions[Company]＝Annual__Transactions__per__Occasional__
Buyer*(Loyal__Occasional__Buyer[Company]＋Independent__Occasional__Buyer*
Percentage__of__Independent__Business__Captured__by__Company[Compa
ny])＋Annual__Transactions__per__High__Volume__Buyer*(Loyal__High__
Volume__Buyer[Company]＋Independent__High__Volume__Buyer*Percentage__
of__Independent__Business__Captured__by__Company[Company])
　　단위: 거래/년
　　전체 사용자들의 거래량을 계산한다.
　　　연결변수:
　　　Customer Contacts(고객접촉)
　　　Desired Warehouse Space(희망 창고크기)
　　　Required Manpower for Customer Support(고객지원을 위한 필요 인력)
　　　Sales Revenue(매출액)
　　　Time Required for Fulfillment(주문이행 요구시간)

Occasional__Buyer__Pageviews＝100
>　단위: 페이지뷰/년/명
>　일반구매자는 일년에 100번의 페이지뷰를 하는 것으로 가정한다.
>>　연결변수:
>>　Number of Pageviews(페이지뷰)

Percentage__of__Independent__Business__Captured__by__Company[Company]＝First__Time__Acquisition__Fraction[Company]
>　단위: dimensionless
>　최초 회원고객 확보비율(First Time Acquisition Fraction)에 기초하여 가정한 독립구매자에 의해 창출되는 사업비율을 계산한다.
>>　연결변수:
>>　Independent Shopper Pageviews(독립구매자의 페이지뷰)
>>　Number of Transactions(거래량)

Time__to__Abandon＝Default__Time__to__abandon*Relative__Attractiveness__of__Online__Shopping__vs__Brick__and__Mortar
>　단위: 년
>　독립구매자가 온라인 쇼핑을 그만두고 오프라인으로 옮기는 데 걸리는 시간을 계산한다.
>>　연결변수:
>>　High Volume Buyer Abandon Rate(독립구매자가 온라인 쇼핑을 그만두는 비율)
>>　Occasional Buyer Abandon Rate(일반구매자가 온라인 쇼핑을 그만두는 비율)

Time__to__Become__Comfortable__Buying__Online＝2
>　단위: 년
>　온라인 사용자가 온라인 쇼핑에 익숙해지는 데 걸리는 시간을 2년으로 가정한다.
>>　연결변수:

First Time Buying(최초로 온라인 쇼핑을 시작하는 비율)

Time__to__Reach__High__Volumes=2
 단위: 년
 일반구매자가 대량구매자가 되는 데 걸리는 시간을 2년으로 가정한다.
  연결변수:
  Repeat Purchases(반복구매를 하는 사용자의 수)

Total__High__Volume__Buyer=Independent__High__Volume__Buyer+
ARRAYSUM(Loyal__High__Volume__Buyer[*])
 단위: 명
 독립 대량구매자와 충성 대량구매자의 합을 계산한다.
  연결변수:
  Repeat Purchases(반복구매를 하는 사용자의 수)

Total__Independent__Pageviews=100
 단위: 페이지뷰/(년*명)
 독립사용자 한 명 당 일년에 보는 페이지뷰를 가정한다.
  연결변수:
  Independent Shopper Pageviews(독립구매자 페이지뷰)

Total__Number__of__Loyal__Users[Company]=Loyal__Occasional__Buyer
[Company]+Loyal__High__Volume__Buyer[Company]
 단위: 명
 충성 일반구매자와 충성 대량구매자의 합을 계산한다.
  연결변수:
  User Generated Content(회원고객이 제작한 컨텐츠 수)

****
상대비교성과(Relative Performance)
****

Perceived__Industry__Average__for__Fulfillment[Company](t)=
Perceived__Industry__Average__for__Fulfillment[Company](t-dt)+
(Change__in__Perceived__Industry__Average[Company])*dt
INIT Perceived__Industry__Average__for__Fulfillment[Company]=
Minimum__Time__for__Fulfillment[Company]
　　단위: 일
　　주문이행 시간의 산업평균 값을 계산한다.
　　　연결변수:
　　　Attractiveness of Fulfillment(주문이행 매력도)
　　　Change in Perceived Industry Average(산업평균 주문이행시간의
　　　변화)

INFLOWS:
Change__in__Perceived__Industry__Average[Company]=
(Weighted__Industry__Average__for__Fulfillment[Company]-Perceived__In
dustry__Average__for__Fulfillment[Company])/Perception__Delay__for__F
ulfillment
　　단위: 일/년
　　인지 지연시간에 기초하여 인지된 주문이행 지연시간에 대한 조정값을
　　계산한다.
　　　연결변수:
　　　Perceived Industry Average for Fulfillment(인지된 주문이행 시간
　　　의 산업평균)

Attractiveness__of__Fulfillment[Company]=
IF(Time__Required__for__Fulfillment[Company]=0) THEN(1)
ELSE(Perceived__Industry__Average__for__Fulfillment[Company]/Time__

Required__for__Fulfillment[Company])
　단위: dimensionless
주문이행시간을 산업평균과 비교하여 매력도를 계산한다. 이 값이 1보다 크면 주문처리 성과가 상대적으로 높다는 것을 나타내며, 1보다 작으면 상대적으로 낮다는 것을 나타낸다.
　연결변수:
　Relative Site Experience(상대비교사이트경험)
　Turnover Fraction(회원고객 이탈률)

Average__Order__Size[Company]=
Price[Company]*Effect__of__Content__on__Average__Order[Company]
　단위: 천 원/거래
평균주문량(Average Order Size)은 가격과 사이트 컨텐츠의 질적 우수성에 따른 판매효과에 따라 결정된다.
　연결변수:
　Sales Revenue(매출액)

Bricks__and__Mortar__Margin=0.4
　단위: dimensionless
오프라인 기업의 매출총이익률은 40%로 가정한다.
　연결변수:
　Brick and Mortar Price Level(오프라인 기업의 가격수준)

Brick__and__Mortar__Price__Level=
Bricks__and__Mortar__COGS/(1-Bricks__and__Mortar__Margin)
　단위: 천 원/거래
온라인 기업의 가격 매력도에 따른 오프라인 기업의 가격수준으로, 제품원가(COGS)와 매출총이익률(Brick and Mortar Margin)로 계산한다.
　연결변수:
　Relative Price(상대비교가격)

Experienced__Buyers__Recapture__Fraction[Company]＝
Lookup__for__Recapture__Fraction__based__on__Site__Experience[Company]*
Company__Entering__into__Market[Company]
　　단위: 1/년
　　충성도가 형성되어 있지 않은 독립 사용자들로부터 충성고객을 확보하
　　는 비율은 이들의 사이트 경험에 따라 달라진다.
　　　　연결변수:
　　　　Capture of High Volume Buyers(독립적인 대량구매자가 충성구매
　　　　자로 되는 비율)
　　　　Capture of Occasional Buyers(독립적인 일반구매자가 충성구매자로
　　　　되는 비율)

First__Time__Acquisition__Fraction[Company]＝
IF(Sum__of__Indicated__First__Acquisition__Fractions＝0) THEN(0.0)
ELSE(Indicated__First__Time__Acquisition__Fraction[Company]/Sum__of
__Indicated__First__Acquisition__Fractions)
　　단위: dimensionless
　　온라인에서 구매한 적이 없는 사용자들 중 신규회원고객으로 확보한
　　비율을 계산한다.
　　　　연결변수:
　　　　First Time Buying(온라인 구매를 시작하는 비율)
　　　　Percentage of Independent Business Captured by Company(독립구
　　　　매자(Independent Buyers)를 회원고객으로 확보하려는 사업 비율)

Fraction__of__Sales__Lost__Due__to__Non__Availability__of__Product[Com
pany]＝IF(Company__Entering__into__Market[Company]〉0) THEN(Lookup__
for__Sales__Lost[Company]/Total__Number__of__SKUs__Available) ELSE(1)
　　단위: dimensionless
　　고객이 원하는 상품(도서)이 없어 발생하는 판매기회상실 비율을 계산
　　한다.
　　　　연결변수:

Indicated First Time Acquisition Fraction(최초 신규회원고객 확보율의 선행지표)
Relative Site Experience(상대비교사이트경험도)

Indicated_First_Time_Acquisition_Fraction[Company]=
Relative_Attractiveness_of_Brand[Company]*Relative_Attractiveness_of_Price[Company]*(1-Fraction_of_Sales_Lost_Due_to_Non_Availability_of_Product[Company])

단위: dimensionless
온라인에서 구매한 적이 없는 사용자들 중 신규회원고객으로 확보한 비율(First Time Acquisition Fraction)의 선행지표를 계산한다.

연결변수:
First Time Acquisition Fraction(최초 신규회원고객 확보율)
Sum of Indicated First Acquisition Fractions(경쟁기업별 최초 신규회원고객 확보율의 합)

Perception_Delay_for_Fulfillment=0.25
단위: 년
주문이행(Fulfillment)에 대해 고객이 인지하는 시간의 지연은 3개월로 가정한다.

연결변수:
Change in Perceived Industry Average(인지된 산업평균 주문이행시간의 변화)

Relative_Attractiveness_of_Brand[Company]=IF(Total_Brand_Equity=0)
THEN(0.0) ELSE(Brand_Equity[Company]/Total_Brand_Equity)
단위: dimensionless
시장전체 브랜드 가치에서 특정 기업이 가지는 브랜드의 상대적인 가치를 계산한다.

연결변수:
Indicated First Time Acquisition Fraction(최초 신규회원고객 확보

율의 선행지표)

Relative__Attractiveness__of__Content[Company]=IF(Total__Content=0)
THEN(0.0) ELSE(Content[Company]/Total__Content)
　단위: dimensionless
　시장전체 컨텐츠에서 특정 기업이 가지는 컨텐츠의 상대적인 보유량을
　계산한다.
　　연결변수:
　　Average Order Size(평균주문량)

Relative__Attractiveness__of__Price[Company]=
IF(Company__Entering__into__Market[Company]=0) THEN(1)
ELSE(Lookup__for__Relative__Attractiveness__of__Price[Company])
　단위: dimensionless
　판매가격이 낮으면 가격의 상대적인 매력도는 상승한다. 본 모형에서는
　이러한 관계를 표현하기 위해 그래프 함수를 사용한다.
　　연결변수:
　　Indicated First Time Acquisition Fraction(최초 신규회원고객 확보
　　율의 선행지표)
　　Relative Site Experience(상대비교사이트경험도)
　　Turnover Fraction(회원고객 이탈비율)

Relative__Price[Company]=IF(Brick__and__Mortar__Price__Level=0)
THEN(0.0) ELSE(Price[Company]/Brick__and__Mortar__Price__Level)
　단위: dimensionless
　평균 판매가와 비교한 상대적인 가격수준을 계산한다. 이 값이 1보다
　작으면 가격이 상대적으로 싼 편이며, 1보다 크면 상대적으로 비싼 편
　이다.
　　연결변수:
　　Relative Attractiveness of Price(가격의 상대적인 매력도)

Relative__Site__Experience[Company]=Perceived__Quality__of__Customer__
Support[Company]*Attractiveness__of__Fulfillment[Company]*Relative__
Attractiveness__of__Price[Company]*(1-Fraction__of__Sales__Lost__Due__
to__Non__Availability__of__Product[Company])

단위: dimensionless

고객의 사이트 경험에 영향을 미치는 요인들을 종합한 점수를 계산한다.

연결변수:

Experienced Buyers Recapture Fraction(구매경험이 있는 사용자의 회원고객 확보율)

Sum__of__Indicated__First__Acquisition__Fractions=
ARRAYSUM(Indicated__First__Time__Acquisition__Fraction[*])

단위: dimensionless

최초 신규회원고객 확보율 선행지표들에 대한 전체 기업의 합계를 구한다.

연결변수:

First Time Acquisition Fraction(최초 신규회원고객 확보율)

Total__Brand__Equity=ARRAYSUM(Brand__Equity[*])

단위: 천 원

브랜드 자산가치에 대한 전체 기업의 합계를 구한다.

연결변수:

Relative Attractiveness of Brand(브랜드의 상대적인 매력도)

Total__Content=ARRAYSUM(Content[*])

단위: 웹페이지

개별 기업의 웹사이트에 있는 컨텐츠의 합계를 구한다.

연결변수:

Relative Attractiveness of Content(컨텐츠의 상대적인 매력도)

Total__Number__of__SKUs__Available=1000000

단위: 권

특정 제품 카테고리에서 유통되는 전체 물량(권)을 1,000,000(권)으로
가정한다.

연결변수:

Fraction of Sales Lost Due to Non Availability of Product(고객이
원하는 제품(도서)이 없어 발생하는 판매기회상실 비율)

Turnover_due_to_Poor_Performance[Company]=Lookup_for_Turnover_
rate_based_on_perceived_Site_Performance[Company]

단위: 1/년

사이트 성과에 따라 회원고객의 이탈비율을 구한다.

연결변수:

Turnover Fraction(회원고객 이탈비율)

Turnover_Fraction[Company]=(IF(Relative_Attractiveness_of_
Price[Company]=0) THEN(1) ELSE(IF(Perceived_Quality_of_
Customer_Support[Company]=0) THEN(1) ELSE(IF(Attractiveness_of_
Fulfillment[Company]=0) THEN(1) ELSE(Turnover_due_to_Poor_
Performance[Company]/Attractiveness_of_Fulfillment[Company]/Percei
ved_Quality_of_Customer_Support[Company]/Relative_Attractiveness
_of_Price[Company]))))/Relative_Attractiveness_of_Online_Shopping
_vs_Brick_and_Mortar

단위: dimensionless/년

회원고객 이탈률(Turnover Rate)은 다양한 요인들에 의해 계산된다.

연결변수:

Loss of High Volume Buyers(대량구매자에서 독립구매자가 된
비율)

Loss of Occasional Buyers(일반구매자에서 독립구매자가 된 비율)

Weighted_Industry_Average_for_Fulfillment[Company]=
ARRAYSUM(Weighted_Time_for_Fulfillent[*])

단위: 일

산업평균 주문이행시간으로, 시장점유율에 의해 가중평균 된다.

연결변수:

Change in Perceived Industry Average(인지된 산업평균 주문이행
시간의 변화)

Weighted__Time__for__Fulfillment[Company]＝

Time__Required__for__Fulfillment[Company]*Market__Share[Company]

단위: 일

Weighted Industry Average for Fulfillment(산업평균 주문이행시간)을
계산하기 위해 사용된 보조변수이다.

Effect__of__Content__on__Average__Order[Company]＝

GRAPH(Relative__Attractiveness__of__Content[Company])

(0.00, 1.00), (0.0833, 1.00), (0.167, 1.00), (0.25, 1.00), (0.333, 1.05),

(0.417, 1.14), (0.5, 1.25), (0.583, 1.42), (0.667, 1.64), (0.75, 1.77), (0.833,

1.90), (0.917, 1.95), (1.00, 2.00)

단위: dimensionless

본 모형에서는 웹사이트의 컨텐츠가 훌륭하면 평균주문량(Average
Order Size)이 두 배로 늘어난다고 가정한다.

연결변수:

Average Order Size(평균주문량)

Lookup__for__Recapture__Fraction__based__on__Site__Experience[Compan
y]＝GRAPH(Relative__Site__Experience[Company])

(0.00, 0.00), (0.5, 0.1), (1.00, 0.5), (1.50, 1.20), (2.00, 2.00), (2.50, 3.00),

(3.00, 4.00), (3.50, 5.57), (4.00, 7.11), (4.50, 8.60), (5.00, 10.0), (5.50,

10.0), (6.00, 10.0)

단위: 1/년

사이트 성과에 따라 독립구매자(Independent Shopper)가 충성구매자로
전환할 가능성을 결정한다.

　　연결변수:
　　Experienced Buyers Recapture Fraction(구매경험이 있는 사용자의
회원확보율)

Lookup__for__Relative__Attractiveness__of__Price[Company]=
GRAPH(Relative__Price[Company])
(0.00, 4.00), (0.2, 3.63), (0.4, 3.24), (0.6, 2.82), (0.8, 2.37), (1.00, 1.00),
(1.20, 0.18), (1.40, 0.00), (1.60, 0.00)
　　단위: dimensionless
　　상대비교가격에 따라 가격매력도를 결정한다. 평균은 1로 가정한다.
　　연결변수:
　　Relative Attractiveness of Price(상대적 가격매력도)

Lookup__for__Sales__Lost[Company]=GRAPH(Product__Selection[Company]
/Total__Number__of__SKUs__Available)
(0.00, 1.00), (0.1, 0.75), (0.2, 0.553), (0.3, 0.373), (0.4, 0.233), (0.5, 0.15),
(0.6, 0.105), (0.7, 0.07), (0.8, 0.035), (0.9, 0.02), (1, 0.00)
　　단위: dimensionless
　　제품 카테고리(도서)의 전체 규모에서 특정 기업이 보유하고 있는 제
품(도서)의 비율에 따라 발생하는 판매기회상실 비율을 결정한다.
　　연결변수:
　　Fraction of Sales Lost Dut to Non Availability of Product(고객이
원하는 제품(도서)이 없어 발생하는 판매기회상실 비율)

Lookup__for__Turnover__Rate__based__on__Perceived__Site__Performance
[Company]=GRAPH(Perceived__Site__Performance[Company])
(0.00, 1.00), (0.1, 0.7), (0.2, 0.575), (0.3, 0.45), (0.4, 0.375), (0.5, 0.3),
(0.6, 0.25), (0.7, 0.2), (0.8, 0.16), (0.9, 0.12), (1, 0.1)
　　단위: dimensionless/년
　　사이트 성과에 따라 회원고객 이탈률을 결정한다. 본 모형에서는 사이트
의 성과가 완벽하더라도 10%의 최소 이탈률은 있는 것으로 가정한다.

```
**************************
```

사이트 운영(Site Operations)

```
**************************
```

Brand_Equity[Company](t)=Brand_Equity[Company](t-dt)+(Total__
Marketing_Spending[Company]+Brand_Equity_at_Beginning_of_
Operations[Company]+Free_Riding_on_Bricks_and_Mortar_Advertising
[Company]-Loss_of_Brand_Equity[Company])*dt
INIT Brand_Equity[Company]=0
단위: 천 원
브랜드 자산가치를 금액으로 환산한다. 브랜드 자산가치는 광고비 지출
에 따라 증가하고 광고비 지출이 끝나면 자동으로 감소한다.
연결변수:
Loss of Brand Equity(브랜드 자산가치의 상실)
Relative Attractiveness of Brand(브랜드의 상대적 매력도)
Total Brand Equity(브랜드 자산가치 총계)

INFLOWS:
Total_Marketing_Spending[Company]=
MAX(Minimum_Marketing_Spending[Company],Sales_Revenue[Company]*
Target_Percentage_of_Revenue_Spending_for_Marketing[Company])*
Company_Entering_into_Market[Company]
단위: 천 원/년
마케팅 투자는 브랜드 자산가치를 증가시킨다.
연결변수:
Brand Equity(브랜드 자산가치)
Acquisition Cost per Customer(고객 한명 당 회원확보 비용)
Current Operating Costs(현행 영업 관련 비용)
Marketing and Sales(판매비 및 일반관리비)
Operating Expense(영업비)

Brand__Equity__at__Beginning__of__Operations[Company]=
PULSE(Initial__Brand__Equity[Company],Startup__Date[Company])
  단위: 천 원/년
  초기 브랜드 자산가치는 온라인 사업을 시작하면서 고려된다.
    연결변수:
    Brand Equity(브랜드 자산가치)

Free__Riding__on__Bricks__and__Mortar__Advertising[Company]=
Bricks__and__Mortar__Advertising[Company]*Effectiveness__of__Free__Ri
ding*Company__Entering__into__Market[Company]
  단위: 천 원/년
  오프라인 모기업을 가지고 있는 온라인 소매기업이 기존 오프라인 광고
  캠페인 기간 동안 웹사이트의 URL 인지도를 높이는 효과를 계산한다.
    연결변수:
    Brand Equity(브랜드 자산가치)

OUTFLOWS:
Loss__of__Brand__Equity[Company]=Brand__Equity[Company]*Annual__
Fractional__Loss__of__Brand__Equity Content[Company](t)=Content
[Company](t-dt)+(Editorial__production[Company]+User__Generated__
Content[Company]-Obsolescence[Company])*dt
INIT Content[Company]=0
  단위: 천 원/년
  과거에 했던 광고의 효과는 시간이 지남에 따라 점점 줄어들 것으로
  가정한다. 여기서는 브랜드 자산가치의 상실을 계산한다.
    연결변수:
    Brand Equity(브랜드 자산가치)

INFLOWS:
Editorial__Production[Company]=
Editorial__Budget[Company]/Cost__per__selfgenerated__webpage[Company]*

Company__Entering__into__Market[Company]
　단위: 웹페이지/년
　편집 스태프를 통해 회원고객이 자발적으로 만든 컨텐츠를 나타낸다.
　　연결변수:
　　Content(컨텐츠)

User__Generated__Content[Company]＝Total__Number__of__Loyal__Users
[Company]*Page_generation__per__User[Company]*Ease__of__User__
Content__Generation[Company]*Company__Entering__into__Market[Company]
　단위: 웹페이지/년
　회원고객에 의한 컨텐츠 제작은 회원고객의 수와 회원고객당 컨텐츠
　제작량에 의해 결정된다.
　　연결변수:
　　Content(컨텐츠)
　　Cost per User Generated Webpage(회원고객의 컨텐츠 제작비용)

OUTFLOWS:
Obsolescence[Company]＝Content[Company]/Time__to__Obsolescence
Product__Selection[Company](t)＝Product__Selection[Company](t-dt)＋
(Change__in__product__selection[Company])*dt
INIT Product__Selection[Company]＝Initial__Product__Selection[Company]
　단위: 웹페이지/년
　오래된 컨텐츠는 정기적으로 삭제된다.
　　연결비용:
　　Content(컨텐츠)

INFLOWS:
Change__in__Product__Selection[Company]＝Company__Entering__into__
Market[Company]*(Desired__Product__Selection[Company]-Product__Sele
ction[Company])/Time__to__Change__Product__Selection
　단위: 권/년

기업이 희망하는 수준으로 제품(도서) 보유량을 늘리는 비율을 계산한다.
　연결변수:
　Product Selection(제품 보유)

Real_Estate_Infrastructure[Company](t)＝Real_Estate_Infrastructure
[Company](t-dt)＋(Real_Estate_Infrastructure_Spending[Company]-Real_
Estate_Depreciation[Company])*dt
INIT Real_Estate_Infrastructure[Company]＝0
　단위: 천 원/년
　부동산의 장부가치를 계산한다.
　　연결변수:
　　Real Estate Infrastructure(부동산)
　　Adjusted Operating Expenses(조정 영업비)

INFLOWS:
Real_Estate_Infrastructure_Spending[Company]＝MAX(0,(Change_
Warehouse_Space[Company]＋Warehouse_space_at_start_of_Operation
[Company])*Cost_of_Building_warehouse_space)
　단위: 천 원/년
　부동산의 장부가치를 계산한다.
　　연결변수:
　　Real Estate Infrastructure(부동산)
　　Adjusted Operating Expenses(조정 영업비)

OUTFLOWS:
Real_Estate_Depreciation[Company]＝
Real_Estate_Infrastructure[Company]*Real_Estate_Depreciation_Rate
　단위: 천 원/년
　부동산은 10년에 걸쳐 감가상각된다.
　　연결변수:
　　Real Estate Infrastructure(부동산)

Adjusted Operating Expenses(조정 영업비)
Inventory Costs(재고비용)

Server__Infrastructure[Company](t)=Server__Infrastructure[Company](t-dt)+
(Server__Infra__structure__at__Beginning__of__Operations[Company]+Server__
Infrastructure__Investment[Company]-Server__Depreciation[Company])*dt
INIT Server__Infrastructure[Company]=0
    단위: 천 원
    투자와 감가상각을 통한 서버 인프라의 누적 가치를 계산한다.
        연결변수:
        Adequacy of Server Infrastructure(서버 인프라 적정성)
        Server Depreciation(서버 감가상각)
        Server Infrastructure Investment(서버 인프라 투자)
        Total Assets(자산총계)

INFLOWS:
Server__Infrastructure__at__Beginning__of__Operations[Company]=
PULSE(Initial__Server__Infrastructure[Company],Startup__Date[Company])
    단위: 천 원/년
    사업을 시작할 때의 서버 인프라 투자액을 결정한다.
        연결변수:
        Server Infrastructure(서버 인프라)
        Sale of Equity(지분매각)

Server__Infrastructure__Investment[Company]=MAX(0, (Desired__Server__
Infrastructure[Company]-Server__Infrastructure[Company])/Server__Procure
ment__Delay)
    단위: 천 원/년
    서버 인프라에 대한 투자액을 계산한다.
        연결변수:
        Server Infrastructure(서버 인프라)

Adjusted Operating Expenses(조정 영업비)

Cost per Pageview(페이지뷰당 비용)

Current Operating Costs(현행 영업 관련 비용)

OUTFLOWS:

Server__Depreciation[Company]=

Server__Infrastructure[Company]*Server__Depreciation__Rate

　단위: 천 원/년

　서버 인프라는 감가상각에 의해 영향을 받는다.

　　연결변수:

　　Server Infrastructure(서버 인프라)

　　Adjusted Operating Expenses(조정 영업비)

　　Operating Expenses(영업비)

Warehouse__Space[Company](t)=Warehouse__Space[Company](t-dt)+

(Warehouse__space__at__start__of__Operation[Company]+

Change__Warehouse__Space[Company])*dt

INIT Warehouse__Space[Company]=0

　단위: 평

　　기업이 임대 또는 자체 보유한 창고(물류센터)의 저량(stock)을 계산

　　한다.

　　연결변수:

　　Change in Warehouse Space(창고크기의 변화)

　　Time Required for Fulfillment(주문이행에 대한 요구시간)

　　Warehouse Maintenance Costs(창고유지비용)

INFLOWS:

Warehouse__Space__at__Start__of__Operation[Company]=

PULSE(Initial__Warehouse__Space[Company],Startup__Date[Company])

　단위: 평/년

　사업을 시작할 때의 창고크기를 결정한다.

연결변수:

Warehouse Space(창고크기)

Real Estate Infrastructure Spending(부동산 투자액)

Change__Warehouse__Space[Company]=MAX((Desired__Warehouse__
Space[Company]-Warehouse__Space[Company])/Time__to__Adjust__War
ehouse__Space,Minimum__Change__in__Warehouse__Space)

단위: 평/년

창고크기의 변화율을 계산한다.

연결변수:

Warehouse Space(창고크기)

Real Estate Infrastructure Spending(부동산 투자액)

Adequacy__of__Server__Infrastructure[Company]=IF(Company__Entering__
into__Market[Company]=0) THEN(1) ELSE(IF(Required__Server__Infra__
structure[Company]=0) THEN(0.0) ELSE(Server__Infrastructure[Company]/
Required__Server__Infrastructure[Company]))

단위: dimensionless

필요한 서버 인프라와 현재 서버 인프라를 비교하여 적정성을 계산한
다. 이 결과는 사이트 성과에 영향을 미친다.

연결변수:

Current Site Performance(현재 사이트 성과)

Adequacy__of__Staffing[Company1, engin]=
IF(Company__Entering__into__Market[Company1]=0) THEN(1)
ELSE(IF(Required__Manpower__for__Site__Operation[Company1]=0)
THEN(0.0) ELSE(FTEs__available__for__work[Company1,
engin]/(Required__Manpower__for__Site__Operation[Company1]+
0*Required__Manpower__for__Customer__Support[Company1])))

Adequacy__of__Staffing[Company1, cussupport]=

IF(Company__Entering__into__Market[Company1]=0)THEN(1)ELSE(IF
(Required__Manpower__for__Customer__Support[Company1]=0)
THEN(0,0) ELSE(FTEs__available__for__work[Company1,
cussupport]/(0*Required__Manpower__for__Site__Operation[Company1]+
Required__Manpower__for__Customer__Support[Company1])))

Adequacy__of__Staffing[Company2, engin]=
IF(Company__Entering__into__Market[Company2]=0) THEN(1)
ELSE(IF(Required__Manpower__for__Site__Operation[Company2]=0)
THEN(0,0) ELSE(FTEs__available__for__work[Company2,
engin]/(Required__Manpower__for__Site__Operation[Company2]+
0*Required__Manpower__for__Customer__Support[Company2])))

Adequacy__of__Staffing[Company2, cussupport]=
IF(Company__Entering__into__Market[Company2]=0) THEN(1)
ELSE(IF(Required__Manpower__for__Customer__Support[Company2]=0)
THEN(0,0) ELSE(FTEs__available__for__work[Company2,
cussupport]/(0*Required__Manpower__for__Site__Operation[Company2]+
Required__Manpower__for__Customer__Support[Company2])))

Adequacy__of__Staffing[Company3, engin]=
IF(Company__Entering__into__Market[Company3]=0) THEN(1)
ELSE(IF(Required__Manpower__for__Site__Operation[Company3]=0)
THEN(0,0) ELSE(FTEs__available__for__work[Company3,
engin]/(Required__Manpower__for__Site__Operation[Company3]+
0*Required__Manpower__for__Customer__Support[Company3])))

Adequacy__of__Staffing[Company3, cussupport]=
IF(Company__Entering__into__Market[Company3]=0) THEN(1)
ELSE(IF(Required__Manpower__for__Customer__Support[Company3]=0)
THEN(0,0) ELSE(FTEs__available__for__work[Company3,

cussupport]/(0*Required_Manpower_for_Site_Operation[Company3]+
Required_Manpower_for_Customer_Support[Company3])))
  단위: dimensionless
  필요한 종업원 수와 현재 종업원 수를 비교하여 적정성을 계산한다. 기
  술부서와 고객지원부서별로 다르다고 가정한다.
    연결변수:
    Current Quality of Customer Support(고객지원부문의 현재 품질)
    Current Site Performance(현재 사이트 성과)

Adjustment_for_Growth_during_Procurement[Company]=1+
Growth_Adjustment_Factor[Company]*Server_Procurement_Delay
  단위: dimensionless
  조달과정(procurement process) 동안에 채용(hiring), 자본조달
  (fundraising), 조달(procurement), 그리고 기타 성장률에 대한 프로세
  스의 조정치를 계산한다.
    연결변수:
    Desired Server Infrastructure(희망 서버 인프라)

Adjustment_for_Server_Depreciation=1+
(Server_Depreciation_Rate*Server_Procurement_Delay)
  단위: dimensionless
  조달과정(procurement process) 동안에 발생하는 감가상각에 대해 조정
  된 서버 조달(adjusted server procurement) 비율을 계산한다.
    연결변수:
    Desired Server Infrastructure(희망 서버 인프라)

Annual_Fractional_Loss_of_Brand_Equity=0.4
  단위: 1/년
  신규 광고를 하지 않음으로써 연간 상실하는 브랜드 자산가치 비율을
  0.4로 가정한다.
    연결변수:

Loss of Brand Equity(브랜드 자산가치 상실)

Bricks_and_Mortar_Advertising[Company1]=0
Bricks_and_Mortar_Advertising[Company2]=0
Bricks_and_Mortar_Advertising[Company3]=1000000
　　단위: 천 원/년
　　추가비용 없이 사이트 URL의 광고효과를 볼 수 있는 오프라인 파트너
의 광고비(Bricks and Mortar Advertising)를 가정한다.
　　연결변수:
　　Free Riding on Bricks and Mortar Advertising(오프라인 모기업
광고에 의한 공짜광고 효과)

Bricks_and_Mortar_COGS=50
　　단위: 천 원/거래량
　　관련 산업의 오프라인 기업 자료를 근거로 했을 때 특정 제품에 대한
매출원가(COGS)를 가정한다. 본 모형에서는 미국의 자료를 근거로
50,000원으로 가정하였으나 국내의 경우에는 물류비용이 비싸기 때문에
이보다는 더 큰 것으로 판단된다.
　　연결변수:
　　Bricks and Mortar Price Level(오프라인 기업의 가격수준)
　　Company Cost of Goods Sold(매출원가)

Company_Cost_of_Goods_Sold[Company]=Bricks_and_Mortar_
COGS*Company_Modifier_of_Procurement_Costs[Company]
　　단위: 천 원/거래량
　　특정 제품 카테고리에 대한 평균 매출원가를 계산한다. 규모의 경제
(economies of scale)와 할인(volume discount)에 따라 기업별로 다르다.
　　연결변수:
　　Price(가격)

Company_Modifier_of_Procurement_Costs[Company]=1

단위: dimensionless

조달비용(Procurement Costs)의 기업 간 차이를 고려할 수 있도록 설계한다. 본 모형에서는 차이를 고려하지 않는다.

연결변수:

Company Cost of Goods Sold(매출원가)

Cost_of_Allowing_User_Generated_Content[Company]=1000

단위: 천 원/년

회원고객이 컨텐츠를 제작하도록 하는 데 소요되는 비용을 가정한다.

연결변수:

Cost per User Generated Webpage(회원고객이 만든 웹페이지당 비용)

Total Editorial Cost(편집비용총계)

Cost_of_Building_Warehouse_Space=1300

단위: 천 원/평

평당 창고건설 비용을 1,300,000원으로 가정한다.

연결변수:

Real Estate Infrastructure Spending(부동산 투자액)

Cost_per_selfgenerated_Webpage[Company]=1

단위: 천 원/웹페이지

편집진이 만든 웹페이지당 1,000원의 제작비용이 소요된다고 가정한다.

연결변수:

Editorial Production(편집진의 컨텐츠 제작수)

Cost_per_User_Generated_Webpage[Company]=IF(User_Generated_Content[Company]=0) THEN(0.0) ELSE(Cost_of_allowing_user_generated_content[Company]/User_Generated_Content[Company])

단위: 천 원/웹페이지

회원고객이 만든 웹페이지당 소요되는 비용을 계산한다.

Current__Quality__of__Customer__Support[Company]=
MIN(1,Adequacy__of__Staffing[Company, cussupport])
　　단위: dimensionless
고객지원부문과 관련한 현재 품질을 계산한다. 이 값이 1이면 고객지원
부문의 품질이 우수한 반면, 0이면 고객 서비스 수준이 낮은 것이다.
　　연결변수:
　　Perceived Quality of Customer Support(인지된 고객지원품질)

Current__Site__Performance[Company]=MIN(1,Adequacy__of__Server__
Infra__structure[Company]*Adequacy__of__Staffing[Company, engin])
　　단위: dimensionless
현재 사이트 성과를 측정한다. 이 값이 1이면 성과가 좋은 반면, 0이면
성과가 좋지 않다는 것을 나타낸다.
　　연결변수:
　　Perceived Site Performance(인지된 사이트 성과)

Customer__Contacts__per__Transaction=0.2
　　단위: 접촉/거래
본 모형에서는 5번의 거래 중 1번은 고객지원부서 종업원과 고객이 접
촉하게 된다고 가정한다.

Customer__Memory=0.5
　　단위: 년
사이트에 대한 좋고 나쁜 경험을 고객은 평균 6개월 동안 기억한다고
가정한다.
　　연결변수:
　　Perceived Quality of Customer Support(고객지원부문의 인지된 품
　　질수준)
　　Perceived Site Performance(인지된 사이트 성과)

Desired__Product__Selection[Company1]=1000000

Desired__Product__Selection[Company2]=600000
Desired__Product__Selection[Company3]=1000000
　　단위: 권
　　각 기업이 보유하고자 하는 제품(도서)의 수를 가정한다. 전체 서적시
장에는 최소한 1,000,000권의 도서가 있는 것으로 가정한다.
　　　연결변수:
　　　Change in Product Selection(제품 보유량의 변화)
　　　Desired Warehouse Space(희망 창고크기)

Desired__Server__Infrastructure[Company]=
Required__Server__Infra__structure[Company]*Adjustment__for__Server__
Depreciation*Adjustment__for__Growth__during__Procurement[Company]
　　단위: 천 원
　　감가상각과 거래량 증가에 대한 조정과 필요수준에 기초하여 희망 서
버 인프라를 계산한다.
　　　연결변수:
　　　Server Infrastructure Investment(서버 인프라 투자)

Desired__Time__for__Fulfillment[Company1]=2
Desired__Time__for__Fulfillment[Company2]=4
Desired__Time__for__Fulfillment[Company3]=3
　　단위: 일
　　각 기업별 희망 주문이행시간을 가정한다.
　　　연결변수:
　　　Desired Warehouse Space(희망 창고크기)

Desired__Warehouse__Space[Company]=
(IF(Desired__Time__for__Fulfillment[Company]=0) THEN(1) ELSE
(Effect__of__Number__of__Transactions__on__Warehousing__needs[Company]/
Desired__Product__Selection[Company]))*Fulfillment__Time__conversion__
factor*Company__Entering__into__Market[Company]

단위: 평

희망 제품 보유수(Desired Product Selection)와 현재 거래량에 기초하여 계산한다.

　　연결변수:

　　Change in Warehouse Space(창고크기의 변화)

Ease__of__User__Content__Generation[Company1]=1

Ease__of__User__Content__Generation[Company2]=1

Ease__of__User__Content__Generation[Company3]=1

　　단위: dimensionless

회원고객의 컨텐츠 제작을 지원하는지 여부를 나타내는 것으로, 1이면 지원, 0이면 지원하지 않는 것을 나타낸다.

　　연결변수:

　　Total Editorial Cost(편집비용총계)

　　User Generated Content(회원고객제작 컨텐츠)

Editorial__Budget[Company1]=100000

Editorial__Budget[Company2]=100000

Editorial__Budget[Company3]=200000

　　단위: 천 원/년

편집진에 의한 컨텐츠 제작에 어느 정도의 예산을 배분할 것인지를 결정한다.

　　연결변수:

　　Current Operating Costs(현행 영업 관련 비용)

　　Editorial Production(편집진에 의한 컨텐츠 제작량)

　　Total Editorial Cost(편집비용총계)

Effectiveness__of__Free__Riding=0

　　단위: dimensionless

본 모형에서는 오프라인 모기업 광고에 의해 공짜로 얻는 광고효과는 없는 것으로 가정한다.

연결변수:

Free Riding on Bricks and Mortar Advertising(오프라인 모기업 광고에 의한 공짜광고)

FTE__required__per__Customer__Contact[Company]=0.0001

단위: FTE*년/접촉

한 명의 고객은 일년마다 10,000번의 접촉을 가질 수 있다고 가정한다.

연결변수:

Required Manpower for Customer Support(고객지원을 위한 필요 인력)

FTE__required__per__Pageview=1.5E-006

단위: FTE*년/페이지뷰

페이지뷰 하나를 지원하기 위한 필요 인력은 1.5E-006으로 가정한다.

연결변수:

Required Manpower for Site Operation(사이트 운영을 위한 필요 인력)

Fulfillment__Time__Conversion__Factor=0.0002

단위: 일*평/SKUs

이 수치는 거래량, 제품 보유수, 그리고 가용한 인프라에 기초하여 주문이행시간을 결정한다.

연결변수:

Desired Warehouse Space(희망 창고크기)

Time Required for Fulfillment(주문이행요구시간)

Indicated__Gross__Margin[Company]=Target__Gross__Margin[Company]

단위: dimensionless

매출총이익(Gross Margin)을 나타내는 선행지표를 계산한다.

연결변수:

Cost of Goods Sold(매출원가)

Price(가격)

Weighted Industry Average Margin(산업평균 마진율)

Inventory__Costs[Company]=

Product__Selection[Company]*Inventory__Costs__per__SKU+Real__Estate__

Depreciation[Company]+Warehouse__Maintenance__Costs[Company]*

Company__Entering__into__Market[Company]

    단위: 천 원/년

    재고비용(Inventory Costs)을 계산한다.

       연결변수:

       Current Operating Costs(현행 영업 관련 비용)

       Marketing and Sales(판매비 및 일반관리비)

       Operating Expenses(영업비)

Inventory__Costs__per__SKU=0.2

    단위: 천 원/년/SKU

    재고비용은 SKY/년마다 200원으로 가정한다.

       연결변수:

       Inventory Costs(재고비용)

Maintenance__Cost__Unit[Company]=35

    단위: 천 원/년/평

    평당 창고유지비용은 일년마다 평당 35,000원이 드는 것으로 가정한다.

       연결변수:

       Warehouse Maintenance Costs(창고유지비용)

Maximum__Page__Generation__per__User[Company]=1

    단위: 웹페이지/년/명

    일년마다 고객이 만드는 최대 웹페이지 수를 가정한다.

       연결변수:

       Page Generation per User(고객당 만들어내는 페이지 수)

Minimum__Change__in__Warehouse__Space=0
　　단위: 평/년
　　창고크기를 줄이는 것을 방지하기 위한 것이다.
　　　　연결변수:
　　　　Change in Warehouse Space(창고크기의 변화)

Minimum__Manpower__for__Customer__Support[Company]=5
　　단위: FTE
　　고객지원부서의 최소 필요인력
　　　　연결변수:
　　　　Required Manpower for Customer Support(고객지원부서의 필요
　　　　인력)

Minimum__Manpower__Required__for__Site__Operation[Company]=5
　　단위: FTE
　　기술부서의 최소 필요인력
　　　　연결변수:
　　　　Required Manpower for Site Operation(사이트 운영을 위한 필요
　　　　인력)

Minimum__Marketing__Spending[Company1]=100000
Minimum__Marketing__Spending[Company2]=100000
Minimum__Marketing__Spending[Company3]=100000
　　단위: 천 원/년
　　현재 수입과는 별개로 최소 마케팅 투자액을 가정한다.
　　　　연결변수:
　　　　Total Marketing Spending(마케팅 투자총계)

Minimum__Server__Infrastructure__Required[Company]=1000
　　단위: 천 원
　　웹사이트를 운영하는 데 필요한 최소 서버 인프라

　　연결변수:

　　Required Server Infrastructure(필요한 서버 인프라)

Minimum__Time__for__Fulfillment[Company]=2

　　단위: 일

배송시스템이 완벽해도 2일은 걸린다고 가정한다.

　　연결변수:

　　Perceived Industry Average for Fulfillment(인지된 산업평균 주문
이행시간)

Page__Generation__per__User[Company]=

Maximum__Page__Generation__per__User[Company]*Lookup__for__Prope

nsity__to__Contribute__Based__on__Pages__Already__Contri[Company]

　　단위: 웹페이지/년/명

회원고객의 컨텐츠 제작은 이전 회원고객이 컨텐츠 제작을 어느 정도
했는지에 따라 결정된다.

　　연결변수:

　　User Generation Content(회원고객에 의한 신규 컨텐츠)

Perceived__Quality__of__Customer__Support[Company]=

SMTH1(Current__Quality__of__Customer__Support[Company],

Customer__Memory)

　　단위: dimensionless

고객지원에 대한 인지된 품질(Perceived Quality of Customer Support)
은 과거 사이트 경험에 대한 기억기간(Customer Memory)에 걸친 현
재 고객지원 품질(Current Quality of Customer Support)에 의해 결정
된다.

　　연결변수:

　　Relative Site Experience(상대비교사이트경험)

　　Turnover Fraction(회원고객 이탈비율)

Perceived_Site_Performance[Company]=

SMTH1(Current_Site_Performance[Company], Customer_memory)

인지된 사이트 성과(Perceived Site Performance)는 과거 사이트 경험에 대한 기억기간(Customer Memory)에 걸친 현재 사이트 성과(Current Site Performance)에 의해 결정된다.

연결변수:

Turnover Dut to Poor Performance(사이트 성과하락으로 인한 회원고객 이탈)

Price[Company]=

Company_Entering_into_Market[Company]*Company_Cost_of_Goods_sold[Company]/(1-Indicated_Gross_Margin[Company])

단위: 천 원/거래량

매출원가(COGS)와 목표 매출총이익률(Target Gross Margin)에 기초하여 가격이 설정된다.

연결변수:

Average Order Size(평균주문량)

Relative Price(상대비교가격)

Real_Estate_Depreciation_Rate=0.1

단위: 천 원/년

부동산은 10년에 걸쳐 감가상각된다.

연결변수:

Real Estate Infrastructure(부동산)

Adjusted Operating Expenses(조정 영업비)

Inventory Costs(재고비)

Required_Manpower_for_Customer_Support[Company]=

MAX(Number_of_Transactions[Company]*FTE_required_per_Customer_Contact[Company]*Customer_Contacts_per_transaction*Adjustment_for_economies_of_scale_for_Customer_Support[Company],Minim

um__Manpower__for__Customer__Support[Company])*Company__Entering
__into__Market[Company]

　단위: FTE

　거래량(Number of Transactions)에 기초하여 고객지원에 필요한 인력
을 계산한다.

　　연결변수:

　　Adequacy of Staffing(채용규모의 적정성)

　　Current Workweek(현재 근무시간)

　　Desirable Number of People(희망 필요인원)

Required__Manpower__for__Site__Operation[Company]=
MAX(FTE__required__per__Pageview*Number__of__Pageviews[Company
]*Adjustment__for__Economies__of__scale__for__Site__Operation[Company
],Minimum__Manpower__Required__for__Site__Operation[Company])*Com
pany__Entering__into__Market[Company]

　단위: FTE

　사이트 트래픽에 기초하여 사이트 운영을 위해 필요한 인력을 계산한다.

　　연결변수:

　　Adequacy of Staffing(채용규모의 적정성)

　　Current Workweek(현재 근무시간)

　　Desirable Number of People(희망 필요인원)

Required__Server__Infra__structure[Company]=
MAX(Number__of__Pageviews[Company]*Server__Requirement__per__Pa
geview*Adjustment__for__Economies__of__scale__for__Site__Operation[Co
mpany],Minimum__Server__Infrastructure__required[Company])*Company
__Entering__into__Market[Company]

　단위: 천 원

　사이트 트래픽에 기초하여 필요한 서버 인프라를 계산한다.

　　연결변수:

　　Adequacy of Server Infrastructure(채용규모의 적정성)

288

Desired Server Infrastructure(희망 서버 인프라)

Server__Depreciation__Rate=0.33
단위: 천 원/년
서버 인프라는 감가상각에 의해 영향을 받는다.
연결변수:
Server Infrastructure(서버 인프라)
Adjusted Operating Expenses(조정 영업비)
Operating Expenses(영업비)

Server__Procurement__Delay=0.33
단위: 1/년
평균 감가상각 시간지연은 3년으로 가정한다.
연결변수:
Adjustment for Server Depreciation(서버 감가상각의 조정)
Server Depreciation(서버 감가상각)

Server__Requirement__per__Pageview=0.5
단위: 천 원*년/페이지뷰
서버 인프라에 대한 필요 투자액을 가정한다.
연결변수:
Required Server Infrastructure(필요한 서버 인프라)

Target__Gross__Margin[Company]=TIME
단위: dimensionless
목표 매출총이익률(Target Gross Margin)을 시간에 따라 다르게 설정
할 수 있도록 그래프 함수를 이용한다. 이 변수는 중요한 정책의사결정
변수 중의 하나이다. 본 모형에서는 기업 1 20%, 기업 2 15%, 그리고
기업 3 20%로 시간에 따라 동일하게 설정한다.
연결변수:
Indicated Gross Margin(매출총이익의 선행지표)

Target__Percentage__of__Revenue__Spending__for__Marketing[Company]
=TIME

단위: dimensionless

마케팅 투자를 위해 수입의 얼마를 사용할 것인지를 시간에 따라 다르게 설정할 수 있도록 그래프 함수를 이용한다. 이 변수 역시 중요한 정책의사결정변수 중의 하나이다. 기업 1은 40%에서 점차 줄여나가고 기업 2는 15%에서 점차 줄여나간다. 기업 3은 60%에서 점차 줄여나간다.

연결변수:

Total Marketing Spending(마케팅 투자총계)

Time__Required__for__Fulfillment[Company]=MAX((IF(Warehouse__Space[Company]=0) THEN(1) ELSE(Effect__of__Number__of__Transactions__on__Warehousing__Needs[Company]*Product__Selection[Company]/Warehouse__Space[Company]))*Fulfillment__Time__Conversion__Factor, Minimum__Time__for__Fulfillment[Company])*Company__Entering__into__Market[Company]

단위: 일

거래량(Number of Transactions)과 가용한 창고크기에 기초하여 주문이행시간(Time for Fulfillment)을 계산한다.

연결변수:

Attractiveness of Fulfillment(주문이행 매력도)

Weighted Time for Fulfillment(산업평균 주문이행시간을 계산하기 위한 보조변수)

Time__to__Adjust__Warehouse__Space=2

단위: 년

창고를 짓는데 2년이 걸린다.

연결변수:

Change in Warehouse Space(창고크기의 변화)

Time__to__Change__Product__Selection=1.5

단위: 년
희망하는 제품(도서)보유 수준으로 되는데 1년 6개월이 걸린다.
    연결변수:
    Change in Product Selection(제품보유수준의 변화)

Time__to__Obsolescence=0.5
    단위: 년
    컨텐츠는 6개월이 지나면 무용하게 된다.
    연결변수:
    Obsolescence(퇴화율)

Total__Editorial__Cost[Company]=(Ease__of__User__Content__Generation
[Company]*Cost__of__allowing__user__generated__content[Company]+
Editorial__Budget[Company])*Company__Entering__into__Market[Company]
    단위: 천 원/년
    편집진과 회원고객에 의한 컨텐츠 제작비용의 합으로 계산한다.
    연결변수:
    Operating Expenses(영업비)
    Product Development(제품개발비)

Warehouse__Maintenance__Costs[Company]=
Maintenance__Cost__Unit[Company]*Warehouse__Space[Company]
    단위: 천 원/년
    창고유지비용(Warehouse Maintenance Costs)은 사용되고 있는 창고의
크기에 따라 달라진다.
    연결변수:
    Inventory Costs(재고비용)

Adjustment__for__Economies__of__Scale__for__Customer__Support[Compa
ny]=GRAPH(Number__of__Transactions[Company])
(0.00, 1.00), (1e+007, 0.55), (2e+007, 0.15), (3e+007, 0.135), (4e+007,

0.125), (5e+007, 0.12), (6e+007, 0.115), (7e+007, 0.11), (8e+007,
0.105), (9e+007, 0.105), (1e+008, 0.1)

단위: dimensionless

고객지원부문에 있어 거래량(Number of Transactions)에 따른 규모의
경제효과를 결정한다. 거래량이 증가하면 최대 10배까지 규모의 경제효
과가 발생한다고 가정한다.

연결변수:

Required Manpower for Customer Support(고객지원을 위한 필요
인력)

Adjustment_for_Economies_of_Scale_for_Site_Operation[Company]
=GRAPH(Number_of_Pageviews[Company])
(0.00, 1.00), (1e+008, 0.85), (2e+008, 0.715), (3e+008, 0.595), (4e+008,
0.475), (5e+008, 0.37), (6e+008, 0.26), (7e+008, 0.165), (8e+008,
0.125), (9e+008, 0.1), (1e+009, 0.1)

단위: dimensionless

사이트 운영에 있어 페이지뷰(Number of Pageviews)에 따른 규모의
경제효과를 결정한다. 페이지뷰가 늘어나면 최대 10배까지 규모의 경제
효과가 발생한다고 가정한다.

연결변수:

Required Manpower for Site Operations(사이트 운영을 위한 필요
인력)

Required Server Infrastructure(필요한 서버 인프라)

Effect_of_Number_of_Transactions_on_Warehousing_Needs[Compa
ny]=GRAPH(Number_of_Transactions[Company])
(0.00, 0.00), (1e+007, 100), (2e+007, 200), (3e+007, 300), (4e+007,
400), (5e+007, 500), (6e+007, 600), (7e+007, 700), (8e+007, 800), (9e
+007, 900), (1e+008, 1000)

단위: dimensionless

거래량(Number of Transactions)에 따른 창고크기의 변화 필요성을 결

정한다.

　연결변수:

Desired Warehouse Space(희망 창고크기)

Time Required for Fulfillment(주문이행에 필요한 시간)

Lookup_for_Propensity_to_Contribute_based_on_Pages_Already_Contri[Company]=GRAPH(Content[Company])

(0.00, 0.1), (5e+006, 0.71), (1e+007, 0.803), (1.5e+007, 0.807), (2e+007, 0.807), (2.5e+007, 0.811), (3e+007, 0.816), (3.5e+007, 0.816), (4e+007, 0.82), (4.5e+007, 0.825), (5e+007, 0.825), (5.5e+007, 0.829), (6e+007, 0.83)

　단위: dimensionless

컨텐츠가 풍부한 사이트가 더 많은 회원고객의 컨텐츠 제작을 이끈다고 가정한다.

　연결변수:

Page Generation per User(회원고객별 페이지 제작수)

****

재무회계(Financial Accounting)

****

Accounts_Payable[Company](t)=Accounts_Payable[Company](t-dt)+(Accounts_Payable_Increases[Company]-Payments_on_Accts_Payable[Company])*dt

INIT Accounts_Payable[Company]=0

　단위: 천 원

저량(stock)변수로 매입채무 값을 계산하며 초기값은 0이다. 본 모형에서 매입채무는 갚아야 할 시점에 제대로 갚는 것을 가정하며, 별도의 유동성 관리는 없는 것으로 가정한다.

　연결변수:

Current Liabilities(유동부채)

Required Payments on Payables(부채지불요구액)

Target Cash on Hand(특정 시점에서 보유하고 있어야 할 목표 현금)

INFLOWS:
Accounts_Payable_Increases[Company]=Cost_of_Goods_Sold[Company]+
Adjusted_Operating_Expenses[Company]+Actual_Tax_Payment[Company]
　　단위: 천 원/년
　　유량(flow)변수로 갚아야 할 시점까지의 매입채무 누적액을 계산한다.
　　　연결변수:
　　　Accounts Payable(매입채무)
　　　Net Change in Accounts Payable(순 매입채무 변동액)

OUTFLOWS:
Payments_on_Accts_Payable[Company]=
Required_Payments_on_Payables[Company]
　　단위: 천 원/년
　　Required Payments on Payables(부채지불요구액)과 동일함.
　　　연결변수:
　　　Accounts Payable(매입채무)
　　　Cash Out(현금유출)
　　　Net Change in Accounts Payable(순 매입채무 변동액)

Cash[Company](t)=Cash[Company](t-dt)+(Cash_In[Company]+
Initial_Funding[Company]-Cash_Out[Company])*dt
INIT Cash[Company]=0
　　단위: 천 원
　　저량(stock)변수로 초기값은 0이며, 온라인 소매기업의 현재 현금보유
　　액을 계산한다.
　　　연결변수:
　　　New Cash Required(신규현금필요액)
　　　Total Current Assets(총유동자산)

INFLOWS:

Cash__In[Company]＝Payments__received[Company]＋

Proceeds__from__Sale__of__ Equity

　단위: 천 원/년

　유량(flow)변수로 모든 현금유입액을 계산한다.

　　연결변수:

　　Cash(현금)

　　Net Change in Cash Except Fundraising(자본조달액을 제외한 순
　　현금 변동액)

Initial__Funding[Company]＝

PULSE(Initial__Cash[Company],Startup__Date[Company])

　단위: 천 원/년

　온라인 소매기업이 사업을 시작할 때 마련 가용한 현금보유액을 계산
　한다.

　　연결변수:

　　현금(Cash)

　　Sale of Equity(지분매각)

OUTFLOWS:

Cash__Out[Company]＝Payments__on__Accts__Payable[Company]

　단위: 천 원/년

　유량(flow)변수로 모든 현금 유출액을 계산한다.

　　연결변수:

　　Cash(현금)

　　Net Change in Cash Except Fundraising(자본조달액을 제외한 순
　　현금 변동액)

Cumulative__Retained__Earnings[Company](t)＝

Cumulative__Retained__Earnings[Company](t-dt)＋

(Retained__Period__Earnings[Company])*dt

INIT Cumulative__Retained__earnings[Company]＝0
　　단위: 천 원
　　Retained Earning(이익잉여금)을 계산한다.
　　　　연결변수:
　　　　Equity(지분)

INFLOWS:

Retained__Period__Earnings[Company]＝Net__Income[Company]
　　단위: 천 원/년
　　영업활동 및 자본조달로부터 들어오는 이익잉여금을 계산한다.
　　　　연결변수:
　　　　Cumulative Retained Earning(누적 이익잉여금)

Paid__in__Capital[Company](t)＝Paid__in__Capital[Company](t-dt)＋
(Sale__of__Equity[Company])*dt
INIT Paid__in__Capital[Company]＝0
　　단위: 천 원
　　저량(stock)변수로 초기값은 0이며, Sale of Equity(지분매각)를 통해
　　조달한 Paid in Capital(자본잉여금)을 계산한다.
　　　　연결변수:
　　　　Equity(지분)

INFLOWS:

Sale__of__Equity[Company]＝
Proceeds__from__Sale__of__Equity[Company]＋Initial__Funding[Company]
＋Server__Infra__structure__at__Beginning__of__Operations[Company]
단위: 천 원/년
　　Sale of Equity(지분매각)은 Initial Funding(초기 자본조달액)과 기타
　　자본조달액의 합계로 계산한다.
　　　　연결변수:
　　　　Paid in Capital(자본잉여금)

Tax__Credit[Company](t)=Tax__Credit[Company](t-dt)+
(Increase__in__Tax__Credit[Company]-Decrease__in__Tax__Credit[Compa
ny])*dt
INIT Tax__Credit[Company]=0
  단위: 천 원
  저량(stock)변수로 초기값은 0이며, Tax Credit(세액공제)를 계산한다.
  Tax Credit(세액공제)란 납세의무자가 일정사실의 조건을 구비하였을
  때 산출세액에서 일정한 비율 또는 일정한 금액을 공제하여 주는 것으
  로, 여기서는 온라인 소매기업의 손실이 발생했을 경우 공제해 주는 법
  인세 감면조치를 의미한다.
    연결변수:
    Decrease in Tax Credit(세액공제 감소분)
    Payment out of Tax Credit(전기 손실을 통해 받은 세액공제 금액)

INFLOWS:
Increase__in__Tax__Credit[Company]=
MIN(0,Indicated__Tax__Payments[Company])
  단위: 천 원/년
  Tax Credit(세액공제) 증가분을 계산한다.
    연결변수:
    Tax Credit(세액공제)

OUTFLOWS:
Decrease__in__Tax__Credit[Company]=Tax__Credit[Company]*Loss__of__
Tax__Credit-Payment__out__of__Tax__Credit[Company]
  단위: 천 원/년
  Tax Credit(세액공제) 감소분을 계산한다.
    연결변수:
    Tax Credit(세액공제)

Actual__Tax__Payment[Company]=

MAX(0,Indicated__Tax__Payments[Company]-Payment__out__of__Tax__
Credit[Company])
　　단위: 천 원/년
　　Tax Credit(세액공제) 후 실납세액(Actual Tax Payment)을 계산한다.
　　　연결변수:
　　　Accounts Payable Increase(매입채무 증가액)

Adjusted__Operating__Expenses[Company]=
Operating__expenses[Company]-Server__Depreciation[Company]+
Server__Infrastructure__Investment[Company]-Real__Estate__Depreciation
[Company]+Real__Estate__Infrastructure__Spending[Company]
　　단위: 천 원/년
　　투자 및 감가상각(depreciation)에 따라 Operating Expense(영업비용)
　　을 조정한다.
　　　연결변수:
　　　Accounts Payable Increase(매입채무 증가액)

Balance__Sheet__Error[Company]=
Total__Assets[Company]-Total__Liability__and__Equity[Company]
　　단위: 천 원
　　대차균형을 검사하기 위한 통제변수이다.

Cost__of__Goods__Sold[Company]=
Sales__Revenue[Company]*(1-Indicated__Gross__Margin[Company])
　　단위: 천 원/년
　　Cost of Goods Sold(COGS, 매출원가)는 매출액-매출총이익으로 계산
　　된다.
　　　연결변수:
　　　Accounts Payable Increase(매입채무 증가액)
　　　Current Operating Costs(대체영업비용)
　　　Gross Margin(매출총이익)

Current__Liabilities[Company]＝Accounts__Payable[Company]

　단위: 천 원

　본 모형에서 Current Liabilities(유동부채)는 고정부채(Long-Term Liabilities)를 제외한 Accounts Payable(매입채무)만으로 계산된다.

　　연결변수:

　　Total Liabilities(부채총계)

Equity[Company]＝Cumulative__Retained__earnings[Company]＋

Paid__in__Capital[Company]

　단위: 천 원

　시뮬레이션 결과로 나온 대차대조표 상의 Total Equity(지분총계)를 계산한다.

　　연결변수:

　　Total Liability and Equity(부채 및 자본총계)

General__and__Administrative[Company]＝

Sales__Revenue[Company]*Overhead__as__Percentage__of__Sales__Revenue[Company]*Company__Entering__into__Market[Company]

　단위: 천 원/년

　Sales Revenue(매출액)의 일정비율로 간접비용(Overhead Expense)을 계산한다.

　　연결변수:

　　Salary Expense(급여)

Gross__Margin[Company]＝

Sales__Revenue[Company]-Cost__of__Goods__Sold[Company]

　단위: 천 원/년

　Gross Margin(매출총이익)은 Revenue(수입)와 매출원가(Cost of Goods Sales: COGS) 간의 차액으로 계산한다.

　　연결변수:

　　Expected Annual Gross Margin(연간기대매출총이익)

Gross Margin per Share(주당 매출총이익)
Operating Income(영업이익)

Indicated_Tax_Payments[Company]=
Taxable_Income[Company]*Tax_Assessment
단위: 천 원/년
Tax Payment(납세액)를 나타내는 지표로서 Taxable Income(과세소득)과 과세율(Tax Assessment)의 곱으로 계산된다.
연결변수:
Actual Tax Payment(실납세액)
Increase in Tax Credit(세액공제의 증가분)
Payment out of Tax Credit(전기 손실을 통해 받은 세액공제 금액)

Loss_of_Tax_Credit=0.2
단위: 1/년
본 모형에서는 5년 동안 납세를 하지 않을 경우 세액공제분이 감소하는 것으로 가정한다.
연결변수:
Decrease in Tax Credit(세액공제의 감소분)

Market_Share[Company]=IF(Total_Market=0) THEN(0.0)
ELSE(Sales_Revenue[Company]/Total_Market)
단위: dimensionless
Market Share(시장점유율)는 동종 산업의 매출총계 대비 자사 매출액을 비교하여 계산한다.
연결변수:
Market Leader Valuation Bonus(시장선도자로서의 프리미엄)
Weighted Industry Average Margin(산업가 중 평균 마진)
Weighted Time for Fulfillment(가중평균 주문이행 시간)

Net_Change_in_Accounts_Payable[Company]=Accounts_Payable_

Increases[Company]-Payments_on_Accts_Payable[Company]

단위: 천 원/년

Net Change in Accounts Payable(순 매입채무 변동액)은 Accounts Payable Increase(매입채무 증가분)-Payments on Accts Payable(실 매입채무 지불액)로 계산된다.

Net_Change_in_Cash_except_Fundraising[Company]=
Cash_In[Company]-Cash_Out[Company]

단위: 천 원/년

Net Change in Cash except Fundraising(자본조달액을 제외한 순 현금 변동액)은 사이트 운영과 관련한 모든 현금흐름을 계산한다.

연결변수:

Perceived Net Change in Cash(인지된 순 현금 변동분)

Net_Income[Company]=
Taxable_Income[Company]-Actual_Tax_Payment[Company]

단위: 천 원/년

세후 당기순이익(Net Income)을 계산한다.

연결변수:

Earnings per Share(EPS, 1주당 이익)

Retained Period Earnings(기간별 이익잉여금)

Normal_Payment_Time=0.25

단위: 년

Accounts Payable(매입채무)를 갚을 때까지의 시간으로 3개월을 가정한다.

연결변수:

Required Payments on Payables(매입채무에 대한 지불요구액)

Operating_Expenses[Company]=Total_Editorial_Cost[Company]+
Inventory_Costs[Company]+Salary_Expense[Company]+
Server_Depreciation[Company]+Total_Marketing_Spending[Company]

단위: 천 원/년

Operating Expenses(영업비용)는 세금을 제외한 모든 비용의 합계로 계산한다.

　　연결변수:

　　Adjusted Operating Expense(조정영업비용)

　　Operating Income(영업이익)

Operating_Income[Company] =

Gross_Margin[Company]-Operating_expenses[Company]

　　단위: 천 원/년

　　Operating Expenses(영업이익)은 Gross Margin(매출총이익)에서 Operating Expenses(영업비용)를 차감하여 계산한다.

　　연결변수:

　　Expected Annual Income(연간기대영업이익)

　　Expected Return on Sales(기대매출수익)

　　Taxable Income(과세소득)

Payments_Received[Company]=Sales_Revenue[Company]

　　단위: 천 원/년

　　본 모형에서는 매출채권(Trade Receivables)이 없는 것으로 가정한다.

　　연결변수:

　　Cash In(현금유입액)

Payment_out_of_Tax_Credit[Company]=IF(Indicated_Tax_Payments[Company]>0) THEN(IF(-Tax_Credit[Company]/DT>Indicated_Tax_Payments[Company]) THEN(Indicated_Tax_Payments[Company]) ELSE(-Tax_Credit[Company]/DT)) ELSE(0)

　　단위: 천 원/년

　　Payment out of Tax Credit(전기 손실을 통해 받은 세액공제 금액)을 계산한다.

　　　　연결변수:

Actual Tax Payment(실 납세액)

Decrease in Tax Credit(세액공제 감소분)
Required_Payments_on_Payables[Company]=
Accounts_Payable[Company]/Normal_Payment_Time
　단위: 천 원/년
　매입채무에 대한 지불요구액을 계산한다.
　　연결변수:
　　Payments on Accts Payable(실 매입채무 지불액)

Salary_Expense[Company]=Customer_Support_Salary_Cost[Company]+
Engineering_Salary_Cost[Company]+General_and_Administrative
[Company]
　단위: 천 원/년
　급여 및 일반관리비를 계산한다.
　　연결변수:
　　Current Operating Costs(대체영업비용)
　　Operating Expenses(영업비용)

Sales_Revenue[Company]=
Average_Order_Size[Company]*Number_of_Transactions[Company]
　단위: 천 원/년
　Number of Transactions(거래량)와 Average Order Size(평균주문량)을
　곱하여 매출액을 계산한다.
　　연결변수:
　　Actual Annual Growth in Revenue(연간실제매출성장률)
　　Cost of Goods Sold(매출원가)
　　Expected Annual Earnings(연간기대수익)
　　Expected Annual Gross Margin in Steady State(안정상태에서의
　　연간기대매출총이익)
　　Expected Annual Sales Revenue(연간기대매출액)

Expected Return on Sales(기대매출수익)

General and Administrative(일반관리비)

Gross Margin(매출총이익)

Marketing and Salary as Percentage of Sales(매출액 대비 판매 및 일반관리비 비율)

Market Share(시장점유율)

Overhead as Percentage of Sales Revenue(매출액의 일정비율에 의한 간접비용(일반관리비))

Payments Received(매출수입)매출액과 동일

Product Development as Percentage of Sales(매출액의 일정비율에 의한 제품개발비)

Total Market(전체시장규모)

Total Marketing Spending(마케팅 비용총계)

Taxable__Income[Company]=Operating__Income[Company]

    단위: 천 원/년

    본 모형에서 모든 영업이익은 과세대상으로 가정한다.

        연결변수:

    Indicated Tax Payment(납세액을 나타내는 선행지표)

    Net Income(당기순이익)

Tax__Assessment=0.25

    단위: dimensionless

    과세율은 25%로 가정한다.

        연결변수:

    Indicated Tax Payments(납세액을 나타내는 선행지표)

Total__Assets[Company]=Server__Infrastructure[Company]+Total__Current__Assets[Company]+Real__Estate__Infrastructure[Company]

    단위: 천 원

    자산총액(Total Assets)을 계산한다.

연결변수:

Balance Sheet Error(대차균형 통제변수)

Breakup Value of Company(파산가치)

$Total\_Current\_Assets[Company]=Cash[Company]$

단위: 천 원

Total Current Assets(유동자산총계)는 현금 및 재고가치(Cash)로 계산되며, 매출채권(Trade Receivables)은 없는 것으로 가정한다.

연결변수:

Total Assets(자산총계)

$Total\_Liabilities[Company]=Current\_Liabilities[Company]$

단위: 천 원

Total Liabilities(부채총계)는 Current Liabilities(유동부채)로 계산되며, Long-Term Liabilities(고정부채)는 없는 것으로 가정한다.

연결변수:

Breakup Value of Company(파산가치)

Total Liability and Equity(부채 및 자본총계)

$Total\_Liability\_and\_Equity[Company]=Equity[Company]+$
$Total\_Liabilities[Company]$

단위: 천 원

부채 및 자본총계를 계산한다.

연결변수:

Balance Sheet Error(대차균형 통제변수)

$Total\_Market=ARRAYSUM(Sales\_Revenue[*])$

단위: 천 원/년

Total Market(전체시장규모)는 개별 온라인 소매기업의 거래수입(Transaction Revenue)의 합으로 계산된다.

연결변수:

Market Share(시장점유율)

Overhead__as__Percentage__of__Sales__Revenue[Company]=
GRAPH(Sales__Revenue[Company])
(0.00, 0.06), (3.3e+008, 0.0549), (6.7e+008, 0.05), (1e+009, 0.0471),
(1.3e+009, 0.045), (1.7e+009, 0.0426), (2e+009, 0.04), (2.3e+009,
0.0381), (2.7e+009, 0.0366), (3e+009, 0.035), (3.3e+009, 0.0333), (3.7e+
009, 0.0318), (4e+009, 0.0312), (4.3e+009, 0.0303), (4.7e+009, 0.03), (5e
+009, 0.0291), (5.3e+009, 0.0288), (5.7e+009, 0.0279), (6e+009, 0.027),
(6.3e+009, 0.0261), (6.7e+009, 0.025), (7e+009, 0.0246), (7.3e+009,
0.024), (7.7e+009, 0.0237), (8e+009, 0.0237), (8.3e+009, 0.0237), (8.7e+
009, 0.0237), (9e+009, 0.0234), (9.3e+009, 0.0234), (9.7e+009, 0.0231),
(1e+010, 0.0225)
단위: dimensionless
매출액의 일정비율에 의한 간접비용(일반관리비)을 계산한다. 본 모형에
서는 비율을 매출액의 감소함수로 가정하며, 그래프 함수로 표현한다.

****

자본조달(Fundraising)
****

Shares__Outstanding[Company](t)=Shares__Outstanding[Company](t-dt)+
(IPO__Shares[Company]+New__Shares__Issued[Company])*dt
INIT Shares__Outstanding[Company]=
Initial__Number__of__Shares__Outstanding[Company]
단위: 주
자본조달을 위한 목적으로 신규 발행한 총 주식수
연결변수:
Earnings per Share(주당순이익)
Gross Margin per Share(주당매출총이익)
Percentage of Company held by Founders(소유주 지분율)

Shares Issued at IPO(최초공모 시 발행한 주식수)

INFLOWS:
IPO_Shares[Company]=
PULSE(Shares_Issued_at_IPO[Company],IPO_Date[Company])
　단위: 주/년
　최초공모일에 발행한 주식수
　　연결변수:
　　Shares Outstanding(신규발행주식수)
　　Proceeds from Sale of Equity(지분매각을 통한 현금수입)

New_Shares_Issued[Company]=(IF(Stock_Price[Company]=0)
THEN(0.0) ELSE(New_Cash_Required[Company]/Stock_Price
[Company]))/Fundraising_Delay[Company]
　단위: 주/년
　필요로 하는 현금을 조달하기 위해 현재 주가로 신규발행한 주식수를
　계산한다.
　　연결변수:
　　Shares Outstanding(신규발행주식수)
　　Proceeds form Sale of Equity(지분매각을 통한 현금수입)

Adjustment_for_Growth_during_Fundraising_Delay[Company]=1+
Growth_Adjustment_Factor[Company]*Fundraising_Delay[Company]
　단위: dimensionless
　필요로 하는 자금을 조달하는 데 걸리는 기간 동안 성장을 유지하도록
　조정하는 값을 계산한다.
　　연결변수:
　　Target Cash on Hand(목표 현금보유액)

Cash_Perception_Delay[Company]=0.083
　단위: 년

현금흐름의 경향과 변화를 파악하는데 1개월이 소요되는 것으로 가정한다.

  연결변수:

  Perceived Net Change in Cash(인지된 현금의 순변동분)

Desired__Cash__Coverage[Company]=0.167

  단위: 년

  온라인 소매기업은 다음 2개월 내에 필요한 현금을 확보해야 한다.

    연결변수:

    Target Cash on Hand(목표 현금보유액)

Earnings__per__Share[Company]=

Net__Income[Company]/Shares__Outstanding[Company]

  단위: 천 원/(년*주)

  주당순이익은 당기순이익을 발행주식수로 나누어 계산한다.

    연결변수:

    Price Earnings Ratio(PER)

Fundraising__delay[Company]=0.083

  단위: 년

  자본조달 이후 다시 자본금을 늘리려면 1개월이 소요된다.

    연결변수:

    Adjustment for Growth during Fundraising Delay(자본조달기간 동안의 성장조정치)

    New Shares Issued(필요현금과 주가를 고려한 신규발행 주식수)

Gross__Margin__per__Share[Company]=

Gross__Margin[Company]/Shares__Outstanding[Company]

  단위: 천 원/주/년

  주당 매출총이익(Gross Margin per Share)은 매출총이익을 발행주식수로 나누어 계산한다.

연결변수:

Price over Gross Margin Ratio(주당매출총이익대비 주가)

Minimum__Fraction__of__Accounts__Payable__Desired__on__Hand=0.1
단위: dimensionless
유동성 확보를 위해 일정비율의 매입채무를 보유하는 것으로 가정한다.
연결변수:
Shares Issued at IPO(최초공모일에 발행한 주식수)

Minimum__Returns__Required__at__IPO=500000
단위: 천 원
최초공모(IPO)시에 최소한의 필요한 현금을 설정한다.
연결변수:
Shares Issued at IPO(최초공모일에 발행한 주식수)

New__Cash__Required[Company]=
MAX(0,Target__Cash__on__hand[Company]-Cash[Company])
단위: 천 원
희망 현금보유액(Desired Cash on Hand)과 현재 현금보유 상황에 기초한 신규 필요 현금을 계산한다.
연결변수:
New Shares Issued(필요현금과 주가를 고려한 신규발행 주식수)

Number__of__Shares__Held__by__Founders[Company]=
Initial__Fraction__of__Founder_Ownership[Company]*Initial__Number__of__Shares__Outstanding[Company]
단위: 주
소유주 지분량을 계산한다.
연결변수:
Percentage of Company Held by Founders(소유주 지분비율)
Value of Founder's Equity(소유주 지분가치)

Perceived__Net__Change__in__Cash[Company]=
SMTH1(Net__Change__in__Cash__except__Fundraising[Company],Cash__
Perception__Dealy[Company], 0)
단위: 천 원/년
지수평활 함수 SMTH1을 이용하여 인지된 순현금변동분(Perceived
Net Change in Cash)을 계산한다.
연결변수:
Target Cash on Hand(목표 현금보유액)

Percentage__of__Company__Held__by__Founders[Company]=Number__of__
Shares__Held__by__Founders[Company]/Shares__Outstanding[Company]
단위: dimensionless
소유주 지분비율(Percentage of Company Held by Founders)은 소유
주들이 보유하고 있는 주식과 발행주식수를 이용하여 계산된다.

Price__Earnings__Ratio[Company]=MAX(0,
(IF(Earnings__per__Share[Company]=0) THEN(0.0)
ELSE(Stock__Price[Company]/Earnings__per__Share[Company])))
단위: 년
PER은 주가와 주당순이익(Earnings per Share)을 비교하여 계산한다.

Price__over__Gross__Margin__Ratio[Company]=MAX(0,
(IF(Gross__Margin__per__Share[Company]=0) THEN(0.0)
ELSE(Stock__Price[Company]/Gross__Margin__per__Share[Company])))
단위: 년
주가대비 주당매출총이익을 계산한다.

Proceeds__from__Sale__of__Equity[Company]=(New__Shares__Issued
[Company]+IPO__Shares[Company])*Stock__Price[Company]
단위: 천 원/년
지분매각을 통한 현금수입(Proceeds form Sale of Equity)을 계산한다.

연결변수:

Cash In(현금유입액)

Net Change in Cash Except Fundraising(자본조달을 제외한 순현금변동분)

Sale of Equity(지분매각)

Shares_Issued_at_IPO[Company]=MAX((Shares_Outstanding[Company]/
(1-Minimum_Fraction_sold_at_IPO)-Shares_Outstanding[Company]),
(IF(Stock_Price[Company]=0) THEN(0.0) ELSE(Minimum_Returns_
Required_at_IPO/Stock_Price[Company])))

단위: 주

최초공모 시 발행한 주식수를 계산한다.

연결변수:

IPO Shares(최초공모일에 발행한 주식수)

Stock_Price[Company]=

Stock_Market_Valuation[Company]/Shares_Outstanding[Company]

단위: 천 원/주

주가는 시장가치와 발행주식수에 의해 계산된다. 본 모형에서 주식분할(stock split)은 없는 것으로 가정한다.

연결변수:

Difference Between Strike Price and Stock Price(옵션행사가와 주가와의 차이)

Issuing Price(발행가)

New Shares Issued(필요현금과 주가를 고려한 신규발행 주식수)

Price Earnings Ratio(PER)

Price over Gross Margin Ratio(주가대비 주당매출총이익)

Proceeds from Sale of Equity(지분매각을 통한 현금수입)

Shares Issued at IPO(최초공모일에 발행한 주식수)

Target_Cash_on_Hand[Company]=

MAX(Minimum__Fraction__of__Accounts__Payable__Desired__on__Hand*
Accounts__Payable[Company], -Perceived__Net__Change__in__Cash
[Company]*Desired__Cash__Coverage[Company]*Adjustment__for__growth
__during__Fundraising__Delay[Company])
　단위: 천 원
　임의의 시점에서 보유하고 있어야 할 현금을 계산한다.
　　연결변수:
　　New Cash Required(현금상황과 희망 현금보유액에 기초한 신규 현
　　금 필요액)

Value__of__Founder's__Equity[Company]=Stock__Price[Company]*Number__
of__Shares__Held__by__Founders[Company]
　단위: 천 원
　소유주 지분의 가치는 주가와 소유주 보유주식량을 곱하여 계산한다.

****

인적자원관리(Human Resources)
****

Average__Workweek[Company,Department](t)=Average__Workweek
[Company,Department](t-dt)+(Change__in__Average__Workweek
[Company, Department])*dt
INIT Average__Workweek[Company, Department]=Normal__Workweek
　단위: 시간/주
　저량(stock)변수로 주별 평균근무시간을 계산한다.
　　연결변수:
　　Change in Average Workweek(평균근무시간 변화)
　　Lifestyle Attractiveness of Job(직업에 대한 라이프스타일 매력도)

INFLOWS:
Change__in__Average__Workweek[Company, Department]=

IF(Company__Entering__into__Market[Company]>0) THEN(((Current__ Workweek[Company, Department]-Average__Workweek[Company, Department])/Employee__Memory) ELSE(0)
　단위: 시간/주/년
　평균근무시간 변화를 계산한다.
　　연결변수:
　　Average Workweek(평균근무시간)

Employee__Perception__of__Value__of__Option__Package[Company, Department](t)=Employee__Perception__of__Value__of__Option__ Package[Company, Department](t-dt)+(Change__in__Value__Perception [Company, Department])*dt
INIT Employee__Perception__of__Value__of__Option__Package[Company, Department]=0
　단위: 천 원/종업원
　현재 주가와 비교한 스톡옵션의 성과를 종업원이 어떻게 인지하고 있는지를 추적한다. 만약 이 값이 음수의 큰 값을 가지게 되면 옵션은 가치가 없게 된다.
　　연결변수:
　　Change in Value Perception(종업원의 스톡옵션가치에 대한 인식 변화)
　　Financial Attractiveness of Job(직업에 대한 재무적 매력도)

INFLOWS:
Change__in__Value__Perception[Company, Department]=(Current__ Value__of__Non__Vested__Stock__Options[Company, Department]- Employee__Perception__of__Value__of__Option__Package[Company, Department])/Value__Observation__Delay
　단위: 천 원/종업원/년
　종업원의 스톡옵션가치에 대한 인지변화를 측정한다.
　　연결변수:

Employee Perception of Value of Option Package(옵션상품의 가치
에 대한 종업원의 인지)

Experienced_Employees[Company, Department](t)=Experienced_Employees
[Company, Department](t-dt)+(Assimilation_Rate[Company, Department]-
Experienced_Quit_Rate[Company, Department])*dt
INIT Experienced_Employees[Company, Department]=Initial_Experienced_
Employees[Company, Department]
단위: 종업원
본 모형에서는 종업원 유형을 두 가지로 구분하고 있다. 신입사원
(Rookie Employees)은 업무처리능력이 떨어지므로 경력사원
(Experienced Employees)에 비해 노동생산성이 떨어진다.
연결변수:
Perceived Productivity(인지된 생산성)
Rookie Employee(신입사원)
Customer Support Salary Cost(고객지원부서 종업원 급여)
Employees per Department(부서별 종업원 수)
Engineering Salary Costs(기술부서 종업원 급여)
Experienced Quit Rate(경력사원 이직률)
FTEs Available for Work(가용한 정규직 사원)

INFLOWS:
Assimilation_Rate[Company, Department]=(Rookie_Employees[Company,
Department]/Assimilation_Time[Company, Department])*Company_
Entering_into_Market[Company]
단위: 종업원/년
신입사원(Rookies)은 경력사원(Experienced Employees)이 되면서 업무
처리능력이 올라간다.
연결변수:
Experienced Employees(경력사원)
Rookie Employees(신입사원)

Options Granted(옵션교부)

OUTFLOWS:
Experienced_Quit_Rate[Company, Department]=Experienced_Employees
[Company, Department]*Experienced_Quit_Fraction[Company, Department]
　　단위: 종업원/년
　　경력사원(Experienced Employees) 이직률을 계산한다.
　　　연결변수:
　　　Experienced Employees(경력사원)
　　　Options Dropped by People Leaving(사원이직으로 인해 권리행사
　　가 되지 않은 옵션)
　　　Total Quit Rate(신입 및 경력사원의 이직률)

Perceived_Productivity[Company, Department](t)=Perceived_Productivity
[Company, Department](t-dt)+(Change_in_Perceived_Productivity
[Company, Department])*dt
INIT Perceived_Productivity[Company, Department]=Initial_Perceived_
Productivity[Company, Department]
　　단위: FTE/종업원
　　종업원 1인당 생산성에 대한 기업의 인지도를 측정한다. 생산성 인지
　　(Productivity Perception)에는 시간지연이 존재하기 때문에 실제 생산
　　성을 추적하게 된다.
　　　연결변수:
　　　Change in Perceived Productivity(인지된 생산성의 변화)
　　　Desirable Number of People(필요한 인력)

INFLOWS:
Change_in_Perceived_Productivity[Company, Department]=(Average_
Productivity[Company, Department]-Perceived_Productivity[Company,
Department])/Productivity_Perception_Delay
　　단위: FTE/종업원/년

현재 생산성(Productivity)과 인지지연(Perception Delay)에 기초하여 평균생산성(Average Productivity)의 인지변화를 이끈다.
연결변수:
Perceived Productivity(인지된 생산성)

Rookie_Employees[Company, Department](t)＝Rookie_Employees [Company, Department](t-dt)＋(Rookie_Hire_Rate[Company, Department] -Rookie_Quit_Rate[Company, Department]-Assimilation_Rate[Company, Department])*dt
INIT Rookie_Employees[Company, Department]＝Initial_Rookie_Employee [Company, Department]
단위: 종업원
본 모형에서는 종업원 유형을 두 가지로 구분하고 있다. 신입사원 (Rookie Employees)은 업무처리능력이 떨어지므로 경력사원 (Experienced Employees)에 비해 노동생산성이 떨어진다.
연결변수:
Perceived Productivity(인지된 생산성)
Assimilation Rate(동화율)
Customer Support Salary Cost(고객지원부서 종업원 급여)
Employees per Department(부서별 종업원 수)
Engineering Salary Costs(기술부서 종업원 급여)
FTEs Available for Work(가용한 정규직 사원)
FTEs to Training(교육훈련을 맡은 정규직 사원)
Rookie Fraction(특정부서 직원 중 신입사원 비율)
Rookie Quit Rate(신입사원 이직률)

INFLOWS:
Rookie_Hire_Rate[Company, Department]＝MAX(0, Desired_Number_of_ New_Hires[Company, Department]＋Total_Quit_Rate[Company, Department])
단위: 종업원/년

316

채용하고자 하는 종업원 수준(Desired Staffing Level)을 유지하기 위해
서는 회사를 그만두거나 이직하는 종업원들을 대신할 신입사원을 채용
해야 한다. 본 모형에서는 해고는 하지 않는다고 가정한다.

연결변수:

Rookie Employee(신입사원)

FTEs to Recruiting(신입사원 선발을 맡은 정규직 사원)

Options Granted(옵션교부)

OUTFLOWS:

Rookie_Quit_Rate[Company, Department]=Rookie_Quit_Fraction
[Company, Department]*Rookie_Employees[Company1, engin]

단위: 종업원/년

신입사원의 이직률을 계산한다.

연결변수:

Rookie Employees(신입사원)

Options Dropped by People Leaving(사원이직으로 인해 권리행사
가 되지 않은 옵션)

Total Quit Rate(신입 및 경력사원의 이직률)

Staffing_Target[Company, Department](t)=Staffing_Target[Company,
Department](t-dt)+(Change_in_Staffing_Target[Company,
Department])*dt

INIT Staffing_Target[Company, Department]=Desirable_Number_of_
People[Company, Department]

단위: 종업원

기업이 채용하고자 하는 종업원의 수를 계산한다.

연결변수:

Change in Staffing Target(채용하고자 하는 종업원 수의 변화)

Desired Number of New Hires(신규로 채용하고자 하는 종업원 수)

INFLOWS:

Change_in_Staffing_Target[Company, Department]=(Desirable_Number_
of_People[Company, Department]-Staffing_Target[Company,
Department])/HR_Decision_Making_Delay

단위: 종업원/년

채용하고자 하는 종업원의 수(Staffing Target)는 인사부서에서의 의사
결정지연에 기초하여 조정된다.

연결변수:

Staffing Target(채용하고자 하는 종업원 수)

Adjustment_for_Growth_during_Hiring_Delay[Company, Department]
=1+Growth_Adjustment_Factor[Company]*Hiring_Delay[Company,
Department]

단위: dimensionless

고용정책에 따라 종업원을 채용하는 기간 동안에 성장률을 유지해주는
조정값을 계산한다.

연결변수:

Desirable Number of People(채용하고자 하는 종업원 수)

Assimilation_Time[Company1, engin]=2
Assimilation_Time[Company1, cussupport]=0.5
Assimilation_Time[Company2, engin]=2
Assimilation_Time[Company2, cussupport]=0.5
Assimilation_Time[Company3, engin]=2
Assimilation_Time[Company3, cussupport]=0.5

단위: 년

본 모형에서는 기술부서 종업원의 경우 신입사원이 경력사원과 같은
수준으로 업무처리능력이 올라가려면 2년이 소요되고, 고객지원부서 종
업원의 경우 6개월이 소요되는 것으로 가정한다.

연결변수:

Rookie Employees(신입사원)

Assimilation Rate(동화율)

318

Average__Productivity[Company, Department]=FTEs__available__for__
work[Company, Department]/Employees__per__department[Company,
Department]
　　단위: FTE/종업원
　　전체 종업원 중에 정규직 사원을 얼마나 보유하고 있느냐로 생산성을
측정한다.
　　연결변수:
　　Change in Perceived Productivity(인지된 생산성의 변화)

Current__Value__of__Non__Vested__Stock__Options[Company, Department]=
Difference__between__Strike__Price__and__Stock__Price[Company,
Department]*Non__Vested__Options__per__Employee[Company, Department]
　　단위: 천 원/종업원
　　종업원이 이직함으로써 권리행사가 되지 않은 스톡옵션의 현재가치를
계산한다.
　　연결변수:
　　Change in Value Perception(옵션가치 인지도의 변화)

Current__Workweek[Company1, engin]=MIN(Maximum__Workweek,
MAX(Minimum__Workweek, Normal__Workweek*(Required__
Manpower__for__Site__Operation[Company1]+0*Required__Manpower__for__
Customer__Support[Company1])/FTEs__available__for__work[Company1,
engin]))

Current__Workweek[Company1, cussupport]=MIN(Maximum__Workweek,
MAX(Minimum__Workweek, Normal__Workweek*(0*Required__Manpower__
for__Site__Operation[Company1]+Required__Manpower__for__Customer__
Support[Company1])/FTEs__available__for__work[Company1, cussupport]))
Current__Workweek[Company2, engin]=MIN(Maximum__Workweek,
MAX(Minimum__Workweek, Normal__Workweek*(Required_Manpower_for__
Site__Operation[Company2]+0*Required__Manpower__for__Customer__

Support[Company2])/FTEs__available__for__work[Company2, engin]))

Current__Workweek[Company2, cussupport]=MIN(Maximum__Workweek,
MAX(Minimum__Workweek, Normal__Workweek*(0*Required__Manpower__
for__Site__Operation[Company2]+Required__Manpower__for__Customer__
Support[Company2])/FTEs__available__for__work[Company2, cussupport]))

Current__Workweek[Company3, engin]=MIN(Maximum__Workweek,
MAX(Minimum__Workweek, Normal__Workweek*(Required__Manpower__
for__Site__Operation[Company3]+0*Required__Manpower__for__Customer__
Support[Company3])/FTEs__available__for__work[Company3, engin]))

Current__Workweek[Company3, cussupport]=MIN(Maximum__Workweek,
MAX(Minimum__Workweek, Normal__Workweek*(0*Required__Manpower__
for__Site__Operation[Company3]+Required__Manpower__for__Customer__
Support[Company3])/FTEs__available__for__work[Company3, cussupport]))
　단위: 시간/주
기업(기업 1, 기업 2, 기업 3)과 부서(기술부서, 고객지원부서)에 대해
각각 가용 인력과 필요 인력 간의 비율에 기초하여 현재 근무시간
(Current Workweek)을 계산한다.
　연결변수:
　Change in Average Workweek(평균근무시간의 변화)

Customer__Support__Salary__Cost[Company]=(Experienced__Employees
[Company, cussupport]*Salary__for__Experienced[Company, cussupport]+
Rookie__Employees[Company, cussupport]*Salary__for__Rookie[Company,
cussupport])*Company__Entering__into__Market[Company]
　단위: 천 원/년
고객지원부서 종업원에 대한 급여를 계산한다.
　연결변수:
　Cost per Customer Contact(고객접촉비용)

320

Salary Expense(급여총계)

Desirable_Number_of_People[Company1, engin]=Adjustment_for_
Growth_during_Hiring_Delay[Company1, engin]*(Required_Manpower_
for_Site_Operation[Company1]+0*Required_Manpower_for_Customer_
Support[Company1])/Perceived_Productivity[Company1, engin]
Desirable_Number_of_People[Company1, cussupport]=
Adjustment_for_Growth_during_Hiring_Delay[Company1,
cussupport]*(0*Required_Manpower_for_Site_Operation[Company1]+
Required_Manpower_for_Customer_Support[Company1])/Perceived_P
roductivity[Company1, cussupport]

Desirable_Number_of_People[Company2, engin]=
Adjustment_for_Growth_during_Hiring_Delay[Company2,
engin]*(Required_Manpower_for_Site_Operation[Company2]+
0*Required_Manpower_for_Customer_Support[Company2])/Perceived
_Productivity[Company2, engin]

Desirable_Number_of_People[Company2, cussupport]=
Adjustment_for_Growth_during_Hiring_Delay[Company2,
cussupport]*(0*Required_Manpower_for_Site_Operation[Company2]+
Required_Manpower_for_Customer_Support[Company2])/Perceived_P
roductivity[Company2, cussupport]

Desirable_Number_of_People[Company3, engin]=
Adjustment_for_Growth_during_Hiring_Delay[Company3,
engin]*(Required_Manpower_for_Site_Operation[Company3]+
0*Required_Manpower_for_Customer_Support[Company3])/Perceived
_Productivity[Company3, engin]

Desirable_Number_of_People[Company3, cussupport]=

Adjustment__for__Growth__during__Hiring__Delay[Company3, cussupport]*(0*Required__Manpower__for__Site__Operation[Company3]+Required__Manpower__for__Customer__Support[Company3])/Perceived__Productivity[Company3, cussupport]

단위: 종업원

필요인력과 인지된 생산성에 기초하여 채용하고자 하는 종업원의 수를 기업(기업 1, 기업 2, 기업 3)과 부서(기술부서, 고객지원부서) 각각에 대해 계산한다. 이 수치는 기업의 현재 성장률에 따라 조정된다.

연결변수:

Staffing Target(채용하고자 하는 종업원 수)

Change in Staffing Target(채용하고자 하는 종업원 수 변화)

Desired__Number__of__New__Hires[Company, Department]=((Staffing__Target[Company, Department]-Employees__per__department[Company, Department])/Hiring__Delay[Company, Department])*Company__Entering__into__Market[Company]

단위: 종업원/년

현재 종업원 수와 채용하고자 하는 종업원 수의 차이를 줄이기 위해 신입사원을 채용한다.

연결변수:

Rookie Hire Rate(신입사원 채용률)

Difference__between__Strike__Price__and__Stock__Price[Company, Department]=Stock__Price[Company]-Average__Strike__Price__of__Non__Vested__Options[Company, Department]

단위: 천 원/주

현재 주가와 평균 행사가격(권리행사를 하지 않은 종업원의 옵션)의 차이를 계산한다.

연결변수:

Current Value of Non Vested Stock Options(권리행사를 하지 않

은 옵션의 현재 가치)

Employees_per_department[Company, Department]=Rookie_Employees
[Company, Department]+Experienced_Employees[Company, Department]
    단위: 종업원
    부서별 종업원의 수는 신입사원과 경력사원의 합으로 계산된다.
        연결변수:
        Non Vested Employee Options(권리행사를 하지 않은 종업원의 옵
        션)
        Perceived Productivity(인지된 생산성)
        Average Productivity(평균생산성)
        Desired Number of New Hires(희망 신입사원 채용규모)
        Non Vested Options per Employee(종업원당 권리행사를 하지 않은
        옵션의 수)
        Rookie Fraction(특정 부서의 직원 중 신입사원 비율)

Employee_Memory=0.25
    단위: 년
    종업원들이 그들이 겪었던 근무시간을 평가할 때 어느 시점까지 기억
    하는지를 나타낸다.
        연결변수:
        Change in Average Workweek(평균근무시간의 변화)

Engineering_Salary_Cost[Company]=(Experienced_Employees[Company,
engin]*Salary_for_Experienced[Company, engin]+Rookie_Employees
[Company, engin]*Salary_for_Rookie[Company, engin])*Company_
Entering_into_Market[Company]
    단위: 천 원/년
    기술부서 종업원의 급여를 계산한다.
        연결변수:
        Cost per Pageview(페이지뷰 비용)

Product Development(제품개발비용)
Salary Expense(급여총계)

Experienced_Quit_Fraction[Company, Department]=Standard_Annual_
Quit_Fraction[Company, Department]/Job_Attractiveness[Company,
Department]*Company_Entering_into_Market[Company]
　　단위: 1/년
　　경력사원의 이직비율(Experienced Quit Faction)은 직업매력도(Job
Attractiveness)에 대해 조정된 일반 이직비율로 계산된다.
　　연결변수:
　　Experienced Quit Rate(경력사원의 이직률)

Financial_Attractiveness_of_Job[Company, Department]=Effect_of_
Option_on_Financial_Attractiveness_of_the_Job[Company, Department]
　　단위: dimensionless
　　권리행사를 하지 않은 종업원의 옵션가치가 주가에 대해 상대적으로
가지는 성과로 직업의 재무적 매력도(Financial Attractiveness of Job)
를 계산한다.
　　연결변수:
　　Job Attractiveness(직업매력도)

FTEs_Available_for_Work[Company, Department]=MAX(1, Experienced_
Employees[Company, Department]*FTEs_per_Experienced[Company,
Department]+Rookie_Employees[Company, Department]*FTEs_per_
Rookie[Company, Department]-FTEs_to_Recruiting[Company, Department]-
FTEs_to_Training[Company, Department])
　　단위: FTE
　　경력사원이 신입사원 교육훈련 및 선발에 참여하는 시간 및 신입사원
의 낮은 생산성을 고려하여 가용한 정규직원을 계산한다.
　　연결변수:
　　Adequacy of Staffing(채용적절성)

Average Productivity(평균생산성)
Current Workweek(현재근무시간)

FTEs__per__Experienced[Company, Department]=1
단위: FTE/종업원
경력사원의 생산성은 1로 가정한다.
연결변수:
Perceived Productivity(인지된 생산성)
FTEs Available for Work(가용한 정규직원)

FTEs__per__Rookie[Company1, engin]=0.15
FTEs__per__Rookie[Company1, cussupport]=0.25
FTEs__per__Rookie[Company2, engin]=0.15
FTEs__per__Rookie[Company2, cussupport]=0.25
FTEs__per__Rookie[Company3, engin]=0.15
FTEs__per__Rookie[Company3, cussupport]=0.25
단위: FTE/종업원
경력사원과 비교한 신입사원의 상대적인 생산성을 기업(기업 1, 기업 2, 기업 3)과 부서(기술부서, 고객지원부서)에 따라 상수로 가정한다.
연결변수:
Perceived Productivity(인지된 생산성)
FTEs Available for Work(가용한 정규직원)

FTEs__Required__for__Selection__per__Hire[Company, Department]=0.01
단위: FTE*년/종업원
신입사원 선발에 소요되는 시간으로, 신입사원의 면접과 심사 등에 소요되는 경력사원의 시간을 계산한다.
연결변수:
FTEs to Recruiting(신입사원 선발에 참여하는 정규직원 시간)

FTEs__Required__of__Training__per__Rookie[Company, Department]=0.05

단위: FTE/종업원

신입사원 교육훈련에 소요되는 시간으로, 신입사원의 교육훈련에 소요
되는 경력사원의 시간을 계산한다.

연결변수:

Perceived Productivity(인지된 생산성)

FTEs to Training(신입사원 교육훈련에 참여하는 정규직원 시간)

FTEs_to_Recruiting[Company, Department]=FTEs_Required_for_
Selection_per_Hire[Company, Department]*Rookie_Hire_Rate
[Company, Department]

단위: FTE

신입사원 채용에 소요되는 경력사원의 총 시간을 계산한다.

연결변수:

FTEs Available for Work(가용한 정규직원)

FTEs_to_Training[Company, Department]=FTEs_Required_of_
Training_per_Rookie[Company, Department]*Rookie_Employees[Company,
Department]

단위: FTE

신입사원 교육훈련에 소요되는 경력사원의 총 시간을 계산한다.

연결변수:

FTEs Available for Work(가용한 정규직원)

Hiring_Delay[Company1, engin]=0.25
Hiring_Delay[Company1, cussupport]=0.167
Hiring_Delay[Company2, engin]=0.25
Hiring_Delay[Company2, cussupport]=0.167
Hiring_Delay[Company3, engin]=0.25
Hiring_Delay[Company3, cussupport]=0.167

단위: 년

기술부서 및 고객지원부서의 신입사원을 채용하는데 소요되는 평균시

간은 기술부서의 경우 3개월, 고객지원부서의 경우 2개월로 가정한다.
연결변수:
Adjustment for Growth during Hiring Delay(신입사원 채용기간 동안의 성장률 조정)
Desired Number of New Hires(희망 신입사원 채용규모)

HR__Decision__Making__Delay=0.083
단위: 년
채용하고자 하는 종업원 수가 채워질 때까지 1개월이 소요되는 것으로 가정한다.
연결변수:
Change in Staffing Target(채용하고자 하는 종업원 수 변화)

Initial__Perceived__Productivity[Company, Department]=(Experienced__Employees[Company, Department]*FTEs__per__experienced[Company, Department]+(FTEs__per__rookie[Company, Department]-FTEs__required__of__training__per__rookie[Company, Department])*Rookie__Employees[Company, Department])/Employees__per__department[Company, Department]
단위: FTE/종업원
인지된 생산성(Perceived Productivity)의 초기값을 계산한다.

Initial__Rookie__Employee[Company, Department]=(Experienced__Employees[Company, Department]*(Standard__Annual__Quit__Fraction[Company, Department]*Assimilation__Time[Company, Department]))
단위: 종업원
신입사원(Rookie Employees)의 초기값을 계산한다.

Job__Attractiveness[Company, Department]=Financial__Attractiveness__of__Job[Company, Department]*Lifestyle__Attractiveness__of__Job[Company, Department]

단위: dimensionless
직업에 대한 매력도는 근무시간과 재무적 매력도의 곱으로 계산된다.
　연결변수:
　Experienced Quit Fraction(경력사원 이직비율)
　Rookie Quit Fraction(신입사원 이직비율)

Lifestyle__Attractiveness__of__Job[Company, Department]=Effect__of__
Average__Workweek__on__job__Attractiveness[Company, Department]
　단위: dimensionless
　직업에 대한 라이프스타일 매력도는 근무시간에 영향을 받는다.
　연결변수:
　Job Attractiveness(직업매력도)

Maximum__Workweek=80
Minimum__Workweek=35
　단위: 시간/주(week)
　최적 근무시간은 35시간, 최대근무시간은 80시간으로 설정하였다.
　연결변수:
　Current Workweek(현재근무시간)

Non__Vested__Options__per__Employee[Company, Department]=Non__
Vested__Employee__Options[Company, Department]/Employees__per__
department [Company, Department]
　단위: 주(shares)/종업원
　종업원당 권리행사를 하지 않은 옵션의 수를 계산한다.
연결변수:
Current Value of Non Vested Stock Options(권리행사를 하지 않은 옵션
의 현재가치)

Normal__Workweek=40
　단위: 시간/주(week)

표준근무시간은 주당 40시간으로 가정한다.
　연결변수:
　Average Workweek(평균근무시간)
　Current Workweek(현재근무시간)

Productivity__Perception__Delay=0.5
　단위: 년
　생산성을 측정하고 평균생산성에 관한 예측치를 조정하는 데 소요되는
시간을 6개월로 가정한다.
　연결변수:
　Change in Perceived Productivity(인지된 생산성의 변화)

Rookie__Fraction[Company, Department]=Rookie__Employees[Company,
Department]/Employees__per__department[Company, Department]
　단위: dimensionless
　신입사원 비율(Rookie Fraction)은 특정 부서 직원들 중에서 신입사원
이 차지하는 비율을 계산한다.

Rookie__Quit__Fraction[Company, Department]=MIN(0.9, Standard__
Annual__Quit__Fraction[Company, Department]/Job__Attractiveness
[Company, Department])*Company__Entering__into__Market[Company]
　단위: 1/년
　직업매력도에 따라 조정된 신입사원의 일반 이직비율을 계산한다. 본
모형에서는 최대 이직비율을 90%로 가정한다.
　연결변수:
　Rookie Quit Rate(신입사원 이직률)

Salary__for__Experienced[Company1, engin]=35000
Salary__for__Experienced[Company1, cussupport]=25000
Salary__for__Experienced[Company2, engin]=35000
Salary__for__Experienced[Company2, cussupport]=25000

Salary__for__Experienced[Company3, engin]=35000
Salary__for__Experienced[Company3, cussupport]=25000
Salary__for__Rookie[Company1, engin]=20000
Salary__for__Rookie[Company1, cussupport]=15000
Salary__for__Rookie[Company2, engin]=20000
Salary__for__Rookie[Company2, cussupport]=15000
Salary__for__Rookie[Company3, engin]=20000
Salary__for__Rookie[Company3, cussupport]=15000

단위: 천 원/년/종업원

각 온라인 소매기업과 부서별 경력사원과 신입사원의 급여를 상수로 가정하였다.

연결변수:

Customer Support Salary Cost(고객지원부서 종업원의 급여)

Engineering Salary Cost(기술부서 종업원의 급여)

Standard__Annual__Quit__Fraction[Company1, engin]=0.2
Standard__Annual__Quit__Fraction[Company1, cussupport]=0.4
Standard__Annual__Quit__Fraction[Company2, engin]=0.2
Standard__Annual__Quit__Fraction[Company2, cussupport]=0.4
Standard__Annual__Quit__Fraction[Company3, engin]=0.2
Standard__Annual__Quit__Fraction[Company3, cussupport]=0.4

단위: 1/년

연간표준이직비율(Standard Annual Quit Fraction)은 기술부서 20%, 고객지원부서 40%로 각각 가정하였다.

연결변수:

Rookie Employee(신입사원)

Experienced Quit Fraction(경력사원 이직비율)

Rookie Quit Fraction(신입사원 이직비율)

Total__Quit__Rate[Company, Department]=Experienced__Quit__Rate
[Company, Department]+Rookie__Quit__Rate[Company, Department]

단위: 종업원/년

신입사원 및 경력사원의 총 이직률을 계산한다.

연결변수:

Rookie Hire Rate(신입사원 채용율)

Value_Observation_Delay=DT

단위: 년

종업원이 교부받은 스톡옵션의 가치를 주가와 비교하여 행사여부를 결
정하는 시간간격을 설정한다. 본 모형에서는 1개월로 가정한다.

Effect_of_Average_Workweek_on_Job_Attractiveness[Company,
Department]=GRAPH(Average_Workweek[Company, Department])
(0.00, 2.00), (10.0, 2.00), (20.0, 2.00), (30.0, 2.00), (40.0, 1.00), (50.0,
0.725), (60.0, 0.6), (70.0, 0.54), (80.0, 0.5)

단위: dimensionless

평균근무시간이 40시간 이하로 떨어지면 직업매력도에 긍정적인 영향
을 미치고, 40시간이 넘으면 직업은 매력도가 떨어지게 된다. 이러한
내용을 그래프 함수를 이용하여 표현한다.

연결변수:

Lifestyle Attractiveness of Job(직업에 대한 라이프스타일 매력도)

Effect_of_Option_on_Financial_Attractiveness_of_the_Job[Compan
y, Department]=GRAPH(Employee_Perception_of_Value_of_
Option_Package[Company, Department])
(-1e+006, 0.00), (-9.3e+005, 0.008), (-8.7e+005, 0.02), (-8e+005,
0.032), (-7.3e+005, 0.056), (-6.7e+005, 0.092), (-6e+005, 0.152), (-5.3e
+005, 0.2), (-4.7e+005, 0.272), (-4e+005, 0.344), (-3.3e+005, 0.416),
(-2.7e+005, 0.512), (-2e+005, 0.596), (-1.3e+005, 0.716), (-66667,
0.824), (-1.46e-010, 1.00), (66667, 1.50), (133333, 1.69), (200000, 1.80),
(266667, 1.84), (333333, 1.90), (400000, 1.96), (466667, 2.00), (533333,
2.00), (600000, 2.00), (666667, 2.00), (733333, 2.00), (800000, 2.00),

(866667, 2.00), (933333, 2.00), (1000000, 2.00)

단위: dimensionless

옵션의 행사가격이 주가와 동일하면 종업원들은 중립적이 되며, 재무매력도는 1이 된다. 만약 주가가 옵션 행사가격보다 높으면 종업원들은 만족해하고 재무매력도는 상승하게 된다. 마지막으로 주가가 옵션 행사가격보다 낮으면 종업원들은 불만족해하고 옵션가치는 없어진다. 이러한 내용을 그래프 함수를 이용하여 표현한다.

연결변수:

Financial Attractiveness of Job(직업에 대한 재무매력도)


```
************************
```

스톡옵션(Stock Options)

```
************************
```

Employee_Stock_Option_Pool[Company, Department](t)=
Employee_Stock_Option_Pool[Company, Department](t-dt)+
(Options_Dropped[Company, Department]-Options_Granted[Company, Department])*dt
INIT Employee_Stock_Option_Pool[Company, Department]=
Initial_Employee_Stock_Option_Pool[Company, Department]

단위: 주(shares)

종업원에게 교부 가능한 스톡옵션의 수를 구한다.

연결변수:

Options_Granted_at_Hiring(채용시 교부한 옵션)

Options_Granted_at_Promotion(승진시 교부한 옵션)

INFLOWS:

Options_Dropped[Company, Department]=MIN(Non_Vested_Employee_Options[Company, Department]/Dropping_Delay, Options_Dropped_by_People_Leaving[Company, Department]*(1-Fraction_of_Vested_Options[Company, Department]))

단위: 주(shares)/년

종업원이 회사를 그만두면서 권리행사를 취소한 옵션 수를 구한다.
　연결변수:
　Options Cashed(권리행사를 하여 취득한 현금)
　Options Dropped(권리행사를 포기한 옵션 수)

OUTFLOWS:

Options_Granted[Company, Department]=Options_Granted_at_Hiring
[Company, Department]*Rookie_Hire_Rate[Company, Department]+
Options_Granted_at_Promotion[Company, Department]*Assimilation_
Rate[Company, Department]
　단위: 주(shares)/년
　채용과 승진시에 교부한 스톡옵션의 수를 구한다.
　　연결변수:
　　Employee Stock Option Pool(종업원 스톡옵션 풀)
　　Non Vested Employee Options(권리행사를 하지 않은 종업원의
　　옵션)
　　Granting(옵션교부)

Non_Vested_Employee_Options[Company, Department](t)=
Non_Vested_Employee_Options[Company, Department](t-dt)+
(Options_Granted[Company, Department]-Options_Dropped[Company,
Department]-Option_Vesting_Rate[Company, Department])*dt
INIT Non_Vested_Employee_Options[Company, Department]=
Initial_Non_Vested_Employee_Options[Company, Department]
　단위: 주(shares)
　권리행사를 하지 않은 종업원의 옵션 수를 구한다.
　　연결변수:
　　Current Value of Non Vested Stock Options(권리행사를 하지 않
　　은 옵션의 현재 가치)

INFLOWS:

Options_Granted[Company, Department]=Options_Granted_at_Hiring
[Company, Department]*Rookie_Hire_Rate[Company, Department]+
Options_Granted_at_Promotion[Company, Department]*Assimilation_
Rate[Company, Department]

    단위: 주(shares)/년

    채용과 승진시에 교부한 스톡옵션의 수를 구한다.

        연결변수:

        Employee Stock Option Pool(종업원 스톡옵션 풀)

        Non Vested Employee Options(권리행사를 하지 않은 종업원의
옵션)

        Granting(옵션교부)

OUTFLOWS:

Options_Dropped[Company, Department]=MIN(Non_Vested_Employee_
Options[Company, Department]/Dropping_Delay, Options_Dropped_by_
People_Leaving[Company, Department]*(1-Fraction_of_Vested_
Options[Company, Department]))

    단위: 주(shares)/년

    종업원이 회사를 그만두면서 권리행사를 포기한 옵션 수를 구한다.

        연결변수:

        Options Cashed(권리행사를 하여 취득한 현금)

        Options Dropped(권리행사를 포기한 옵션 수)

Option_Vesting_Rate[Company, Department]=MIN(Non_Vested_
Employee_Options[Company, Department]/DT, (Non_Vested_Employee_
Options[Company, Department]+Vested_Employee_Options[Company,
Department])/Vesting_Period[Company, Department])*Company_
Entering_into_Market[Company]

    단위: 주(shares)/년

    권리행사를 한 옵션의 수를 구한다.

        연결변수:

Non Vested Employee Options(권리행사를 하지 않은 종업원의 옵션)

Vested Employee Options(권리행사를 한 종업원의 옵션)

Vesting(권리행사)

Sum__of__Strike__Price__of__Non__Vested__Options[Company, Department](t)=Sum__of__Strike__Price__of__Non__Vested__Options[Company, Department](t-dt)+(Granting[Company, Department]-Dropped[Company, Department]-Vesting[Company, Department])*dt
INIT Sum__of__Strike__Price__of__Non__Vested__Options[Company, Department]=1

단위: 천 원

권리행사를 하지 않은 종업원의 옵션에 대한 평균 행사가격의 합계를 구한다.

연결변수:

Average Strike Price of Non Vested Options(권리행사를 하지 않은 옵션의 평균 행사가격)

INFLOWS:
Granting[Company, Department]=Options__Granted[Company, Department]*Issuing__Price[Company, Department]

단위: 천 원/년

새로운 종업원에게 교부한 옵션의 가격을 계산한다.

연결변수:

Sum of Strike Price of Non Vested Options(권리행사를 하지 않은 옵션의 행사가격의 합계)

OUTFLOWS:
Dropped[Company, Department]=Average__Strike__Price__of__Non__Vested__Options[Company, Department]*Options__Dropped[Company, Department]

단위: 천 원/년

권리행사를 포기한 옵션의 가격을 구한다.
연결변수:
Sum of Strike Price of Non Vested Options(권리행사를 하지 않은
옵션의 행사가격의 합계)

Vesting[Company, Department]=Option_Vesting_Rate[Company,
Department]*Average_Strike_Price_of_Non_Vested_Options[Company,
Department]
단위: 천 원/년
권리행사를 한 옵션의 행사가격을 추적한다.
연결변수:
Sum of Strike Price of Non Vested Options(권리행사를 하지 않은
옵션의 행사가격의 합계)
Sum of Strike Price of Vested Options(권리행사를 한 옵션의 행
사가격의 합계)

Sum_of_Strike_Price_of_Vested_Options[Company, Department](t)
=Sum_of_Strike_Price_of_Vested_Options[Company,
Department](t-dt)+(Vesting[Company, Department]-Cashing[Company,
Department])*dt
INIT Sum_of_Strike_Price_of_Vested_Options[Company, Department]=1
단위: 천 원
권리행사를 한 종업원의 옵션에 대한 평균 행사가격의 합계를 구
한다.
연결변수:
Average Strike Price of Vested Options(권리행사를 한 옵션의 평
균 행사가격)

INFLOWS:
Vesting[Company, Department]=Option_Vesting_Rate[Company,
Department]*Average_Strike_Price_of_Non_Vested_Options[Company,

Department]
  단위: 천 원/년
  권리행사를 한 옵션의 행사가격을 추적한다.
    연결변수:
    Sum of Strike Price of Non Vested Options(권리행사를 하지 않은 옵션의 행사가격의 합계)
    Sum of Strike Price of Vested Options(권리행사를 한 옵션의 행사가격의 합계)

OUTFLOWS:

Cashing[Company, Department]=Options__Cashed[Company, Department]*
Average__Strike__Price__of__Vested__Options[Company, Department]
Vested__Employee__Options[Company, Department](t)=Vested__
Employee__Options[Company, Department](t-dt)+(Option__Vesting__Rate
[Company, Department]-Options__Cashed[Company, Department])*dt
INIT Vested__Employee__Options[Company, Department]=0
  단위: 천 원/년
  권리행사를 통해 옵션이 현금으로 전환된 금액을 구한다.
    연결변수:
    Sum of Strike Price of Vested Options(권리행사를 한 옵션의 행사가격의 합계)

INFLOWS:

Option__Vesting__Rate[Company, Department]=MIN(Non__Vested__
Employee__Options[Company, Department]/DT, (Non__Vested__Employee__
Options[Company, Department]+Vested__Employee__Options[Company,
Department])/Vesting__Period[Company, Department])*Company__Entering__
into__Market[Company]
  단위: 천 원/년
  권리행사를 한 옵션의 행사가격을 추적한다.
    연결변수:

Sum of Strike Price of Non Vested Options(권리행사를 하지 않은 옵션의 행사가격의 합계)
Sum of Strike Price of Vested Options(권리행사를 한 옵션의 행사가격의 합계)

OUTFLOWS:

Options_Cashed[Company, Department]=Vested_Employee_Options[Company, Department]*Employee_Cash_in_Fraction[Company, Department]+Options_Dropped_by_People_Leaving[Company, Department]*Fraction_of_Vested_Options[Company, Department]
단위: 주(shares)/년
권리행사를 통해 옵션이 현금으로 전환된 금액을 계산한다.
연결변수:
Vesting Employee Options(권리행사를 한 종업원의 옵션)
Cashing(권리행사를 하여 취득한 현금)

Average_Strike_Price_of_Non_Vested_Options[Company, Department]=IF(Non_Vested_Employee_Options[Company, Department]=0) THEN(0.0) ELSE(Sum_of_Strike_Price_of_Non_Vested_Options[Company, Department]/Non_Vested_Employee_Options[Company, Department])
단위: 천 원/주(share)
권리행사를 하지 않은 옵션의 평균 행사가격을 계산한다.
연결변수:
Difference Between Strike Price and Stock Price(행사가와 주가의 차이)
Dropped(권리행사를 포기한 옵션의 수)
Vesting(권리행사를 한 옵션의 수)

Average_Strike_Price_of_Vested_Options[Company, Department]=IF(Vested_Employee_Options[Company, Department]=0) THEN(0.0)

ELSE(Sum_of_Strike_Price_of_Vested_Options[Company, Department]/Vested_Employee_Options[Company, Department])
  단위: 천 원/주(share)
  권리행사를 한 옵션의 평균 행사가격을 계산한다.
    연결변수:
    Cashing(권리행사를 하여 취득한 현금)

Dropping_Delay=0.25
  단위: 년
  권리행사를 하지 않은 옵션의 수익률이 음수가 아님을 보장하는 기간을 3개월로 둔다.
    연결변수:
    Options Dropped(권리행사를 포기한 옵션의 수)

Employee_Cash_in_Fraction[Company, Department]=0.1
  단위: 1/년
  회사에 남아 있는 종업원의 경우 매년 권리행사를 한 옵션의 10%를 현금으로 취득한다고 가정한다.
    연결변수:
    Options Cashed(권리행사를 하여 현금취득을 한 옵션의 수)

Fraction_of_Vested_Options[Company, Department]=MIN(1, MAX(0, Vested_Employee_Options[Company, Department]/(Non_Vested_Employee_Options[Company, Department]+Vested_Employee_Options[Company, Department])))
  단위: dimensionless
  전체 옵션 중에서 권리행사를 한 옵션의 비율을 계산한다.
    연결변수:
    Options Cashed(권리행사를 하여 현금취득을 한 옵션의 수)
    Options Dropped(권리행사를 포기한 옵션의 수)

Initial__Employee__Stock__Option__Pool[Company, Department]=
Fraction__of__Equity__reserved__for__Employees[Company,
Department]*Initial__Number__of__Shares__Outstanding[Company]
    단위: 주(shares)
    종업원에게 교부 가능한 스톡옵션의 초기 값을 계산한다.
        연결변수:
        Employee Stock Option Pool(종업원에게 교부 가능한 전체 스톡옵션의 수)

Initial__Non__Vested__Employee__Options[Company, Department]=
Employees__per__department[Company, Department]*Options__Granted__
at__Hiring[Company, Department]
    단위: 주(shares)
    권리행사를 하지 않은 옵션의 초기 값을 계산한다.
        연결변수:
        Non Vested Employee Options(권리행사를 하지 않은 옵션의 수)

Issuance__Rate=1
    단위: 주(share)/주(share)
    옵션과 주식 간의 전환 단위로 사용한다.
        연결변수:
        Issuing Price(옵션 발행가)

Issuing__Price[Company, Department]=Stock__Price[Company]*Issuance__
Rate Maximum__Fraction__of__Pool__Granted__to__One__Employee
[Company, Department]=0.005
    단위: 천 원/주(share)
    옵션은 항상 기업의 현재 주가로 발행된다고 가정한다.
        연결변수:
        Granting(옵션교부)

Options__Dropped__by__People__Leaving[Company, Department]=
Rookie__Quit__Rate[Company, Department]*Options__Granted__at__Hiring
[Company, Department]+Experienced__Quit__Rate[Company,
Department]*(Options__Granted__at__Hiring[Company, Department]+
Options__Granted__at__Promotion[Company, Department])

　단위: 주(shares)/년
회사를 그만두는 종업원들의 권리행사를 한 옵션과 권리행사를 하지
않은 옵션의 합계를 계산한다.
　연결변수:
　Options Cashed(권리행사를 하여 현금취득을 한 옵션의 수)
　Options Dropped(권리행사를 포기한 옵션의 수)

Options__Granted__at__Hiring[Company, Department]=MIN(Target__
Hiring__Option__Grant[Company, Department], Employee__Stock__
Option__Pool[Company, Department]*Maximum__Fraction__of__Pool__
Granted__to__One__Employee[Company, Department])

　단위: 주(shares)/종업원
종업원 채용시 교부한 옵션의 수를 계산한다.
　연결변수:
　Non Vested Employee Options(권리행사를 하지 않은 종업원의 옵
션 수)
　Options Dropped by People Leaving(종업원들이 회사를 그만두면
서 포기한 옵션의 수)

Options__Granted__at__Promotion[Company, Department]=
MIN(Target__Options__Granted__at__Promotion[Company, Department],
Maximum__Fraction__of__Pool__Granted_to__One__Employee[Company,
Department]*Employee__Stock__Option__Pool[Company, Department])

　단위: 주(shares)/종업원
종업원 승진시 교부한 옵션의 수를 계산한다.
　연결변수:

Options Dropped by People Leaving(종업원들이 회사를 그만두면서 포기한 옵션의 수)
Options Granted(옵션교부)

Target_Hiring_Option_Grant[Company1, engin]=200
Target_Hiring_Option_Grant[Company1, cussupport]=100
Target_Hiring_Option_Grant[Company2, engin]=200
Target_Hiring_Option_Grant[Company2, cussupport]=100
Target_Hiring_Option_Grant[Company3, engin]=200
Target_Hiring_Option_Grant[Company3, cussupport]=100
단위: 주(shares)/종업원
새로 채용한 종업원에게 교부할 옵션의 목표 수를 가정한다.
연결변수:
Options Granted at Hiring(채용시 교부한 옵션의 수)

Target_Options_Granted_at_Promotion[Company1, engin]=400
Target_Options_Granted_at_Promotion[Company1, cussupport]=100
Target_Options_Granted_at_Promotion[Company2, engin]=400
Target_Options_Granted_at_Promotion[Company2, cussupport]=100
Target_Options_Granted_at_Promotion[Company3, engin]=400
Target_Options_Granted_at_Promotion[Company3, cussupport]=100
단위: 주(shares)/종업원
승진한 종업원에게 교부할 옵션의 목표 수를 가정한다.
연결변수:
Options Granted at Promotion(승진시 교부한 옵션의 수)

Vesting_Period[Company, Department]=4
단위: 년
스톡옵션은 4년에 걸쳐 권리행사를 할 수 있다.

```
*************************
```
자본시장(Financial Market)
```
*************************
```

Minimum_Steady_State_Margin_Conceivable(t)=Minimum_Steady_
State_Margin_Conceivable(t-dt)+(Change_in_Minimum_Margin_
Conceivable)*dt
INIT Minimum_Steady_State_Margin_Conceivable=Initial_Minimum_
Margin_Conceivable

단위: dimensionless

영업이 안정상태에 도달했다는 가정 하에서 투자자들이 현재 기대하는 최소 마진율을 계산한다.

연결변수:

Change in Minimum Margin Conceivable(최소마진율 변화)
Expected Annual Gross Margin in Steady State(안정상태의연간기대매출총이익)

INFLOWS:
Change_in_Minimum_Margin_Conceivable=(Wieghted_Industry_
Average_Margin-Minimum_Steady_State_Margin_Conceivable)/
Time_to_adjust_Worst_Case_Expectation*Company_Entering_into_
Market[Company1]

단위: dimensionless/년

최소마진율에 대한 기대치의 조정분을 계산한다.

연결변수:

Weight of Internet Type Valuation(인터넷 기업가치평가 기법의 가중치)

Weight_of_Internet_Type_Valuation(t)=Weight_of_Internet_Type_
Valuation(t-dt)+(Change_in_Valuation)*dt
INIT Weight_of_Internet_Type_Valuation=1

단위: dimensionless

본 모형에서는 전통적인 기업가치평가 기법과 인터넷 기업가치평가 기법 간의 전환을 허용하고 있다. 만약 이 가중치가 1이면 인터넷 기업가치평가를, 0이면 전통적인 기업가치평가 기법을 적용한다.

    연결변수:

    Change in Valuation(가치평가기법의 전환)

    Stock Market Valuation(주식시장가치평가)

INFLOWS:

Change__in__Valuation=

Weight__of__Internet__Type__Valuation*Rate__of__Change

    단위: dimensionless/년

    주식시장 가치평가기법들 간(전통적 가치평가 vs. 인터넷 기업가치평가)의 전환율을 계산한다.

    연결변수:

    Weight of Internet Type Valuation(인터넷 기업가치평가 기법의 가중치)

Actual__Annual__Growth__in__Revenue[Company]=IF((Expected__Annual__Sales__Revenue[Company]*Revenue__Averaging__Time)=0) THEN(0.0) ELSE((Sales__Revenue[Company]-Expected__Annual__Sales__Revenue[Company])/(Expected__Annual__Sales__Revenue[Company]*Revenue__Averaging__Time))

    단위: dimensionless/년

    연간 매출성장률을 계산한다.

    연결변수:

    Perceived Growth in Revenue(인지된 매출성장률)

Annualized__Market__Yield=0.07

    단위: 1/년

    연간 할인율(Discount Rate)을 계산한다.

연결변수:

Discount Rate(할인율)

Breakup_Value_of_Company[Company]=
Total_Assets[Company]-Total_Liabilities[Company]
　단위: 천 원
　온라인 소매기업이 파산했을 때의 가치를 계산한다.
　　연결변수:
　　Minimum Company Value(최소 기업가치)

Discounts_Rate=Annualized_Market_Yield
　단위: 1/년
　할인율은 연간 시장수익률에 의해 결정된다.
　　연결변수:
　　Internet Value of Growth(인터넷 기업가치평가에서의 성장가치)
　　Present Value of Earnings(이익의 현재가치)
　　Present Value of Gross Margin(매출총이익의 현재가치)
　　Value of Growth(전통적 기업가치평가에서의 성장가치)

Expected_Annual_Earnings[Company]=
Sales_Revenue[Company]*Expected_Returns_on_Sales[Company]
　단위: 천 원/년
　Expected Annual Earnings(연간기대가득이익)를 매출액과 기대매출이
익(Expected Returns on Sales)을 곱하여 계산한다.
　　연결변수:
　　Value of Growth(성장가치)

Expected_Annual_Gross_Margin[Company]=SMTH1(Gross_Margin
[Company], Time_to_adjust_Expected_Gross_Margin)
　단위: 천 원/년
　Expected Annual Gross Margin(연간기대매출총이익)은 매출총이익

(Gross Margin)과 조정기간(Time to adjust Expected Gross Margin)
을 이용하여 일차지수평활(first order exponential smoothing) 함수인
SMTH1로 계산한다.
    연결변수:
    Predicted Steady State Gross Margin(안정상태 예상매출총이익)

Expected__Annual__Gross__Margin__in__Steady__State[Company]=
SMTH1(Minimum__Steady__State__Margin__Conceivable*Sales__Revenue
[Company], Time__to__adjust__Expected__Gross__Margin, 0)
    단위: 천 원/년
    안정상태에서의 연간기대 매출총이익(Expected Annual Gross Margin)
    을 SMTH1 함수를 이용하여 계산한다.
    연결변수:
    Predicted Steady State Gross Margin(안정상태 예상매출총이익)

Expected__Annual__Operating__Income[Company]=SMTH1(Operating__
Income[Company], Time__to__adjust__Expected__Operational__Income)
    단위: 천 원/년
    연간영업이익(Annual Operating Income)에 대한 기대값을 SMTH1 함
    수를 이용하여 계산한다.
    연결변수:
    Present Value of Earnings(가득이익의 현재가치)

Expected__Annual__Sales__Revenue[Company]=
SMTH1(Sales__Revenue[Company], Revenue__Averaging__Time)
    단위: 천 원/년
    연간매출액(Annual Sales Revenue)에 대한 기대값을 SMTH1 함수를
    이용하여 계산한다.
    연결변수:
    Actual Annual Growth in Revenue(실제연간매출성장률)

Expected__Returns__on__Sales[Company]=SMTH1((IF(Sales__Revenue [Company]=0) THEN(0.0) ELSE(Operating__Income[Company]/ Sales__Revenue[Company])), Return__on__Sales__Smoothing__Time)

단위: dimensionless

매출수익률(Return on Sales)에 대한 기대값을 SMTH1 함수를 이용하여 계산한다.

연결변수:

Expected Annual Earnings(연간기대가득이익)

Growth__Adjustment__Factor[Company]=MIN(Perceived__Growth__in__ Revenue[Company], Maximum__Adjustment)

단위: dimensionless/년

Growth Adjustment Factor(성장조정률)은 기대매출성장률(Expected Growth Rate in Revenue)에 근거하여 계산되며, 상한값을 둔다.

연결변수:

Adjustment for Growth During Hiring Delay(고용지연기간 동안의 성장조정률)

Adjustment for Growth During Fundraising Delay(자본조달지연기간 동안의 성장조정률)

Adjustment for Growth During Procurement(조달기간 동안의 성장조정률)

Indicated__Internet__Market__Value__of__the__Firm[Company]= Market__Leader__Valuation__Bonus[Company]*(Internet__Value__of__Growth[Company]+Present__Value__of__Gross__Margin[Company])*Pre__ IPO__Discount[Company]

단위: 천 원

인터넷 기업가치평가(Internet Type Valuation)에서 온라인 소매기업의 시장가치를 나타내는 선행지표를 계산한다.

연결변수:

Stock Market Valuation(주식시장가치평가)

Indicated_Traditional_Market_Value_of_the_Firm[Company]=
MAX(Value_of_Growth[Company]+Present_Value_of_Earnings
[Company], 0)
　　단위: 천 원
　　전통적 기업가치평가(Traditional Market Valuation)에서 온라인 소매
기업의 시장가치를 나타내는 선행지표를 계산한다.
　　　　연결변수:
　　　　Stock Market Valuation(주식시장가치평가)

Initial_Minimum_Margin_Conceivable=0.1
　　단위: dimensionless
　　온라인 소매시장에서 투자자들은 초기에 최소한 10%의 마진율은 가능
하다고 믿는 것으로 가정한다.
　　　　연결변수:
　　　　Minimum Steady State Margin Conceivable(최소안정상태마진율)

Internet_Value_of_Growth[Company]=MAX(0, Predicted_Steady_
State_Gross_Margin[Company]*Effective_Internet_Growth_Value[
Company])/Discounts_Rate
　　단위: 천 원
　　성장률에 근거한 인터넷 기업가치평가의 구성항목을 계산한다.
　　　　연결변수:
　　　　Indicated Internet Market Value of the Firm(인터넷 기업가치평가
　　　　에서 시장가치를 나타내는 선행지표)

Market_Leader_Valuation_Bonus[Company]=
Effect_of_Market_Share_on_Valuation[Company]
　　단위: dimensionless
　　시장선도기업이 가지는 프리미엄을 계산한다.
　　　　연결변수:
　　　　Indicated Internet Market Value of the Firm(인터넷 기업가치평가

에서 시장가치를 나타내는 선행지표)

Maximum__Adjustment=2.5
단위: dimensionless/년
일시적인 성장률 상승에 지나친 반응을 나타내지 않도록 하기 위해 현
재 성장률에 근거한 최대조정치(Maximum Adjustment)를 설정한다.
연결변수:
Growth Adjustment Factor(성장조정률)

Minimum__Company__Value[Company]=MAX(0,
Breakup__Value__of__Company[Company])
단위: 천 원
최초 설립 시 기업의 최소가치를 계산한다.
연결변수:
Stock Market Valuation(주식시장가치평가)

Perceived__Growth__in__Revenue[Company]=SMTH1(Actual__Annual__
Growth__in__Revenue[Company], Revenue__Growth__Perception__Delay, 0)
단위: dimensionless/년
연간기대매출성장률(Expected Annual Growth in Revenue)을 계산한
다.
연결변수:
Growth Adjustment Factor(성장조정률)
Internet Value of Growth(인터넷 기업가치평가에서의 성장가치)
Value of Growth(전통적 기업가치평가에서의 성장가치)

Predicted__Steady__State__Gross__Margin[Company]=
MAX(Expected__Annual__Gross__Margin[Company],
Expected__Annual__Gross__Margin__in__Steady__State[Company])
단위: 천 원/년
안정상태에서의 예상매출총이익을 계산한다.

　연결변수:

　Internet Value of Growth(인터넷 기업가치평가에서의 성장가치)

Present__Value__of__Earnings[Company]＝
Expected__Annual__Operating__Income[Company]/Discounts__rate
　단위: 천 원
　연간기대영업이익(Expected Annual Operating Income)을 할인율로 나
　눈 값이다.
　　연결변수:
　　Indicated Traditional Market Value of the Firm(전통적 방식에 의
　　한 기업의 시장가치를 나타내는 선행지표)

Present__Value__of__Gross__Margin[Company]＝MAX(0,
Expected__Annual__Gross__Margin[Company]/Discounts__rate)
　단위: 천 원
　연간기대매출총이익(Expected Annual Gross Margin)을 할인율로 나눈
　값이다.
　　연결변수:
　　Indicated Internet Market Value of the Firm(인터넷 방식에 의한
　　기업의 시장가치를 나타내는 선행지표)

Pre__IPO__Discount[Company]＝IF(TIME〈＝IPO__Date[Company])
THEN(0.75) ELSE(1)
　단위: dimensionless
　최초공모(IPO) 이전의 주식가치 할인율을 계산한다.
　　연결변수:
　　Indicated Internet Market Value of the Firm(인터넷 방식에 의한
　　기업의 시장가치를 나타내는 선행지표)

Rate__of__Change＝0＋STEP(-1, Year__of__Bubble__Bursting)
　단위: 1/년

인터넷 기업가치평가로부터 전통적 기업가치평가로의 전환여부와 시점
을 결정한다.
　연결변수:
　Change in Valuation(가치평가기법의 전환)
Return_on_Sales_Smoothing_Time=0.25
　단위: 년
　매출수익률을 측정할 시기를 결정한다. 본 모형에서는 3개월마다 측정
하는 것으로 가정한다.
　연결변수:
　Expected Return on Sales(기대매출수익률)

Revenue_Averaging_Time=2
　단위: 년
　매출은 2년에 걸쳐 평균을 낸다.
　연결변수:
　Actual Annual Growth in Revenue(연간실제매출성장률)
　Expected Annual Sales Revenue(연간기대매출액)

Revenue_Growth_Perception_Delay=0.5
　단위: 년
　반기결산을 가정하고 성장률을 인식하는 데 소요되는 시간지연을 6개
월로 가정한다.
　연결변수:
　Perceived Growth in Revenue(인지된 매출성장률)

Stock_Market_Valuation[Company]=MAX(Minimum_Company_
Value[Company], Weight_of_Internet_Type_Valuation*Indicated_
Internet_Market_Value_of_the_Firm[Company]+(1-Weight_of_
Internet_Type_Valuation)*Indicated_Traditional_Market_Value_of_
the_Firm[Company])
　단위: 천 원

주식시장가치평가(Stock Market Valuation)는 인터넷 방식과 전통적 방식으로 구분되며, 인터넷 방식 가치평가기법의 가중치는 실제로 가치평가에 적용할 기법을 결정하게 된다.

    연결변수:

    Stock Price(주가)

Time_to_adjust_Expected_Gross_Margin=0.25

    단위: 년

    기대매출총이익(Expected Gross Margin)을 평활하는 데 사용할 시간. 본 모형에서는 3개월을 가정함.

    연결변수:

    Expected Annual Gross Margin(연간기대매출총이익)

    Expected Annual Gross Margin in Steady State(안정상태에서의 연간기대매출총이익)

Time_to_adjust_Expected_Operational_Income=0.25

    단위: 년

    기대영업이익(Expected Operational Income)을 평활하는 데 사용할 시간. 본 모형에서는 3개월을 가정함.

    연결변수:

    Expected Annual Operating Income(연간기대영업이익)

Time_to_adjust_Worst_Case_Expectation=5

    단위: 년

    일시적인 수입감소가 있더라도 투자자들은 안정상태에 도달할 때까지 5년을 기다린다.

Value_of_Growth[Company]=(Expected_Annual_Earnings
[Company]*Effective_Growth_Value[Company])/Discounts_rate

    단위: 천 원

    전통적 방식의 기업가치평가에 사용될 성장가치를 계산한다.

연결변수:

Indicated Traditional Market Value of the Firm(전통적 방식의 기업시장가치를 나타내는 선행지표)

Weighted_Industry_Average_Margin=
Market_Share[Company1]*Indicated_Gross_Margin[Company1]+
Market_Share[Company2]*Indicated_Gross_Margin[Company2]+
Market_Share[Company3]*Indicated_Gross_Margin[Company3]
　　단위: dimensionless
온라인 소매시장에서 사용할 평균 마진율을 계산한다.
　　연결변수:
　　Change in Minimum Margin Conceivable(최소마진율변동분)

Year_of_Bubble_Bursting=1999
　　단위: 년
기업가치평가시 인터넷 방식에서 전통적 방식으로 전환가능한 시점을 나타낸다.
　　연결변수:
　　Rate of Change(인터넷 기업가치평가로부터 전통적 기업가치평가로의 전환율)

Effective_Growth_Value[Company]=
GRAPH(Perceived_Growth_in_Revenue[Company])
(-1.00, 0.00), (10.2, 10.2), (21.4, 21.4), (32.7, 32.7), (43.9, 43.9), (55.1, 55.1), (66.3, 66.3), (77.6, 77.6), (88.8, 88.8), (100, 100)
　　단위: dimensionless
인지된 매출성장률(Perceived Growth in Revenue)이 주어지면 그에 대응하는 기업가치 효과를 찾는다(전통적 기업가치평가). 본 모형에서는 인지된 매출성장률과 기업가치에 대한 효과는 단조증가함수의 관계를 가진다고 가정한다.
　　연결변수:

Value of Growth(전통적 기업가치평가에서의 성장가치)

Effective_Internet_Growth_Value[Company]=
GRAPH(Perceived_Growth_in_Revenue[Company])
(-1.00, 0.00), (10.2, 10.2), (21.4, 21.4), (32.7, 32.7), (43.9, 43.9), (55.1, 55.1), (66.3, 66.3), (77.6, 77.6), (88.8, 88.8), (100, 100)
  단위: dimensionless
  인지된 매출성장률(Perceived Growth in Revenue)이 주어지면 그에 대응하는 기업가치 효과를 찾는다(인터넷 기업가치평가). 본 모형에서는 인지된 매출성장률과 기업가치에 대한 효과는 단조증가함수의 관계를 가진다고 가정한다.
    연결변수:
    Internet Value of Growth(인터넷 기업가치평가에서의 성장가치)

Effect_of_Market_Share_on_Valuation[Company]=
GRAPH(Market_Share[Company])
(0.00, 1.00), (0.2, 1.00), (0.4, 1.00), (0.6, 1.00), (0.8, 1.00), (1.00, 1.00)
  단위: dimensionless
  시장점유율(Market Share)이 주어지면 그에 대응하는 기업가치 효과를 찾는다. 본 모형에서는 시장점유율이 기업가치에 미치는 영향은 모두 동일한 것으로 가정한다.
    연결변수:
    Market Leader Valuation Bonus(시장선도자로서의 프리미엄)

****

모형검증(Calibration)[222]
****

---

[222] 이 영역에 있는 변수들은 전체 모형의 강건성(robustness)을 검증하기 위한 목적으로만 사용된다.

Acquisition__Costs__per__Customer[Company]=
IF(New__Loyal__Users[Company]=0) THEN(0.0)
ELSE(Total__Marketing__Spending[Company]/New__Loyal__Users[Company])
　단위: 천 원/사용자
　회원고객을 유치하는데 소요되는 비용을 계산한다.

Cost__per__Customer__Contact[Company]=IF(Customer__Contacts
[Company]=0) THEN(0.0) ELSE(Customer__Support__Salary__Cost
[Company]/Customer__Contacts[Company])
　단위: 천 원/접촉
　미국의 Shop.org에 따르면 순수 온라인 소매기업은 고객접촉에 평균 6
　달러 정도의 비용이 소요되며, 콜센터를 운영하고 있는 다채널 소매기
　업의 경우에는 1.70달러 정도만 소요된다고 한다. 이메일을 통한 고객
　접촉은 3.80달러가 소요된다고 한다.

Cost__per__Pageview[Company]=IF(Number__of__Pageviews
[Company]=0) THEN(0.0) ELSE((Engineering__Salary__Cost[Company]+
Server__Infrastructure__Investment[Company])/Number__of__Pageviews[
Company])
　단위: 천 원/페이지뷰
　페이지뷰당 비용을 계산한다.

Customer__Contacts[Company]=Number__of__Transactions[Company]*
Customer__Contacts__per__Transaction
　단위: 접촉/년
　온라인 소매기업과의 고객접촉 빈도를 측정한다.
　　연결변수: Cost__per__Pageview[Company]

Marketing__and__Sales[Company]=Inventory__Costs[Company]+Total__
Marketing__Spending[Company]+Customer__Support__Salary__Cost[Company]

단위: 천 원/년
판매비 및 일반관리비를 계산한다.

Marketing__and__Salary__as__Percentage__of__Sales[Company]=
IF(Sales__Revenue[Company]=0) THEN(0.0)
ELSE(Marketing__and__Sales[Company]/Sales__Revenue[Company])
　단위: dimensionless
　매출액 대비 판매 및 일반관리비 비율을 계산한다.

New__Loyal__Users[Company]=Capture__of__High__Volume__
Buyers[Company]+Capture__of__Occasional__Buyers[Company]+
First__Time__Buying[Company]
　단위: 사용자/년
　신규회원고객의 수를 계산한다.

Product__Development[Company]=Engineering__Salary__Cost[Company]+
Total__Editorial__Cost[Company]+Server__Infrastructure__Investment
[Company]
　단위: 천 원/년
　제품개발과 관련한 비용(온라인 소매기업의 경우 편집비용과 기술직
　사원의 임금)을 계산한다.

Product__Development__Percentage__of__Sales[Company]=
IF(Sales__Revenue[Company]=0) THEN(0.0)
ELSE(Product__Development[Company]/Sales__Revenue[Company])
　단위: dimensionless
　매출액 대비 제품개발 비용을 계산한다.

· 저자 ·

이영찬
(李永贊)

· 약 력 ·

서강대학교 경영대학 경영학과 졸업
서강대학교 대학원 경영학 석사(경영과학 전공)
서강대학교 대학원 경영학 박사(경영과학 전공)
서강대학교 경영학연구원 경영연구소 상임연구원 역임
서강대학교 대우교수 역임
현 동국대학교 전자상거래학과 교수

· 주요논문 ·

「Application of Support Vector Machines to Corporate Credit Rating
 Prediction」
「Measuring Knowledge Management Performance: Structural Approach」
「Timed Net with Choice Probability and Its Minimum Cycle Time」
「Bankruptcy Prediction Using Support Vector Machine with Optimal
 Choice of Kernel Function Parameters」
「온라인 소매기업의 선점효과와 성장전략에 관한 동태적 분석」
「자료포괄분석을 이용한 지역신용보증재단의 효율성 평가」
「자료포괄분석(DEA)을 이용한 신용평점모형의 개발」
외 다수

전자상거래에서의 선점효과에 관한 새로운
접근과 분석   - 온라인 서점시장을 중심으로 -

· 초판 인쇄	2006년 6월 30일
· 초판 발행	2006년 6월 30일
· 지 은 이	이영찬
· 펴 낸 이	채종준
· 펴 낸 곳	한국학술정보㈜
	경기도 파주시 교하읍 문발리 526-2
	파주출판문화정보산업단지
	전화 031) 908-3181(대표) · 팩스 031) 908-3189
	홈페이지 http://www.kstudy.com
	e-mail(e-Book사업부) ebook@kstudy.com
· 등 록	제일산-115호(2000. 6. 19)
· 가 격	23,000원

ISBN   89-534-5310-0 93320 (Paper Book)
       89-534-5311-9 98320 (e-Book)